Selbstorganisation mit
Microsoft OneNote 2010

Dagmar Herzog, Nina Koch, Bernd Kesslau:
Selbstorganisation mit Microsoft OneNote 2010
Copyright © 2011 O'Reilly Verlag GmbH & Co. KG

15 14 13 12 11 10 9 8 7 6 5 4 3 2 1
14 13 12 11

ISBN: 978-3-86645-818-5

© 2011 O'Reilly Verlag GmbH & Co. KG
Balthasarstraße 81, 50670 Köln
Alle Rechte vorbehalten

Umschlag: Hommer Design GmbH, Haar (www.HommerDesign.com)
Layout, Satz: Robert Ott Design, München (www.rodesign.de)
Lektorat, Korrektorat: Frauke Wilkens, München
Druck und Bindung: Kösel, Krugzell (www.KoeselBuch.de)

Selbstorganisation mit

Microsoft®

OneNote® 2010

Dagmar Herzog   Nina Koch   Bernd Kesslau

Inhaltsverzeichnis

OneNote auf dem Tablet-PC 203

OneNote-Erweiterungen und mehr 221

Stichwortverzeichnis 236

Vorwort

M it OneNote kann ich gar nichts anfangen. Kann mir jemand erzählen, für was man das Programm verwenden soll?« Diese Frage hörten wir immer wieder. Microsoft OneNote schlummerte auf vielen Rechnern, ohne dass es größere Beachtung fand. Es war zwar installiert, aber nicht so richtig genutzt. In vielen Hinterköpfen schwirrte der Gedanke:»Ohne Tablet-PC macht das Programm keinen Sinn.«

»Wird sich dieser Zustand mit OneNote 2010 ändern?«, fragten wir uns. Wir denken ja! OneNote 2010 hat sich für die Welt von morgen richtig fit gemacht.

Lassen Sie uns gedanklich einmal durch ein Büro wandern: Wie viele Monitore sind mit diesen gelben Klebezetteln verziert – vollgepackt mit Informationen wie firmenrelevante Daten, Geburtstage bis hin zu Passwörtern. Auf den Schreibtischen, in den Schubladen oder den dreistufigen Zettelablagekästen stapelt sich Papier über Papier. Notizblätter, Rückseiten von Briefumschlägen und ganze Notizblöcke werden eifrig gefüllt.

Von der Recherche zum neuen Vertriebskonzept, Telefonnotizen, Mitschriften von Besprechungen etc. Die Berge werden immer höher und wenn man etwas braucht, findet man es nicht. Nun geht die Suche los oder man recherchiert aufs Neue. An sogenannten Brückentagen, Ende des Jahres o.Ä. räumt man auf und siehe da, der lang vermisste Zettel taucht auf – leider drei Monate zu spät.

Haben Sie sich in ein paar Situationen wiedererkannt?

Trotz Rechner und Notebooks greifen wir immer noch auf herkömmliche Zettel zurück, um uns am Telefon oder in Besprechungen Notizen zu machen. Doch diese Zettelsammlungen sind bekannt dafür, dass sicherlich etwas verloren geht. Auch in Notizblöcken suchen wir lange nach den gerade benötigten Informationen.

Nun die gute Nachricht: Für alle Zettelsammler, die am PC arbeiten, gibt es eine Lösung.

OneNote, mehr als nur ein digitaler Notizblock

OneNote verbindet die Flexibilität des klassischen Notizbuchs mit der Leistungsfähigkeit einer Software-Anwendung. Mithilfe eines Tablet-PCs oder eines PDAs schreiben Sie sogar direkt handschriftlich auf Ihrem Display wie auf einem Blatt Papier.

Handschriftliche Notizen werden einfach vom Tablet-PC oder vom PDA auf den Desktop-PC übernommen – denn OneNote integriert sich in diverse Office-Anwendungen. Das Programm ermöglicht so eine Übernahme von Notizen beispielsweise nach Microsoft Word oder von Kontaktinformationen nach Microsoft Outlook.

Mit jeder Information lassen sich sogenannte Tags (Kategorien) verknüpfen und Sie haben damit die Möglichkeit, Ihre Informationen nach Sinn und Zweck sortieren zu lassen. Sie können an jeder beliebigen Stelle eine Aufgabe erstellen oder eine wichtige Sache als »dringend« markieren. Ein Mausklick, und OneNote erstellt eine Liste mit all den Dingen, die Sie »getaggt« haben. Diese Liste lässt sich natürlich auch ausdrucken.

Notizen lassen sich, wie die beliebten gelben Klebezettel oder das Schmierpapier, frei auf dem Bildschirm platzieren.

Bildschirmausschnitte können erstellt und beliebig abgelegt werden. Kopiert man eine Info aus dem Internet, wird automatisch die Webadresse mit gespeichert. Sogar Text in Bildern wird erkannt und indexiert. Aus jeder beliebigen Anwendung, Website etc. schneidet man in Sekundenschnelle den relevanten Bereich aus. Kein Formatieren, kein Abändern, nichts! Binnen kürzester Zeit hat man so die Quellen und Inhalte zu Projektarbeiten, Konzepten, Strategiepapieren etc. zusammen.

Möchten Sie den Kommentar des Kollegen zu einer bestimmten PDF-Datei hinzufügen? Datei öffnen, Bereich ausschneiden, einfügen, Pfeil dran, Erklärung daneben und fertig ist das Ganze – oder jetzt, mit einem neuen Feature in OneNote 2010, einfach das OneNote-Fenster andocken und eifrig Notizen schreiben.

Notizen können untereinander verknüpft werden. Per »Copy & Paste« fügen Sie Inhalte schnell ein – kopierte Inhalte wie Textabschnitte aus Webseiten werden dabei automatisch mit ihrer Herkunft verlinkt. In OneNote können Bilder, Videodateien und Texte abgelegt werden. Außerdem haben Sie durch die integrierte Text- und Spracherkennung die Möglichkeit, Texte in eingefügten Bildern (z.B. von Screenshots) und Sprachdateien (Diktate) nach Stichwörtern zu durchsuchen.

Virtuelle Arbeitsplätze und Teamarbeit rücken immer mehr in den Mittelpunkt. Kein Problem! Notizbücher können auf File- oder Webservern abgelegt werden. Dies ermöglicht, dass man sein Notizbuch auch von anderen Standorten (Firma/Heimarbeitsplatz) aus verwenden kann oder berechtigte Dritte darauf Zugriff haben.

Größere Datenmengen, egal in welcher Form, können Sie auf diese Weise leicht verwalten und Papier und Stift sind nicht mehr notwendig.

Und wie erfolgt die Speicherung? Man muss in OneNote nicht speichern. Das erledigt OneNote für Sie automatisch von allein!

Keine Frage, das Sammeln von Informationen kann man auch mit Word oder anderen Programmen machen. Aber mit OneNote geht das leichter und jede Information lässt sich schnell finden. Die Stärke liegt in der Übersicht und der Verwertbarkeit der Informationen.

OneNote ist ein sehr flexibles Werkzeug, das man sich ganz nach Belieben zurechtbiegen kann. Man kann unkompliziert alle erdenklichen Arten von Textcontainern implementieren und daraufhin alles kreuz und quer neu anordnen.

Register und Unterregister ermöglichen es, die notwendigen Infos an der richtigen Stelle abzulegen und mit der perfekten Suchfunktion ist das Auffinden ein Leichtes.

Denken Sie daran, dass wir Menschen nicht wie Maschinen funktionieren. Der Computer kann zwar schneller rechnen, Informationen verarbeiten etc. Wir hingegen können Dinge abstrahieren und verändern. Bewahren Sie sich Ihre Kreativität in der digitalen Welt. OneNote unterstützt Sie dabei optimal: Retten Sie die geliebte Gewohnheit der Zettelwirtschaft in die Zukunft – allerdings weitaus flexibler. OneNote bringt Ordnung in Ihre Notizen, Zettel und Rückseiten von Briefumschlägen.

Und das sollten Sie noch wissen: Genau das war unser Ansporn, dieses Buch zu schreiben!

Warum eine Neuauflage

Wir haben sehr viele positive Rückmeldungen wie z.B. »endlich mal Praxisbeispiele« oder »jetzt habe ich eine Vorstellung davon, was ich mit OneNote machen kann« u.v.m. auf das OneNote 2007-Buch bekommen. Dafür allen Lesern ein herzliches »Danke«.

In OneNote 2010 hat sich vieles weiterentwickelt und damit wird es für Firmen, Studenten, Schüler etc. noch interessanter. Deshalb haben wir uns entschlossen, die Ärmel wieder hochzukrempeln und ein bisschen Zeit für die Neuauflage zu investieren. Das Buch ist für Einsteiger und Umsteiger und wie schon beim letzten Mal auf den Praxisbezug fokussiert.

Was Sie in diesem Buch finden

Das Programm ist leicht und intuitiv zu erlernen und die Einarbeitung erfolgt sehr schnell. Zudem ist eine übersichtliche Einführung als OneNote-Datei integriert.

Warum also wird OneNote noch viel zu wenig im Arbeitsalltag genutzt? Sind die Einsatzmöglichkeiten nicht bekannt, fällt die Abgrenzung zur Nutzung anderer bekannter Programme wie Word, PowerPoint etc. zu schwer?

Wer nicht fragt, bekommt keine Antworten. Wir kommen in sehr vielen Unternehmen herum, treffen mit den unterschiedlichsten Menschen zusammen. Also haben wir die Chance genutzt und allen immer die Frage gestellt: »Warum setzen Sie OneNote nicht ein?« Die Antworten lauteten fast immer gleich: »Was soll ich denn damit machen? Ich habe doch schon so viele Programme im Einsatz!«

Das muss sich ändern.

Dieses Buch verfolgt den Anspruch, informativ, anregend, verstehbar und umsetzbar zu sein. Sie finden Text, Fakten, Informatives, Hintergründe und Unterhaltsames. Es ist daher nicht als klassisches

Softwarehandbuch zu verstehen, in dem Sie die verschiedenen Funktionen nachlesen bzw. nachschlagen können.

Das Buch ist so aufgebaut, dass Sie es von vorn bis hinten durchlesen können. Wir haben aber auch auf eine Eigenständigkeit der Kapitel geachtet. Sie können, je nach Interessengebiet und Laune, in jedem Kapitel einsteigen und es unabhängig von den anderen lesen.

Fast, denn das Buch hat den roten Faden eines Puzzles – erst in der Gesamtheit gibt es einen Überblick der vielfältigen Einsatzmöglichkeiten.

Das vorliegende Buch ist also ein Praxishandbuch. Es soll informativ und illustrativ sein, soll Einblicke in die Praxis geben und transparent die Möglichkeiten aufzeigen. Außerdem liefert es Anregungen zum Querdenken und die Möglichkeiten selber zu entdecken.

Danke an viele helfende Hände

Das Schreiben eines Buches stellt meist ein einsames Unterfangen für die Autoren dar. Doch erst die Hilfe vieler Menschen ermöglicht es, ein Buch fertigzustellen.

Wir möchten all denen danken, die uns wieder bei einem Buch unterstützt haben:

So bedanken wir uns sehr herzlich bei unserer Lektorin Frauke Wilkens, bei Andrea Monadjemi* für die kreativen und gelungenen Kapitelstart-Illustrationen und bei Sara Unverhau, die das Buch ins »rechte Licht« gerückt hat.

Abschließend möchten wir denen danken, die uns zu Hause Unterstützung gaben, sich nicht darüber beklagten, dass wir uns immer wieder zum Schreiben zurückgezogen haben und oft in Gedanken waren.

Nun bleibt uns nur noch, Ihnen viele interessante Entdeckungen und Einsatzmöglichkeiten zu wünschen!

Ihr Autorenteam

Dagmar Herzog, Nina Koch, Bernd Kesslau

PS: Haben Sie Fragen an uns oder Anregungen für uns? Wir freuen uns auf Ihre E-Mail!

- *Dagmar.Herzog@mindbusiness.de*
- *Nina.Koch@microsoft.com*
- *Bernd.Kesslau@mindbusiness.de*

---

* Das im Rahmen der Kapitelstart-Illustrationen dieses Buches verwendete Bildmaterial stammt aus dem Archiv der iStock International Inc., im Internet erreichbar unter www.istockphoto.com.

Die Autoren des Buches

Dagmar Herzog

Dagmar Herzog ist Geschäftsführerin der MindBusiness GmbH. Seit vielen Jahren betreut sie national und international tätige Firmen in Office-, MindManager- und SharePoint-Workshops sowie beim Rollout dieser Softwarewerkzeuge.

Hierbei baut Dagmar Herzog ganzheitliche Schulungskonzepte auf, die lösungs-, kunden- und nutzungsorientiert sind. Das Ziel ist es, Lernprozesse zu beleben und menschlich zu gestalten – Fokus: SharePoint und Microsoft Office 2010 im Alltag integrieren und sinnvoll nutzen.

Ihr Know-how aus der Praxis hat Dagmar Herzog in vielen Publikationen veröffentlicht. So steht zwischenzeitlich der Name Herzog auf einer Vielzahl von Büchern bei Verlagen wie Microsoft Press, Hanser und Gabal.

Des Weiteren begleitet sie in den Themen »Einführung von SharePoint & Office 2010« als systemischer Management Coach Unternehmen erfolgreich in Veränderungs- und Lernprozessen innerhalb der Organisation, die darin integrierten Teams und Menschen und berät Führungskräfte bei Entscheidungen, um nachhaltig Veränderungsprozesse anzustoßen.

Sie rüttelt dabei an der herkömmlichen Art zu arbeiten, hinterfragt Gewohntes und macht den Blick frei für Neues. Softwaretools sind in ihren Augen keine Lösungen, sondern Werkzeuge, die der Mensch situativ in seinem Arbeitsalltag nutzen sollte.

So auch OneNote.

Nina Koch

Nina Koch ist seit 2004 bei Microsoft Deutschland beschäftigt. Bevor sie die Stelle des Product Solution Marketing Managers für Microsoft Office, Microsoft Office Groove und Microsoft Office OneNote übernommen hat, verantwortete Nina Koch als Projektkoordinatorin die Bildungsinitiative »Schlaumäuse – Kinder entdecken Sprache« in der Pressestelle bei Microsoft Deutschland. Die Initiative nutzt neue Technologien, um die frühe Entfaltung der Sprachkompetenz in der deutschen Sprache einschließlich der Ausbildung sozialer und kommunikativer Fähigkeiten bei Kindern zu fördern.

2005 wechselte Nina Koch in den Geschäftsbereich Information Worker und trägt seither unermüdlich dazu bei, das sehr wertvolle, aber völlig unterschätzte Produkt Microsoft OneNote aus seinem Schattendasein zu befreien.

Nina Koch ist studierte Diplom-Sozialpädagogin und hat nebenher eine Ausbildung zum systemischen Berater und Coach absolviert.

Bernd Kesslau

Bernd Kesslau ist seit 2002 bei der Microsoft Deutschland GmbH beschäftigt. Er ist Lösungsberater für SharePoint und Office und betreut seit 2007 Großkunden in der Automobil- und Hightech-Industrie.

Bernd Kesslau ist studierter Betriebswirt der Fachhochschule Rosenheim, wo er heute im Beirat des Studiengangs »Wirtschaftsinformatik« ist und gelegentlich Vorlesungen zu Innovationsthemen hält.

**OneNote 2010 –
Genial durchdacht!**

Seiten in einem Abschnitt
können tiefer gestuft,
Gruppen können erweitert
oder reduziert werden!

Neue Lösungen
für die effektive Zusam-
menarbeit, schnelle Verlinkung
zu anderen Seiten, Arbeiten mit Format-
vorlagen, neue Übersetzungshilfe, Formelerken-
nung bei Schrifteingabe per Tablet PC
...und vieles mehr!

Durch neuen Reiter
können Abschnitte
in einer Abschnitts-
gruppe schnell erstellt
werden.

Verknüpfte Notizen
erleichtern die Recherche!

Alle neuen, großartigen Ideen
üben dieselbe Wirkung aus,
es sind die Sonnenaufgänge
der Geschichte. Die Mittags-
sonne begeistert nicht, nur die
Morgensonne. *Rudolf von Ihering*

Die Philosophie der Arbeits-
oberfläche und Neuigkeiten

M icrosoft OneNote 2010 ist erwachsen geworden und mittlerweile mehr als eine Notizzentrale – es bietet Ihnen optimale Möglichkeiten, um Ihre Notizen an einer zentralen Stelle zu speichern und freizugeben, sodass Sie einfach darauf zugreifen können. Erfassen Sie spielend leicht Texte, Foto-, Video- und Audiodateien und haben Sie Ihre Gedanken, Ideen und wichtige Informationen jederzeit zur Hand.

Sie möchten im Team arbeiten? Kein Problem. Geben Sie Ihre Notizbücher frei, können Sie schnell Notizen mit anderen Personen im Netzwerk austauschen, damit alle jederzeit auf dem gleichen Wissensstand sind. Sie haben auch die Möglichkeit, Ihre Notizbücher problemlos mit auf Reisen zu nehmen. Stellen Sie sie einfach online bereit, sodass Sie über das Internet oder mit einem Smartphone praktisch überall darauf zugreifen können.

Was hat sich bei Microsoft OneNote 2010 getan? Werfen wir einen ersten Blick darauf.

Die neue Arbeitsoberfläche

Das »User Interface«, also die Benutzeroberfläche, von Microsoft OneNote 2010 verlässt die alten Pfade und passt sich den Microsoft Office-Anwendungen an. Der gewachsene Funktionsumfang sowie die Komplexität von Arbeitsabläufen und Prozessen werden in eine leicht erlernbare und übersichtliche neue Oberfläche integriert – das Menüband, auch »Ribbon« genannt (**1**; siehe Abbildung nächste Seite). Das Ergebnis rückt in den Mittelpunkt.

Viele der Office-Anwender, die bereits auf Microsoft Office 2007 umgestiegen sind, standen dem in der damaligen Version als Multifunktionsleiste bezeichneten neuen Benutzeroberflächenelement anfänglich sehr skeptisch gegenüber. Immerhin sieht die neue Benutzeroberfläche komplett anders aus, als man es aus älteren Office-Versionen kennt. Aber es hat sich herausgestellt, dass man auch alten Office-Füchsen das Arbeiten noch erleichtern kann.

eits bei Eingabe
s Suchbegriffs
den die Ergebnisse
ezeigt!

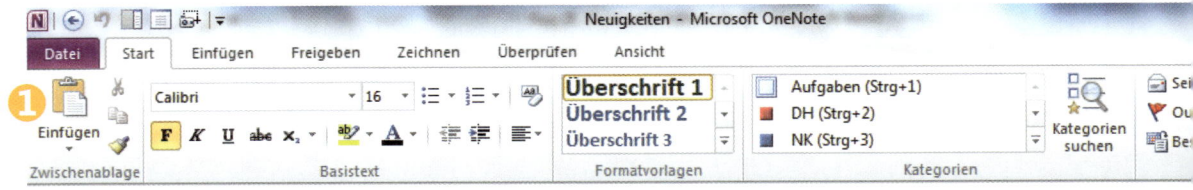

Das Menüband mit seinen Registerkarten

Kernelement der neuen, dynamischen und ergebnisorientierten Benutzeroberfläche sind die Registerkarten des Menübandes. Microsoft OneNote 2010 teilt Funktionen in verschiedene Bereiche und ordnet diese auf Registerkarten im Menüband an. Benötigte Funktionen werden je nach Bedarf zur Verfügung gestellt.

Jeder Bereich stellt seine Funktionen übersichtlich und mit großen, gut erkennbaren Schaltflächen dar. Das erhöht zwar den Platzbedarf im Vergleich zur herkömmlichen Menüstruktur etwas, bietet jedoch viele Vorteile.

Wird das jeweilige Programmfenster verkleinert, passt sich das Menüband der veränderten Größe intelligent an. Zunächst werden große Schaltflächen kleiner dargestellt. Dann verschwinden Beschriftungen. Schließlich werden die Funktionsgruppen verdichtet.

Der Anwender findet die benötigte Funktion aufgrund der klaren Präsentation und Struktur sehr schnell auf den entsprechenden Registerkarten. Die Bezeichnungen der Registerkarten und der Funktionen orientieren sich an vorherigen OneNote-Versionen, sodass sich Umsteiger rasch wieder zurechtfinden.

Die Symbolleiste für den Schnellzugriff (**2**) macht wichtige Funktionen wie *Rückgängig*, *Ganzseitenansicht* etc. jederzeit schnell erreichbar.

Die Anforderungen, die an uns Anwender und unseren Arbeitsalltag gestellt werden, können mit Microsoft OneNote 2010 einfach und unkompliziert gelöst werden.

Die Symbolleiste für den Schnellzugriff ist individuell anpassbar

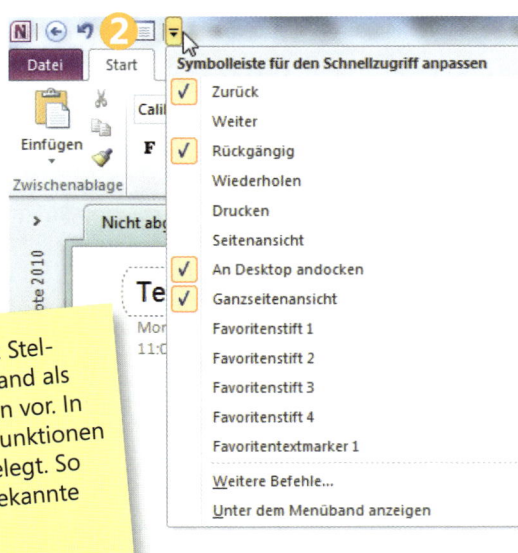

Tipp für alle Umsteiger: Stellen Sie sich das Menüband als Schrank mit Schubladen vor. In jeder Schublade sind Funktionen themenorientiert abgelegt. So finden Sie sicherlich bekannte Funktionen leichter.

Zehn gute Gründe für OneNote 2010

■ **Die neue Übersicht**

Die neue Microsoft Office Backstage-Ansicht der Registerkarte *Datei* ersetzt das herkömmliche Datei-Menü. Ihre Notizen können Sie mit wenigen Mausklicks freigeben, drucken und veröffentlichen.

Das Menüband ist neu in OneNote. So können Sie schnell auf die von Ihnen bevorzugten Befehle zugreifen.

■ **Informationen schnell an der richtigen Stelle ablegen**

Mit der Funktion für eine *schnelle Ablage* wählen Sie ein Notizbuch zum Einfügen der Notizen aus. Die Notizen können Sie aus verschiedenen Quellen – wie Dokumente, Webseiten oder E-Mail-Nachrichten – einfügen.

■ **Verwalten von Informationen**

Eine verbesserte Navigationsleiste stellt die Tools zur Verfügung, die Sie benötigen, um Ihre Notizbücher anzuordnen und schnell zwischen ihnen zu wechseln.

Seitengruppen können noch besser visualisiert und erweitert werden, sodass die Struktur und Platzierung von Notizen optimiert wird.

■ **Gruppenprojekte … und trotzdem immer auf dem neuesten Stand**

Verwenden Sie ein freigegebenes Notizbuch mit mehreren Benutzern, werden neue Inhalte hervorgehoben. Das heißt Änderungen, die nach der letzten Verwendung des freigegebenen Notizbuchs vorgenommen wurden, werden anders dargestellt.

Über die Versionsverwaltung können Sie den Versionsverlauf nach Datum und Autor anzeigen. Verschiebt ein Benutzer aus Versehen Inhalte oder löscht Inhalte, können Sie die Änderungshistorie anzeigen und Änderungen jederzeit rückgängig machen. Außerdem werden Änderungen automatisch zusammengeführt und synchronisiert, wenn Sie online sind.

■ **Der direkte Zugriff auf Ihre Informationen**

Mithilfe der optimierten Suchfunktionen in Microsoft OneNote 2010 werden mehrere Arten von Inhalten durchsucht – einschließlich Videos und anderer eingebetteter Objekte.

Das neue »Rangfolgesystem« lernt zudem aus den in der Vergangenheit getroffenen Auswahlentscheidungen und legt Prioritäten für Notizen, Seiten, Seitentitel und zuletzt getroffene Entscheidungen fest. Sie erhalten noch schneller und einfacher die gewünschten Informationen.

■ Notizbücher überall greifbar

Ihr Notizbuch überall dabeizuhaben, ist noch einfacher geworden. Sie können Notizen über das Internet oder ein Smartphone bearbeiten und nachschlagen. Synchronisieren Sie Ihre Notizen mit Microsoft SharePoint 2010 oder Windows Live, um von vielen Orten aus auf die neuen Features von Microsoft OneNote 2010 zuzugreifen.

Durch die neuen Office Web Apps wird auch OneNote internetfähig gemacht – ohne es auf dem Client installiert zu haben – und zeigt Notizen in voller Größe und hoher Qualität an. Sie können eigene Notizen erstellen und online über einen Webbrowser bearbeiten sowie speichern. Und das auch, wenn Sie nicht im Büro, zu Hause am Schreibtisch oder in der Schule sind.

Eine weitere Bereicherung stellt Microsoft OneNote Mobile 2010 dar, mit dem Sie ebenfalls stets auf dem neuesten Stand bleiben. Dazu verwenden Sie einfach eine erweiterte, mobile Version von OneNote 2010, die speziell für Ihr Smartphone ausgelegt ist.

■ Verweisen leicht gemacht

Verweisen Sie mit der Wiki-Verlinkung in Microsoft OneNote 2010 einfach auf verwandte Inhalte wie Seiten oder Abschnitte von Notizen und Abschnittsgruppen in einem Notizbuch. Lassen Sie automatisch Links zu neuen Inhalten erstellen, damit alle Personen, die dasselbe Notizbuch verwenden, an die richtige Stelle verwiesen werden. Diese Inhalte können auch durchsucht werden.

■ Formatierungsoptionen

Dank der neuen Formatierungsoptionen können Sie Ihre Gedanken noch optimaler strukturieren und anordnen. Gewinnen Sie zudem durch den Einsatz der gleichen Tastenkombinationen für die grundlegende Formatierung von Texten wie in Word 2010 einiges an Zeit.

■ Andocken an andere Anwendungen

OneNote kann nun auch seitlich auf dem Bildschirm angedockt werden. So haben Sie das Programm immer verfügbar, wenn Sie sich Notizen machen möchten, während Sie Recherchen im Internet durchführen, ein Dokument in Word prüfen oder eine PowerPoint-Präsentation entwickeln.

Möchten Sie auch zu einem späteren Zeitpunkt noch nachvollziehen können, woher Ihre Ideen stammen, können Sie dank der verknüpften Notizen immer sehen, aus welcher Quelle Ihre Informationen kommen.

■ Kommunikationsbarrieren sind passé

In Microsoft OneNote 2010 können verschiedene Spracheinstellungen für QuickInfos, Hilfeinhalte und Anzeigen festgelegt werden. Wörter oder Ausdrücke können leichter übersetzt werden.

Ein Strauß voller Möglichkeiten – Neues für Umsteiger

Sind Sie Umsteiger? Dann haben Sie nun die Möglichkeit, sich zunächst im Schnellverfahren einen kurzen Überblick über einige Neuigkeiten zu verschaffen.

Im Detail werden Ihnen diese in den kommenden Kapiteln wieder begegnen.

Bereiche »Sammeln«, »Organisieren« und »Suchen«

Folgende Möglichkeiten stehen Ihnen für eine bessere Seitenregisterorganisation zur Verfügung:

- Unterseiten mit mehreren Ebenen (**1**)
- Unterseiten reduzieren (**2**)

Seiten besser im Griff

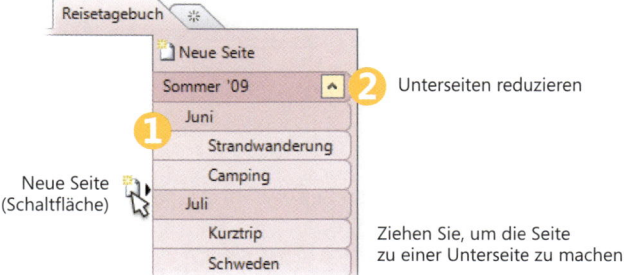

- Sie erzielen bessere Suchergebnisse schon beim Tippen (**3**).

Bereits beim Eingeben von Suchbegriffen werden Suchergebnisse angezeigt

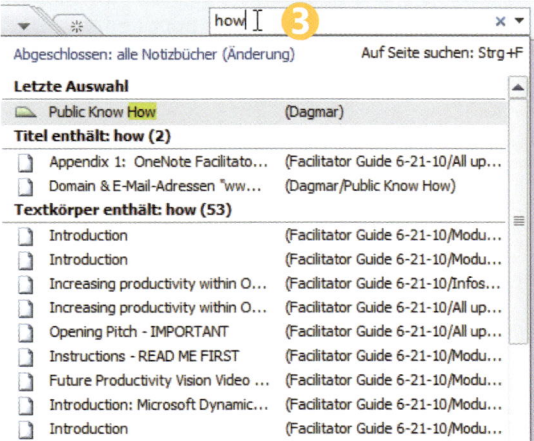

- Durch das »Andocken« des OneNote-Fensters auf dem Windows-Desktop wird ein spezieller Modus gestartet (**4**).

Verlinken Sie Dokumente direkt in OneNote

Mit diesem Modus können Sie geöffnete Internet Explorer-Seiten, PowerPoint-Folien, Word-Dokumente etc. direkt in eine Notiz verlinken (**5**).

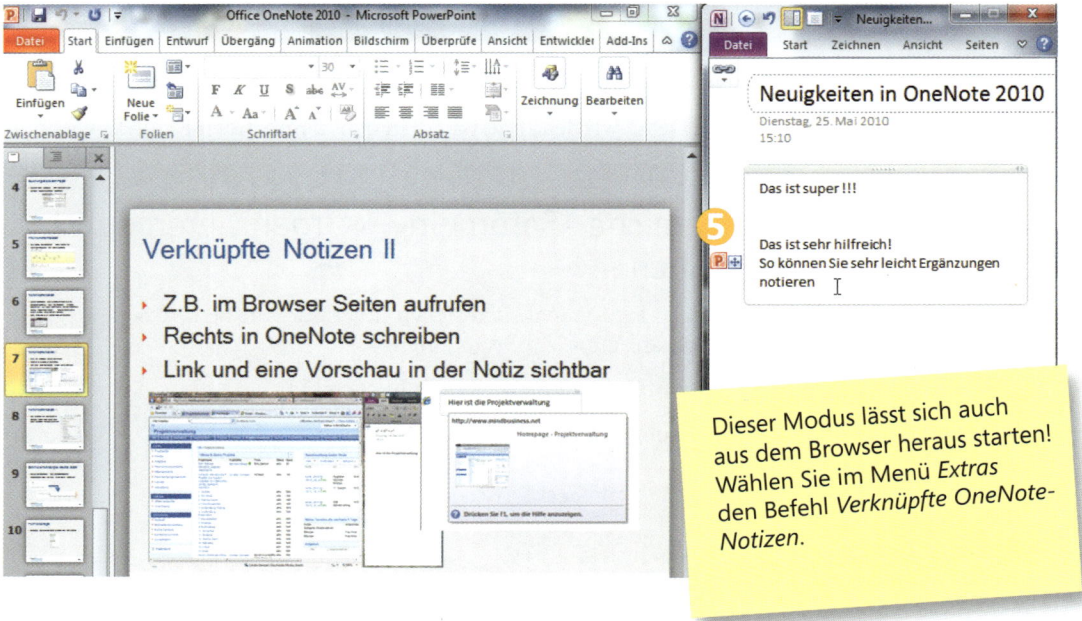

Dieser Modus lässt sich auch aus dem Browser heraus starten! Wählen Sie im Menü *Extras* den Befehl *Verknüpfte OneNote-Notizen*.

■ Erstellen Sie Verknüpfungen mit anderen Notizen, wie z.B. Wikis (**6**).

Durch Verwendung von [[gewünschter Seitentitel]] wird ein Link in die Notiz eingefügt

6 [[Neuigkeiten]] in OneNote 2010

■ Nutzen Sie die Schnellformatvorlagen zum Erstellen von Überschrift-, Zitat- oder anderweitigen Formate (**7**).

Bekanntes aus Word steht nun zur Verfügung

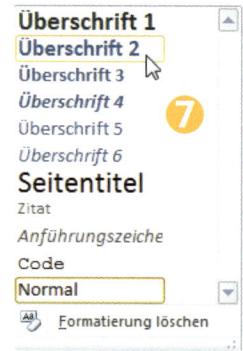

■ Auch mathematische Elemente können jetzt formal richtig eingefügt werden (**8**).

Mathematische Formeln oder Symbole einfügen mit einem Klick

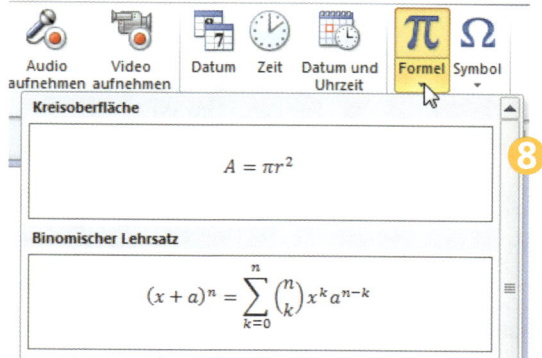

■ Senden Sie Notizen zu Outlook-Aufgaben direkt an eine beliebige Stelle in OneNote (**9**).

Beim Senden an OneNote den Speicherort auswählen

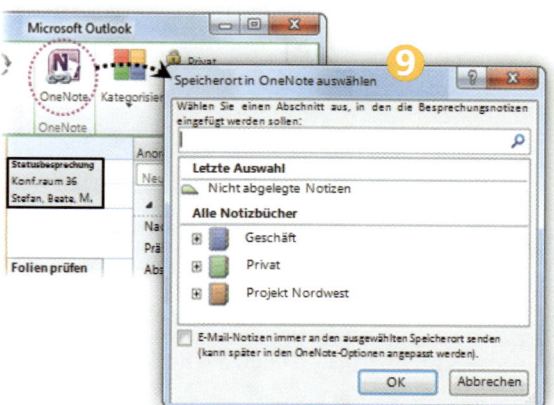

■ Dank der neuen Übersetzungshilfe wird vieles leichter verständlich (**10**).

Wort markieren, im Kontextmenü auf Übersetzen *klicken und auf die Vorschläge zugreifen*

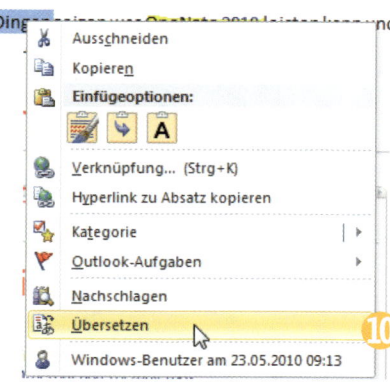

Bereiche »Freigabe« und »universeller Zugriff«

Folgende Funktionsbereiche stehen Ihnen für den »Zugriff von jedem Ort aus« zur Verfügung:

- Freigeben im Web
- Anzeigen und Bearbeiten in einem Browser
- Synchronisieren mit OneNote Mobile

Greifen Sie von überall aus auf Ihre Notizen zu

Freigeben von Notizen:

- Ungelesene Änderungen werden hervorgehoben.
- Verfasserinitialen werden angezeigt
- Ein Versionsverlauf dient dem Überblick.
- Suchen Sie nach zuletzt vorgenommenen Bearbeitungen.
- Suchen Sie nach Bearbeitungen je Verfasser.
- Synchronisieren Sie Inhalte jetzt noch schneller mit SharePoint.

Formatierungen zeigen Änderungen auf einen Blick an

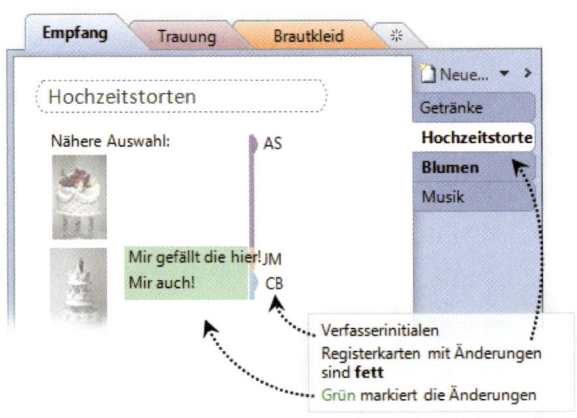

Der Schnellüberblick im Telegrammstil

Für alle, die einen schnellen Überblick über das Wichtigste in puncto Neuheiten haben wollen, folgt nun eine Zusammenfassung im Telegrammstil. Aufgeführt werden folgende Bereiche:

- Was ist neu?
- Was wurde geändert?
- Welche Funktionen gibt es nicht mehr?
- Wichtige Überlegungen zur Migration

Was neu ist

- **Das Menüband**

Das Menüband dient zur Optimierung der wichtigsten One-Note-Notizen-Szenarien und hilft Ihnen, diese leichter zu verwenden. Es ermöglicht schnelleren Zugriff auf alle Befehle und vereinfacht zukünftige Erweiterungen und Anpassungen.

- **Backstage-Ansicht**

Die Backstage-Ansicht ist Teil der Menübandbenutzeroberfläche. Die Backstage-Ansicht, die über die Registerkarte *Datei* geöffnet wird, bündelt die Funktionen zum Verwalten der Microsoft OneNote-Notizbuchdateien.

- **Spracheinstellungen**

OneNote 2010 bietet eine vereinfachte Spracheinstellung, die mehrsprachigen Benutzern das Arbeiten mit der Benutzeroberfläche erleichtert.

- **Dateiformat**

Das OneNote 2010-Dateiformat ermöglicht neue Funktionen, wie z.B. Web-Sharing, mathematische Gleichungen, Versionsverwaltung etc.

Sie können aber auch weiterhin mit OneNote 2007-Notizbüchern arbeiten, ohne diese im neuen Dateiformat speichern zu müssen. Standardmäßig werden bestehende Notizbücher nicht angepasst. Das Konvertieren in das 2010-Dateiformat ist aber jederzeit mit einem Klick möglich.

> Sie können das Menüband anpassen und ganz einfach benutzerdefinierte Registerkarten erstellen und Gruppen bilden. Um den Platz für Ihre Notizen auf der Seite zu maximieren, blenden Sie das Menüband per Doppelklick auf eine Registerkartenbezeichnung aus.

> Speichern Sie 2007er-Notizbücher nicht im neuen Format, wenn Sie planen, diese Notizbücher mit OneNote 2007-Benutzern zu teilen.

Verbesserter Zugang zu Informationen

OneNote 2010 bietet praktisch permanenten Zugang zu Notizen. Verwenden Sie Ihre Notizbücher überall – am Arbeitsplatz, zu Hause oder auf der Durchreise. Dazu stehen Ihnen folgende Möglichkeiten zur Verfügung:

- Windows Live
- Microsoft OneNote Web App
- Microsoft OneNote Mobile 2010

Suche, Outlook-Integration, Organisation und Bearbeitung

- Mit der verbesserten Suche ist es Benutzern möglich, durch Eingabe der ersten Buchstaben eines Titels schnell zu kürzlich besuchten Seiten zu springen oder eine vorherige Suche zu wiederholen.

- Dank der verbesserten Outlook-Integration erstellen Sie Outlook-Aufgaben direkt aus OneNote heraus.

- Die insgesamt verbesserte Organisation bietet optimierte Abschnitte und Seitenregisterkarten, einen Mini-Übersetzer und die Möglichkeit, OneNote einfach an Notizen und Webseiten-URLs, Word 2010, PowerPoint 2010 etc. anzudocken.

- Im Bereich der Bearbeitung hat sich durch die Schnellformatvorlagen das Formatieren von Texten erheblich verbessert. Dazu zählen auch das Arbeiten mit Listen- und Aufzählungszeichen sowie der neue, automatische Textumbruch. Außerdem werden mathematische Gleichungen unterstützt.

Funktionen für den Austausch und die Zusammenarbeit

OneNote 2010 unterstützt die gleichzeitige Bearbeitung von Notizbüchern durch mehrere Benutzer. Eine Gruppe von Benutzern kann beispielsweise zur gleichen Zeit an einem Notizbuch arbeiten oder ein einzelner Benutzer kann von verschiedenen Computern aus an einem Notizbuch arbeiten – ohne die Datei zu sperren.

Wichtig hierbei:

- Neuer Inhalt wird automatisch markiert.

- Informationen über den Autor für zusätzliche oder freigegebene Inhalte werden durch einen Farbbalken und die Initialen identifiziert.

- Benutzer können durch die Versionsverwaltung sehen, wann von wem ein Notizbuch geändert wurde. Änderungen werden automatisch hervorgehoben.

- Schnellere Synchronisierung von Seiten, damit Änderungen angezeigt werden – nahezu in Echtzeit.

Was geändert wurde

Folgende Punkte wurden in der neuen Version geändert:

- Der Aufgabenbereich *Meine Tags anpassen* wurde durch das Dialogfeld *Kategorien anpassen* ersetzt.

- Die Option *Neu* ist nun in der Backstage-Ansicht von OneNote (Registerkarte *Datei*) zu finden.

- Die Schriftformatierungsoptionen sind in der Gruppe *Basistext* auf der Registerkarte *Start* zu finden.

- Die ursprünglichen Aufzählungszeichen wurden durch die *Aufzählungszeichenbibliothek* in der Gruppe *Basistext* auf der Registerkarte *Start* ersetzt. Die Möglichkeit, alle Aufzählungszeichen auf einer bestimmten Ebene zu ändern, wurde entfernt.

Welche Funktionen es nicht mehr gibt

Folgende Funktionen gibt es in OneNote 2010 nicht mehr:

- Die Funktion *Livefreigabesitzung* wurde entfernt. In OneNote 2010 wird die Verwendung eines freigegebenen Notizbuchs empfohlen.

- Das Erstellen von Outlook-Terminen und -Kontakten ist nicht mehr möglich.

- Es gibt keine Listen- und Dokumentenmanagement-Aufgabenbereiche mehr.

Die Praxis hat gezeigt, dass die hier genannten Funktionen nur sehr selten genutzt wurden. Neue, optimierte Funktionen in OneNote 2010 bieten mehr Möglichkeiten im Arbeitsalltag.

Wichtige Überlegungen zur Migration und zum Notizbuch-Sharing

OneNote 2010 verwendet ein neues Dateiformat zum Speichern von Dateien. Viele der neuen OneNote 2010-Features (z.B. mathematische Gleichungen, Versionsverwaltung, verknüpfte Anmerkung und mehrstufige Unterseiten) erfordern es, in dem neuen Format zu arbeiten.

Das neue Dateiformat ermöglicht es Ihnen, Ihre Notizbücher im Web zu teilen und in einem Standardwebbrowser anzuzeigen oder zu bearbeiten. Wenn Sie ein Notizbuch in OneNote 2010 erstellen, wird die Datei standardmäßig im neuen Dateiformat gespeichert.

Sie können OneNote 2007-Notizbücher in OneNote 2010, aber auch zurück in das Office OneNote 2007-Format konvertieren.

Notizbücher, die das OneNote 2003-Dateiformat verwenden, sind in OneNote 2010 schreibgeschützt.

Weitere Anmerkungen zum Notizbuch-Sharing:

Mit der Version Office OneNote 2007 haben Benutzer die Möglichkeit, an live freigegebenen Notizensitzungen teilzunehmen. Sie können Ihre freigegebenen Notizbücher in einem Web- oder einem Netzwerkspeicherort oder auch in einer SharePoint-Dokumentbibliothek ablegen. Außerdem kann auf die freigegebenen Notizbücher von einem beliebigen Computer, von einem Webbrowser, von einem Computer im gleichen Netzwerk oder einer SharePoint-Dokumentbibliothek aus zugegriffen werden. Dadurch können alle Teilnehmer die jeweils anderen Notizen anzeigen und bearbeiten.

Um das Feature Livefreigabesitzung in OneNote 2007 zu verwenden, öffnen Sie das gewünschte Notizbuch oder nur den jeweiligen Abschnitt, den Sie mit anderen teilen möchten. Dann wählen Sie im Menü *Freigeben* den Eintrag *Livefreigabesitzung* und klicken auf *Freigabe des aktuellen Abschnitts starten*.

In OneNote 2010 wurde diese Funktion durch die einfache Verwendung eines freigegebenen Notizbuchs ersetzt. Die Seitenaktualisierungen von allen Nutzern werden nahezu in Echtzeit übernommen. Mehrere Autoren können gleichzeitig auf ein freigegebenes Notizbuch zugreifen. Wenn Autoren Seiten und Abschnitte im freigegebenen Notizbuch bearbeiten, werden die Änderungen automatisch synchronisiert, sodass das Notizbuch immer aktuell ist.

OneNote hält eine separate Offlinekopie der Notizen auf dem Computer jedes Benutzers. Autoren können diese lokal bearbeiten, auch wenn ihr Computer vom Netzwerk getrennt ist. Verbindet sich der Benutzer mit dem freigegebenen Notizbuch, führt OneNote automatisch seine Änderungen mit den Änderungen der anderen Autoren zusammen.

In den weiteren Kapiteln werden die Funktionen im Praxisumfeld wiederbegegnen und ausführlich beschrieben.

Was man zur Effektivität braucht, ist eine durch Übung gewonnene Kompetenz.

P. F. Drucker

Lernen Sie den digitalen Notizblock kennen...

In 30 Minuten die Grundlagen kennenlernen

Die Grundlagen in 30 Minuten

Informationsflut ist ein wesentliches Thema des digitalen Zeitalters. Durch das Anwachsen der bereitstehenden Informationen wächst auch die Herausforderung, diese für sich effizient zu verwalten und nicht den Überblick zu verlieren. Dieser Aufgabe sehen sich sowohl Mitarbeiter in Unternehmen jeder Größe als auch Privatpersonen gegenüber.

Ein großer Teil der Informationen wird automatisch und ohne weiteres Zutun im menschlichen Gehirn gespeichert. Es stellt eine zentrale Anlaufstelle für das eigene Wissen dar, die einen stets begleitet. Die Art der Informationen spielt keine Rolle. Doch vieles wird nur ungenau oder nur teilweise abgespeichert, zumal nicht alles zu jeder Zeit gleich wichtig ist. Und wer kann sich schon alles merken?

Microsoft OneNote 2010 ist eine Art digitale Erweiterung der eigenen Erinnerung. Es ermöglicht das Erfassen und Verwalten von Informationen an einer zentralen Stelle. Texte können ebenso erfasst werden wie Bilder oder Audioaufzeichnungen. Das Auffinden auch unstrukturierter Informationen ist durch die eingebaute Suchfunktion, die Bilder ebenso wie handschriftliche Aufzeichnungen und Texte durchsucht, jederzeit möglich.

Dabei orientiert sich das Programm am bekannten Bild des Notizblocks oder Notizbuchs. Allerdings wird das Konzept erheblich erweitert, um größere Dynamik und Freiheit zu bieten.

Ihr eigenes Wissensarchiv

In diesem Kapitel werden wir den Aufbau und die Grundfunktionen von OneNote vorstellen. Als Beispiel dient das Erstellen eines Informationsarchivs auf dem eigenen Computer. Wie Sie sehen werden, gibt es dabei zwei Hauptthemen: das Erfassen und das Auffinden von Informationen.

Anhand des Beispiels werden Sie den Aufbau und die Grundfunktionen von OneNote Schritt für Schritt kennenlernen. Dabei gehen wir auch auf die interessanten Möglichkeiten des Programms im Zusammenhang mit einem Tablet-PC oder anderen Freihandeingabegeräten ein.

Nutzen Sie für das Archiv am besten eigene Informationen, die Sie sowieso erfassen möchten. So können Sie nicht nur OneNote kennenlernen, sondern darüber hinaus direkt damit beginnen, eine eigene, umfassende Informationsquelle aufzubauen.

Wissen erfassen

Es ist sinnvoll, sich über den Aufbau eines Wissensarchivs Gedanken zu machen. Je besser und nachvollziehbarer es strukturiert ist, desto einfacher kann man es erweitern und Informationen darin wiederfinden.

OneNote bietet Ihnen ein klar definiertes, hierarchisches System, um Ihre Informationen über mehrere Ebenen hinweg zu strukturieren. Dabei folgt das Programm dem Bild des Notizblocks bzw. des Notizbuchs. Von der obersten bis zur untersten Hierarchieebene gesehen stehen Ihnen folgende Elemente zur Verfügung:

■ Notizbücher

■ Abschnittsgruppen

■ Abschnitte

■ Seiten

■ Unterseiten

Das Schöne an OneNote 2010 ist aber nicht zuletzt, dass wir nicht übermäßig ordentlich oder strukturiert vorgehen müssen. Der menschliche Hang zu einer gewissen Unordnung ist durchaus willkommen. Nicht jede Information passt schließlich perfekt in ein vorgegebenes Raster. Und wer kann schon planen, wie er Informationen in seinem Kopf ablegen möchte?

Wir werden im folgenden Beispiel sehr direkt in das Erfassen von Informationen einsteigen und die Struktur den sich ergebenden Bedürfnissen nach und nach anpassen.

Wissen auffinden

Eine der wesentlichen Stärken von OneNote 2010 ist die Suchfunktion, die nicht nur maschinegeschriebene Texte, sondern auch Textinformationen in Bildern, Videos oder in handschriftlichen Notizen auffindet. Der Benutzer muss dafür keine zusätzlichen Schritte unternehmen.

Auf diese Weise wird die Vorstellung einer zentralen Anlaufstelle für jede Information unterstützt. Für Sie bedeutet es, dass auch der Prozess der Informationserfassung erheblich erleichtert wird.

Wissen in OneNote erfassen

Lassen Sie uns mit der Arbeit mit Microsoft OneNote 2010 beginnen. Starten Sie dazu das Programm, indem Sie folgende Schritte ausführen:

1. Klicken Sie auf die *Start*-Schaltfläche in der Windows-Taskleiste.

2. Klicken Sie dann auf *Alle Programme/Microsoft Office/Microsoft OneNote 2010*.

Wie Sie sehen, sind in OneNote bereits einige Informationen enthalten. Dabei handelt es sich um eine Einleitung bzw. ein »Tutorial«, das Ihnen einige der wesentlichen Grundlagen von OneNote näherbringt.

In OneNote gibt es drei wesentliche Bereiche:

■ Auf der linken Seite befindet sich die Navigationsleiste (**1**). Von hier aus haben Sie Zugriff auf die einzelnen Notizbücher, Abschnittsgruppen und Abschnitte.

■ Im mittleren, großen Teil des Fensters sehen Sie das aktuelle Notizbuch mit seinen Inhalten (**2**). Über Registerkarten (**3**) im oberen Bereich können Sie zwischen Abschnittsgruppen und Abschnitten im Notizbuch wechseln.

OneNote nach dem ersten Start

■ Ganz rechts befindet sich das Seitenregister (**4**). Hier werden alle Seiten und Unterseiten des aktuellen Abschnitts aufgeführt.

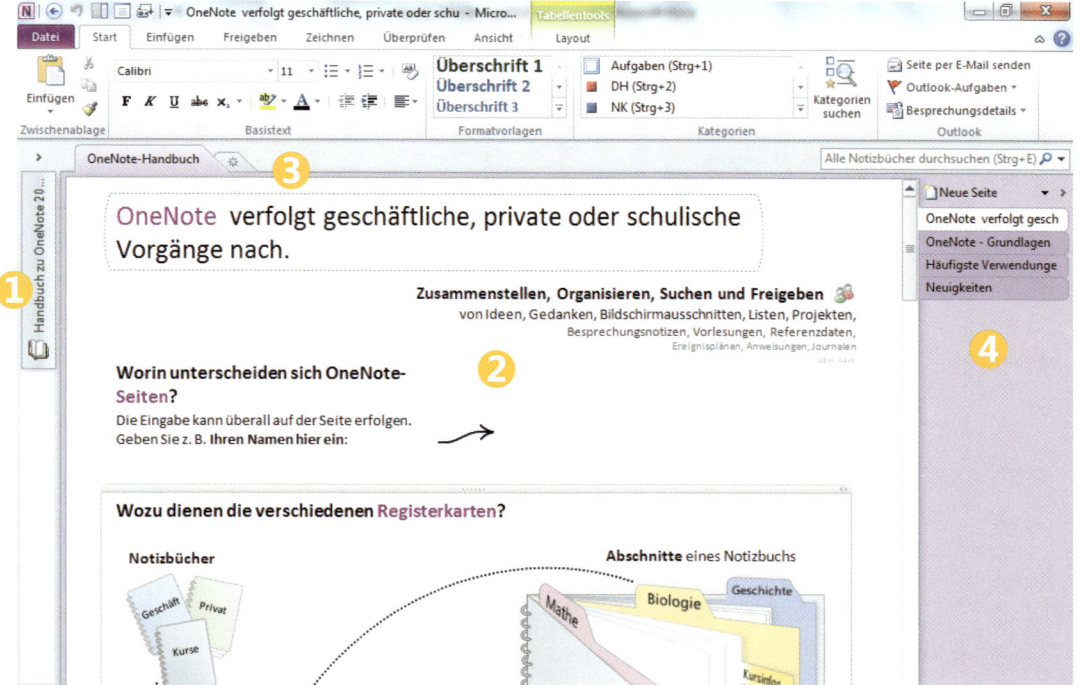

Ein neues Thema anlegen

Lassen Sie uns nun direkt damit beginnen, eigene Informationen zu erfassen. Zu diesem Zweck erstellen wir ein neues Notizbuch. Es repräsentiert in diesem Fall den übergeordneten Themenbereich, den wir im Notizbuch erfassen wollen. Wir werden an dieser Stelle als Beispiel das Thema Buchvorbereitung verwenden.

Hier können wir Informationen zu den verschiedenen Themen, Links zu Foren, Blogs und Diskussionsgruppen, Aufstellungen über Funktionen etc. erfassen.

Sie können dieses Beispiel verwenden – selbstverständlich aber auch jedes beliebige andere Beispiel, das für Sie aktuell von Bedeutung ist. Das Vorgehen ist das gleiche.

> Beachten Sie, dass Sie in OneNote 2010 zu keinem Zeitpunkt speichern müssen. Ihre Änderungen werden automatisch gespeichert, sodass Sie sich darum nicht kümmern müssen.

Notizbuch erstellen

Gehen Sie wie folgt vor, um ein neues Notizbuch zu erstellen:

1. Wählen Sie auf der Registerkarte *Datei* den Befehl *Neu* und klicken Sie unter *Notizbuch speichern in* auf *Arbeitsplatz*.

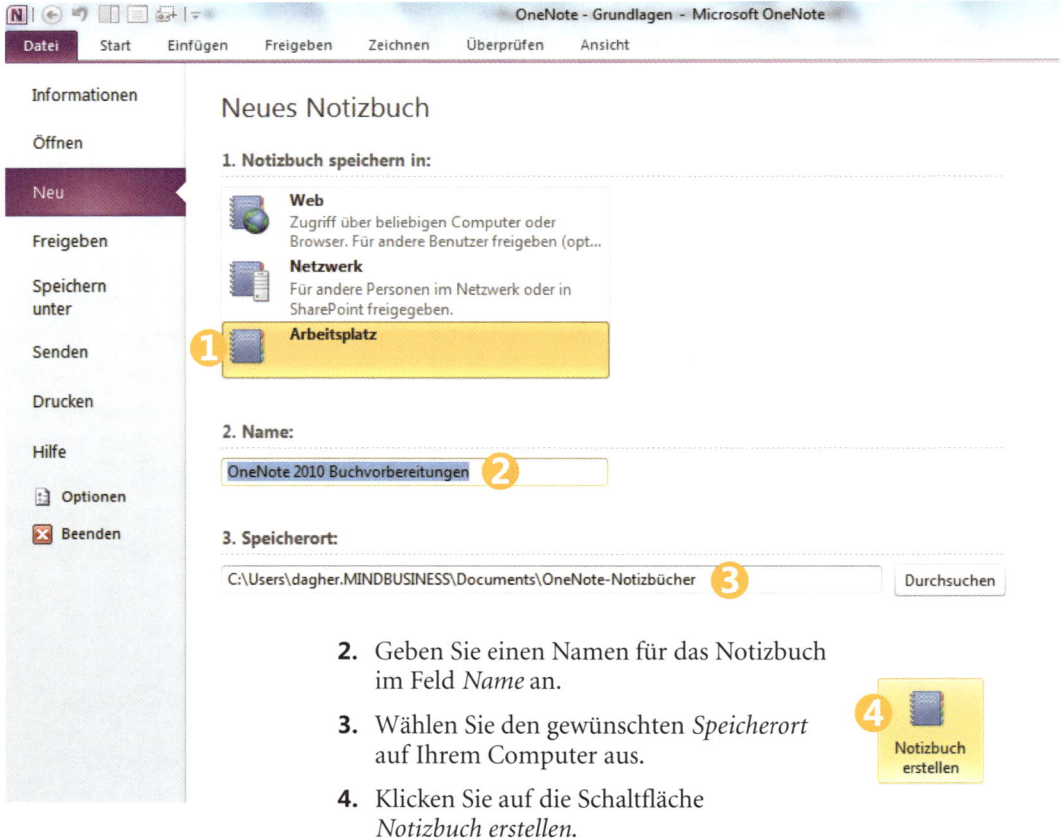

2. Geben Sie einen Namen für das Notizbuch im Feld *Name* an.

3. Wählen Sie den gewünschten *Speicherort* auf Ihrem Computer aus.

4. Klicken Sie auf die Schaltfläche *Notizbuch erstellen*.

Herzlichen Glückwunsch, Ihr erstes Notizbuch ist erstellt.

*Das erste Notizbuch –
darin können Sie erste
Informationen erfassen*

Wie Sie sehen, sind darin bereits ein erster Abschnitt (**1**) sowie eine erste Seite (**2**) enthalten. Auf der linken Seite im unteren Bereich der Navigationsleiste können Sie das Notizbuch sehen, das Sie gerade erstellt haben (**3**).

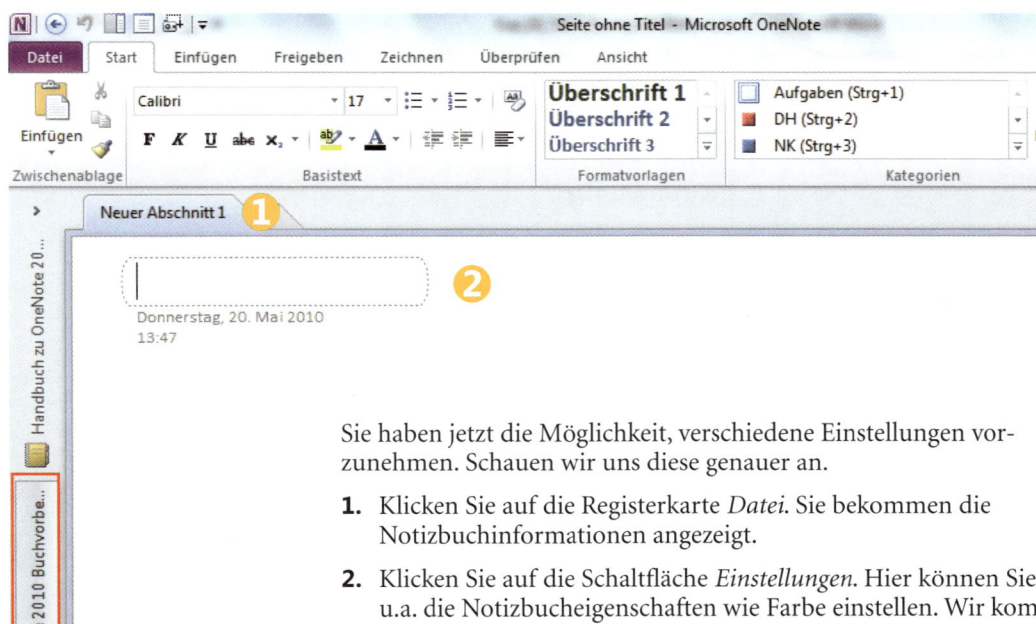

Sie haben jetzt die Möglichkeit, verschiedene Einstellungen vorzunehmen. Schauen wir uns diese genauer an.

1. Klicken Sie auf die Registerkarte *Datei*. Sie bekommen die Notizbuchinformationen angezeigt.

2. Klicken Sie auf die Schaltfläche *Einstellungen*. Hier können Sie u.a. die Notizbucheigenschaften wie Farbe einstellen. Wir kommen auf die verschiedenen Optionen später noch einmal im Detail zurück.

Benennung anpassen

Der Abschnitt und die Seite in OneNote tragen bisher nur Standardnamen für neue Elemente. Lassen Sie uns diese nun an unsere Erfordernisse anpassen. Folgende Informationen vorab:

- Der Abschnitt stellt einen Unterbereich des Notizbuchs dar.

- Die Seite ist wiederum ein Teilbereich des Abschnitts.

Bedenken Sie diese Hierarchie, wenn Sie die Umbenennung durchführen.

So gehen Sie vor:

1. Doppelklicken Sie auf die Registerkarte *Neuer Abschnitt 1* und geben Sie einen neuen Namen ein.

2. Klicken Sie in das gestrichelte Textfeld oben links auf der Seite und tragen Sie einen Namen ein, um die Seite umzubenennen.

   Der Name der Seite taucht auch im Seitenregister auf der rechten Seite auf (**3**).

Inhalte erfassen

Jetzt sind wir bereit, erste Inhalte in OneNote zu erfassen. Dabei werden wir Texte mit Verknüpfungen und Bildern kombinieren, um verschiedene Arten von Informationen abdecken zu können.

So fügen Sie Text hinzu:

1. Klicken Sie an einer beliebigen Stelle in die Seite und beginnen Sie mit der Eingabe.

Der Notizencontainer zur Texteingabe

2. Verändern Sie gegebenenfalls die Position des Notizencontainers, indem Sie den Mauszeiger darüber bewegen und die oberhalb des Textes eingeblendete Leiste mit der linken Maustaste anklicken. Halten Sie die Maustaste gedrückt und verschieben Sie den Container.

Verknüpfungen ins Internet oder zu Dokumenten hinzufügen

Im Internet finden sich viele nützliche Informationen. Daher kann es sinnvoll sein, auch Verknüpfungen zu Internetseiten in OneNote zu integrieren. Fügen Sie also auch einen Hyperlink ein:

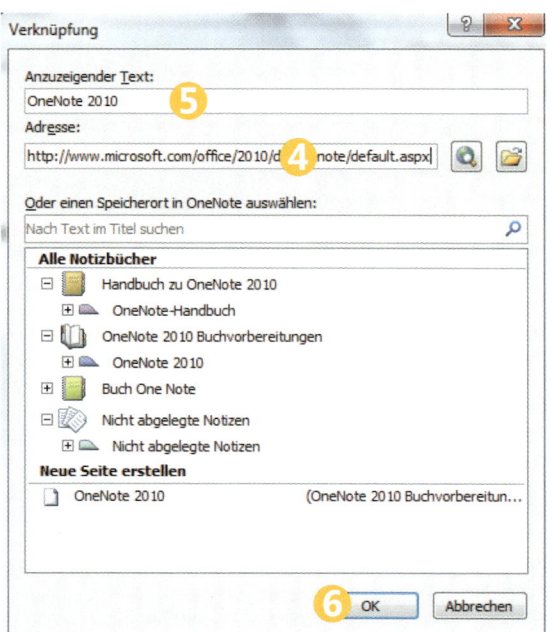

1. Suchen Sie zunächst die gewünschte Webseite im Browser und kopieren Sie die URL aus der Adressleiste.

2. Klicken Sie in der OneNote-Seite auf die Stelle, an der Sie die Verknüpfung einfügen möchten, oder markieren Sie einen Eintrag, der als Hyperlink fungieren soll.

3. Klicken Sie auf *Einfügen/Verknüpfung*. Alternativ können Sie mit der rechten Maustaste auf die gewünschte Stelle klicken und im Kontextmenü den Eintrag *Verknüpfung* wählen.

4. Fügen Sie in das Feld *Adresse* die Adresse der Seite ein, die Sie verknüpfen möchten. Alternativ können Sie über die Schaltfläche *Nach Datei suchen* eine Verknüpfung zu einem Dokument auf Ihrer Festplatte erstellen.

5. Geben Sie im Feld *Anzuzeigender Text* den Text ein, der als Hyperlink dargestellt werden soll. Wenn Sie bereits einen Textbereich markiert hatten, müssen Sie hier keine Veränderung vornehmen.

6. Klicken Sie auf *OK*.

Verknüpfungen innerhalb von OneNote erstellen

Wie Sie Links ins Internet oder zu Dokumenten erstellen können, haben Sie im vorherigen Abschnitt bereits gesehen. Sie haben zusätzlich die Möglichkeit, Verknüpfungen zu Elementen wie Notizbücher, Abschnitte und Seiten innerhalb von OneNote zu erstellen. Damit können Sie Ihr Wissensarchiv intern stärker vernetzen. Das ist insbesondere dann hilfreich, wenn Sie die relativ rigide Hierarchie für bestimmte Informationen durchbrechen möchten.

Gehen Sie wie folgt vor, um eine Verknüpfung innerhalb von OneNote zu erstellen:

1. Klicken Sie auf die Registerkarte *Einfügen* und wählen Sie *Verknüpfung*, um das gleichnamige Dialogfeld anzuzeigen.

2. Wählen Sie unter *Oder einen Speicherort in OneNote auswählen* die gewünschte Verknüpfung aus.

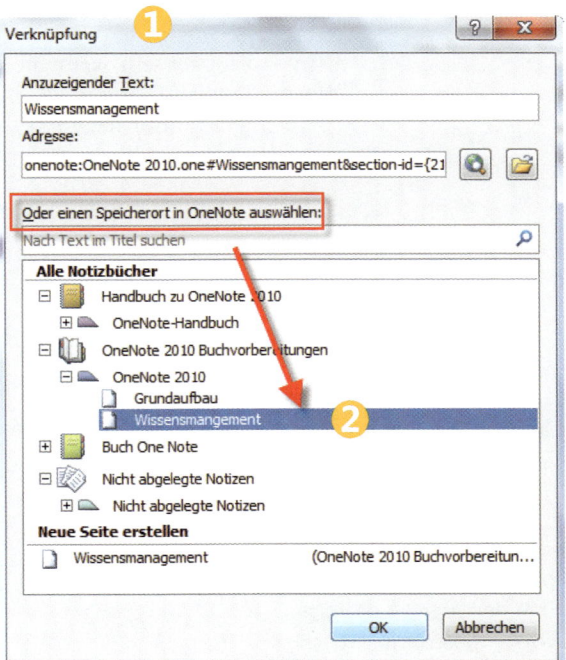

Alternativ können Sie auch wie folgt vorgehen:

1. Klicken Sie mit der rechten Maustaste auf das gewünschte Element, z.B. auf eine Seite im Seitenregister.

2. Wählen Sie im Kontextmenü den Eintrag *Hyperlink zu Seite kopieren.*

3. Folgen Sie den im Abschnitt »Verknüpfungen ins Internet oder zu Dokumenten hinzufügen« beschriebenen Schritten für das Erstellen eines Links.

Bilder und Bildschirmausschnitte hinzufügen

Lassen Sie uns nun noch ein Bild ergänzen. Dafür gibt es zwei unterschiedliche Möglichkeiten. Sie können entweder eine Bilddatei einfügen oder einen Bildschirmausschnitt erstellen und direkt einfügen.

Lassen Sie uns zunächst eine Bilddatei hinzufügen:

1. Klicken Sie auf die Stelle der Seite, an der Sie das Bild einfügen möchten.

2. Klicken Sie auf der Registerkarte *Einfügen* auf *Bild*.

3. Wählen Sie das gewünschte Bild aus.

4. Klicken Sie auf *Einfügen*.

Das Bild wird in OneNote eingefügt. Diese Methode ist für existierende Bilder schnell und einfach anzuwenden. Es gibt aber Fälle, in denen es effizienter ist, einen Bildschirmausschnitt zu verwenden. Das ist etwa dann der Fall, wenn Sie das gewünschte Bild zunächst noch als Datei abspeichern müssten, z.B. wenn es sich auf einer Webseite befindet. Der Bildschirmausschnitt kann vor allem auch dann praktischer sein, wenn Sie schnell und ohne viel Aufwand Informationen erfassen möchten, die noch gar nicht oder nur zum Teil in einem Bildformat vorliegen.

Lassen Sie uns also einen Bildschirmausschnitt erstellen:

1. Holen Sie zunächst den Inhalt in den Vordergrund, den Sie mit OneNote erfassen möchten. Das könnte beispielsweise das Programmfenster Ihres Browsers sein, in dem Sie die gewünschte Website geöffnet haben.

2. Wechseln Sie wieder zu OneNote.

3. Klicken Sie in OneNote an die Stelle, an der Sie den Bildschirmausschnitt einfügen möchten.

Machen Sie von der Funktion Bildschirmausschnitt ruhig häufiger Gebrauch, auch wenn dabei Textinformationen mit erfasst werden. Wie Sie später sehen werden, erfasst OneNote bei der Suche auch Texte in Bildern bzw. Bildschirmfotos. Zu bedenken ist lediglich, dass Bildschirmausschnitte auf Dauer merklich mehr Speicherplatz verbrauchen als reiner Text.

4. Öffnen Sie die Registerkarte *Einfügen* und wählen Sie die Funktion *Bildschirmausschnitt.*

5. OneNote tritt nun in den Hintergrund, sodass Sie den Bereich erfassen können, den Sie in OneNote als Bildschirmausschnitt speichern möchten. Der sichtbare Bildschirminhalt wird abgeschwächt dargestellt. Ziehen Sie nun mit der Maus ein Auswahlrechteck auf, indem Sie an eine Stelle auf dem Bildschirm klicken und dann mit gedrückter Maustaste ziehen. Der Bereich, der vom Auswahlfenster erfasst wird, tritt nun deutlich gegenüber dem Rest des Bildschirms hervor.

6. Lassen Sie die Maustaste los, um den gewählten Ausschnitt zu erfassen. (Drücken Sie ⌈Esc⌉, falls Sie das Erstellen des Bildschirmausschnitts abbrechen wollen.)

Der Bildschirmausschnitt wird nun zusammen mit Text, Hyperlink und Bild in OneNote erfasst. Sie haben damit schnell und effizient zahlreiche Informationen an einer Stelle zusammengefasst und können diese später über die Suche einfach wiederfinden.

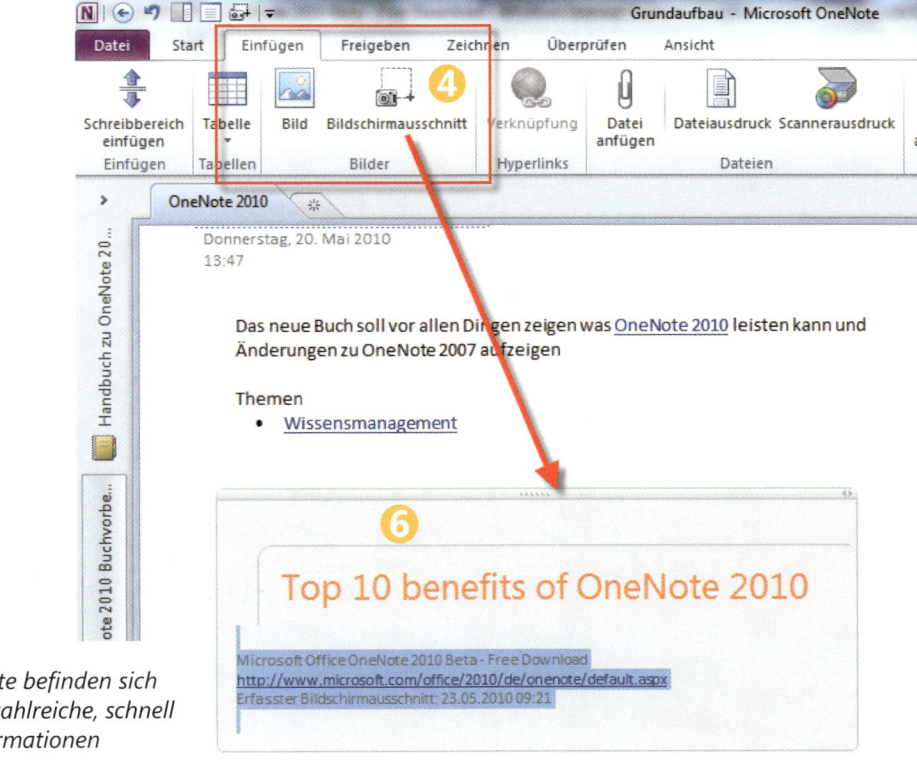

Auf einer Seite befinden sich nun bereits zahlreiche, schnell erfasste Informationen

Freihandeingabe

Gerade wenn Sie viel unterwegs sind oder an vielen Meetings teilnehmen, ist OneNote ein sehr gutes Mittel, um Informationen zu erfassen. Im Zusammenspiel mit einem Tablet-PC entsteht damit eine leistungsfähige Lösung, mit der Sie Informationen durch Freihandeingaben oder Skizzen schnell erfassen können.

Auch wenn Sie aktuell nicht über einen Tablet-PC oder ein anderes Stifteingabegerät verfügen, können Sie die folgenden Schritte nachvollziehen, wenn auch nicht ganz so effektiv.

1. Öffnen Sie die Registerkarte *Zeichnen*, klicken Sie auf einen beliebigen Stift und benutzen Sie die Maus, um die Freihandeingabe nachzuempfinden.

2. Klicken Sie auf die Schaltfläche *Auswählen und eingeben*, wenn Sie wieder zu den normalen Mausfunktionen umschalten wollen.

Auch für das Ergänzen bestehender Notizen, etwa durch Anmerkungen, eröffnet sich dadurch viele Möglichkeiten. Lassen Sie uns nun einige Anmerkungen zu den bereits erfassten Informationen hinzufügen.

Gehen Sie wie folgt vor, um Freihandeingaben zu nutzen:

1. Bewegen Sie den Eingabestift über die aktuelle Seite in OneNote. Das Programm erkennt, dass Sie eine Freihandeingabe vornehmen wollen. Dementsprechend ändert sich der Zeiger von einem Pfeil zu einem Punkt.

2. Fügen Sie beispielsweise ein Ausrufezeichen hinzu und kreisen Sie ein Wort ein.

3. Klicken Sie dann auf einen Textmarker und heben Sie einige Wörter hervor.

Denken Sie nach der Freihandeingabe daran, wieder auf die normalen Mausfunktionen umzuschalten.

Auf diese Weise können Sie sehr schnell weitere Informationen erfassen und OneNote auch in Situationen nutzen, in denen ein Standardnotebook ungünstig wäre, beispielsweise vor Ort beim Kunden.

Beachten Sie, dass OneNote bei der Suche auch Freihandeingaben berücksichtigt. Dadurch können Sie sich viel Arbeit ersparen, da Sie keine Notizen mehr von Papier in digitale Form übertragen oder Freihandeingaben in Maschinentext umwandeln müssen.

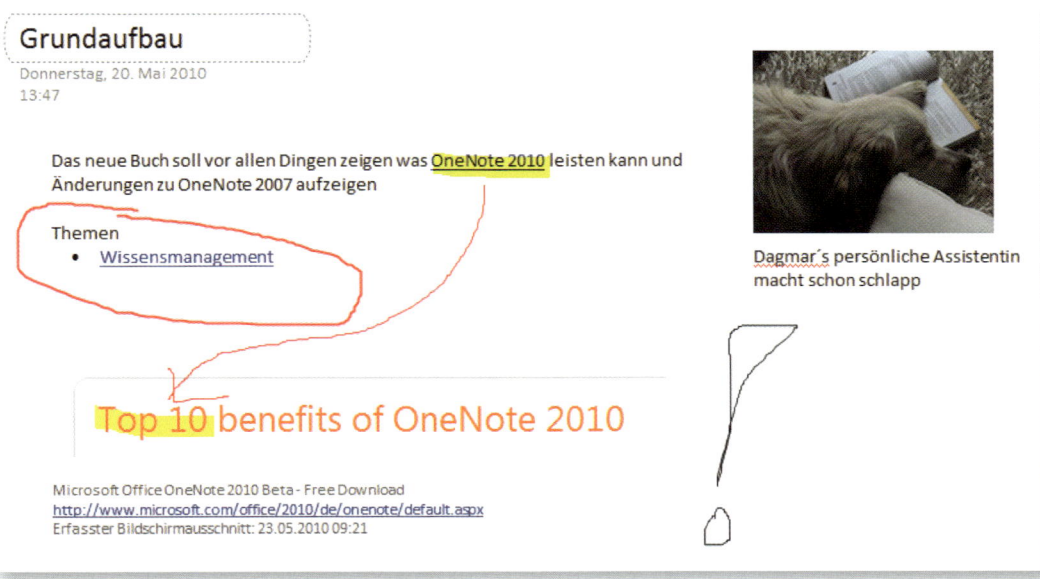

Grundaufbau

Donnerstag, 20. Mai 2010
13:47

Das neue Buch soll vor allen Dingen zeigen was OneNote 2010 leisten kann und Änderungen zu OneNote 2007 aufzeigen

Themen
- Wissensmanagement

Top 10 benefits of OneNote 2010

Microsoft Office OneNote 2010 Beta - Free Download
http://www.microsoft.com/office/2010/de/onenote/default.aspx
Erfasster Bildschirmausschnitt: 23.05.2010 09:21

Dagmar´s persönliche Assistentin macht schon schlapp

Mit der Freihandeingabe lassen sich Anmerkungen und Skizzen schnell hinzufügen

Damit haben Sie bereits einige wesentliche Möglichkeiten für das Erfassen von Informationen kennengelernt. In den nächsten Schritten gehen wir auf das Ergänzen weiterer Themen ein und die Möglichkeiten, die OneNote bietet, um hier nicht den Überblick zu verlieren.

Audio- und Videoaufzeichnungen hinzufügen

In den vorherigen Schritten haben Sie bereits Möglichkeiten für das Erfassen von Informationen kennengelernt, die über den gewöhnlichen Notizblock weit hinausgehen. Damit sind aber noch nicht alle Optionen ausgeschöpft. Zusätzlich ist es nämlich möglich, Audio- und Videoaufzeichnungen zu ergänzen.

Durch die Integration dieser Medien haben Sie die Möglichkeit, dynamischen Inhalt zu erfassen und z.B. Texten, Verknüpfungen oder Bildern zuzuordnen. Aus den einzelnen Bestandteilen können Sie so einen sehr reichhaltigen Verbund an Informationen erzeugen.

Ein besonderes Merkmal von OneNote ist die Tatsache, dass Sie Informationen in Audioform genauso wie Texte und Freihandnotizen oder Bilder nach Wörtern durchsuchen können. Damit sind Sie nicht gezwungen, Aufzeichnungen noch einmal von vorn bis hinten durchhören zu müssen, um eine bestimmte Stelle zu finden.

Für das Hinzufügen von Audioaufzeichnungen muss ein Mikrofon in Ihrem Computer integriert oder daran angeschlossen sein. Für Videoaufzeichnungen benötigen Sie eine Kamera (z.B. eine Webcam) sowie ein Mikrofon, wenn Sie Ton mit aufnehmen möchten.

Gehen Sie wie folgt vor, um eine Audioaufzeichnung in OneNote hinzuzufügen; versichern Sie sich vorher, dass das angeschlossene Mikrofon funktioniert:

1. Öffnen Sie die Registerkarte *Einfügen* und wählen Sie die Funktion *Audio aufnehmen*.

    Das Menüband zeigt Ihnen nun auf der kontextbezogenen Registerkarte *Audio und Video/Aufzeichnung* alle in diesem Zusammenhang verfügbaren Funktionen an.

    Die Aufnahme beginnt direkt.

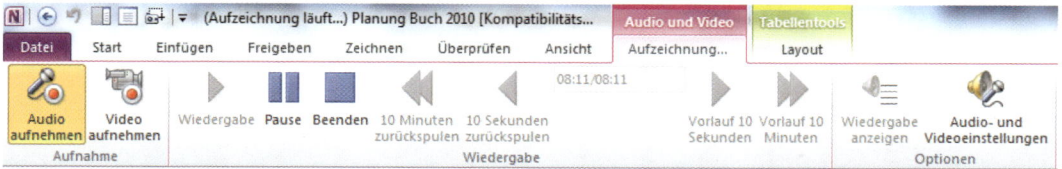

Über die betreffenden Schaltflächen der kontextbezogenen Registerkarte Audio und Video *können Sie die Aufzeichnung abspielen, pausieren und beenden*

2. Wenn Sie die Audioaufzeichnung zum ersten Mal benutzen, aktivieren Sie im eingeblendeten Dialogfeld die Audio-Suche.

3. Sprechen Sie einen kurzen Text ins Mikrofon.

4. Klicken Sie auf die *Beenden*-Schaltfläche, um die Aufnahme zu beenden.

Die Audiodatei wird auf der aktuellen Seite eingefügt. Doppelklicken Sie auf das Symbol, können Sie die Aufzeichnung abspielen und überprüfen, ob alles wie gewünscht aufgenommen wurde.

Beachten Sie, dass die Qualität der Spracherkennung von der Qualität der Aufzeichnung sowie dem Grad der Erkennung für eine bestimmte Stimme abhängt. Darüber hinaus ist zu beachten, dass die Suche für eine Audioaufzeichnung nicht sofort zur Verfügung steht, da die entsprechende Aufzeichnung zunächst im Index erfasst werden muss. Das kann z.B. bei einer Aufzeichnung von einer Stunde rund zwei bis drei Stunden dauern. Dieser Vorgang behindert Sie aber nicht bei Ihrer sonstigen Arbeit in OneNote.

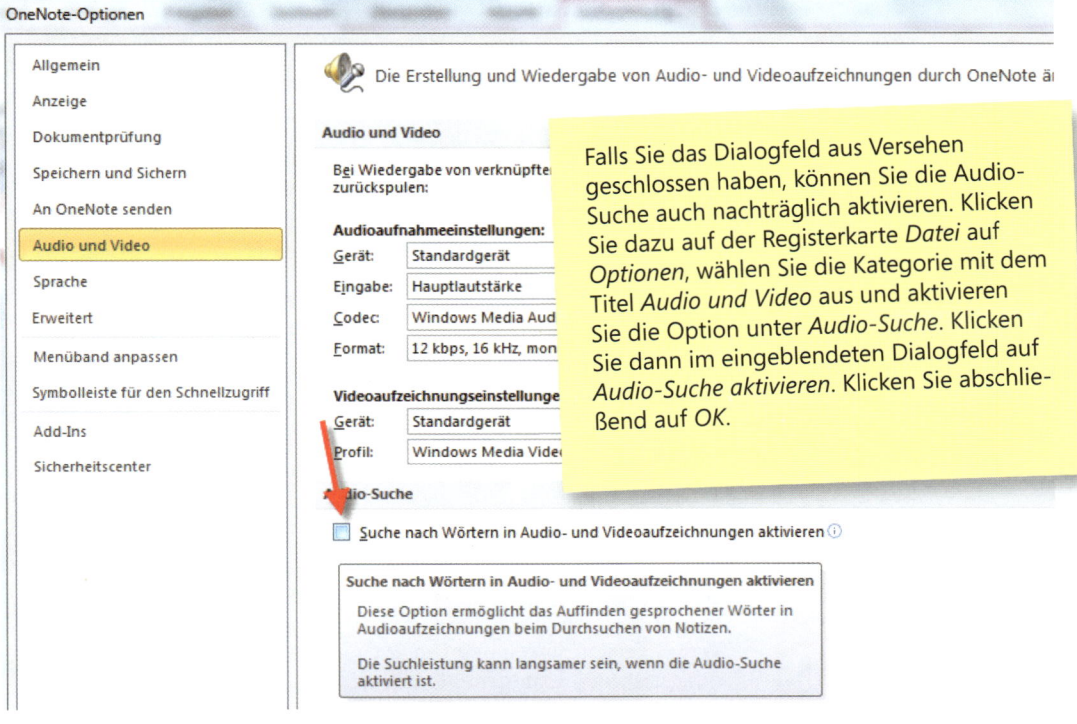

Falls Sie das Dialogfeld aus Versehen geschlossen haben, können Sie die Audio-Suche auch nachträglich aktivieren. Klicken Sie dazu auf der Registerkarte *Datei* auf *Optionen*, wählen Sie die Kategorie mit dem Titel *Audio und Video* aus und aktivieren Sie die Option unter *Audio-Suche*. Klicken Sie dann im eingeblendeten Dialogfeld auf *Audio-Suche aktivieren*. Klicken Sie abschließend auf *OK*.

Videoaufzeichnungen erfolgen auf ähnliche Weise. Überprüfen Sie, dass das Mikrofon und die angeschlossene Kamera funktionieren, und gehen Sie dann so vor:

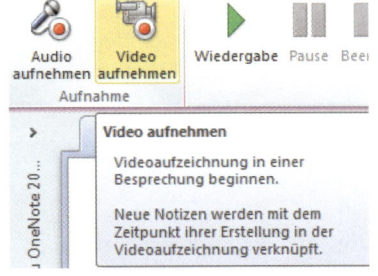

1. Klicken Sie auf der Registerkarte *Einfügen* oder auf der Registerkarte *Audio und Video* auf *Video aufnehmen*. Auch hier beginnt die Aufzeichnung sofort.

2. Sprechen Sie während der Aufnahme einen kurzen Text.

3. Klicken Sie auf die Schaltfläche *Beenden*, um die Aufzeichnung zu beenden.

Auf der aktuellen Seite finden Sie ein Symbol mit der Videoaufzeichnung. Durch einen Doppelklick darauf wird die Aufnahme abgespielt. Mit den Schaltflächen auf der Registerkarte *Audio und Video* können Sie die Wiedergabe steuern.

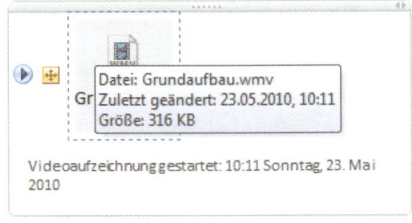

Dateien einfügen

In OneNote können Sie auch Dateien aus anderen Programmen einfügen, um die Bandbreite der erfassten Informationen zu erweitern. Dabei stehen Ihnen zwei Möglichkeiten zur Verfügung.

Zum einen können Sie die Datei direkt an die OneNote-Seite anfügen. OneNote erstellt dann ein Symbol, über das Sie die Datei öffnen können. Zum anderen ist es möglich, einen sogenannten Ausdruck des Dokuments in OneNote zu integrieren. Sie sehen dann statt eines Symbols den Inhalt des Dokuments.

Gehen Sie wie folgt vor, um eine oder mehrere Dateien einzufügen:

1. Öffnen Sie die Registerkarte *Einfügen* und wählen Sie die Funktion *Datei anfügen*.

2. Wählen Sie die gewünschte(n) Datei(en) aus.

3. Klicken Sie auf *Einfügen*.

Doppelklicken Sie auf das Symbol der Datei in OneNote, um sie im jeweiligen Programm, z.B. Word für eine Textdatei, zu öffnen.

> Benutzen Sie die $\boxed{\text{Strg}}$- bzw. die $\boxed{\Uparrow}$-Taste, um mehrere Dateien gleichzeitig auszuwählen.

Wenn Sie stattdessen den Inhalt einer oder mehrerer Dateien in OneNote sehen möchten, folgen Sie diesen Schritten:

1. Öffnen Sie die Registerkarte *Einfügen* und wählen Sie die Funktion *Dateiausdruck*.

2. Wählen Sie die gewünschte(n) Datei(en) aus.

3. Klicken Sie auf *Einfügen*.

> Eine angefügte Datei bzw. der integrierte Ausdruck bilden immer eine Momentaufnahme ab. Es gibt keine Verknüpfung mit der Originaldatei, d.h. Änderungen der Datei bekommen Sie nicht mehr mit.

Randnotizen

Bislang sind wir bei der Erfassung von Informationen recht gezielt vorgegangen und haben die einzelnen Informationen einer bestimmten Seite zugewiesen. Doch nicht immer hat man die Zeit dafür bzw. weiß nicht immer direkt, wie und wo man eine Information einordnen möchte.

Außerdem gibt es Informationen, die nur temporärer Natur sind und nicht zwingend ins Archiv integriert werden müssen.

Für solche Fälle gibt es die Randnotizfunktion. Damit ist es möglich, eine Notiz zu erfassen und zu speichern, ohne das Programm OneNote selbst starten zu müssen. Solche Notizen werden in einem speziellen Abschnitt gesammelt, der mit *Nicht abgelegte Notizen* bezeichnet ist.

Folgen Sie diesen Schritten, um eine Randnotiz zu erstellen:

1. Drücken Sie die Tastenkombination ⌨Windows⌨ + ⌨N⌨.

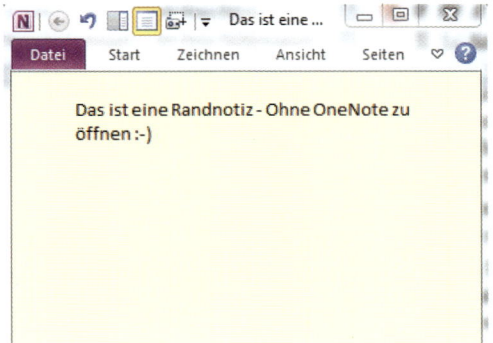

2. Geben Sie eine Text- oder eine handschriftliche Notiz ein.

3. Ergänzen Sie sie gegebenenfalls mit Freihandmarkierungen.

4. Schließen Sie das Fenster.

Damit wurde die Randnotiz in OneNote gespeichert. Wie Ihnen aus OneNote bereits bekannt ist, müssen Sie die Notiz nicht selbst speichern.

5. Klicken Sie in OneNote in der Navigationsleiste auf das Symbol *Nicht abgelegte Notizen*, um die gerade erstellte Notiz anzuzeigen. Hier werden solche Notizen in einem Abschnitt zusammengefasst. Jede Notiz wird als eigene Seite im Seitenregister erfasst. Wie Sie diese Informationen gegebenenfalls anderen Abschnitten oder Notizbüchern zuordnen können, erfahren Sie weiter hinten in diesem Kapitel.

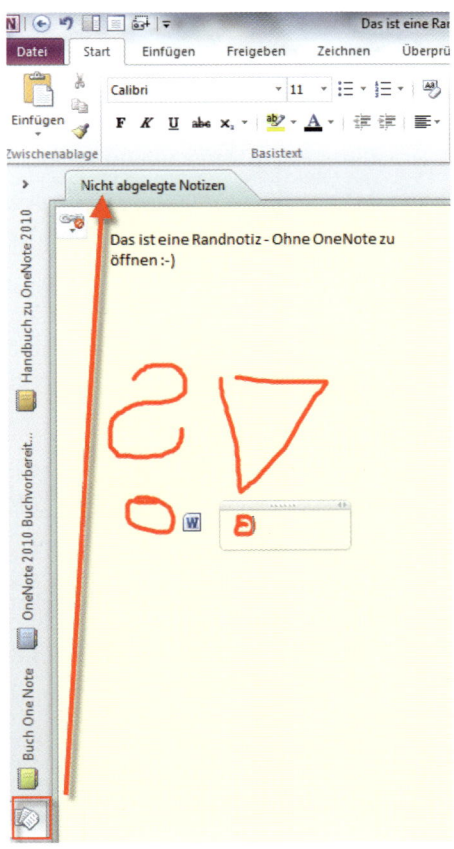

Themen weiter unterteilen

In unserem Beispiel haben wir bislang ein Thema mit einem Un-
terthema erfasst. Das bedeutet, das erstellte Notizbuch beinhaltet
nur einen Abschnitt. In den folgenden Schritten werden wir das
Thema erweitern, indem wir zusätzliche Abschnitte und Seiten
erstellen.

Abschnitte erstellen

Wenn ein neuer Abschnitt erstellt wird, fügt OneNote eine Registerkarte hinzu, über die Sie zwischen den einzelnen Unterthemen
wechseln können. Lassen Sie uns also einen neuen Abschnitt erstellen, um weiteres Wissen zum selben Thema erfassen zu können.

Gehen Sie dafür wie folgt vor:

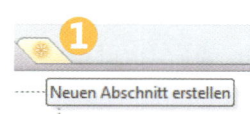

1. Klicken Sie auf *Neuen Abschnitt erstellen*.

2. Geben Sie einen Namen für den neuen Abschnitt in der Registerkarte ein und drücken Sie dann die ⏎-Taste.

   Damit haben Sie einen zweiten Abschnitt erstellt, in dem Sie
   weitere Inhalte erfassen können.

3. Klicken Sie auf die jeweilige Registerkarte, um zwischen den
   Abschnitten zu wechseln.

Seiten und Unterseiten erstellen

Mithilfe von Seiten und Unterseiten können Sie Ihre Abschnitte
weiter unterteilen. Das ist insbesondere bei komplexen Themen
interessant und kann für mehr Übersichtlichkeit sorgen.

Die Seiten werden im sogenannten Seitenregister auf der rechten
Seite des Programmfensters aufgeführt.

 Über die Schaltfläche mit dem
Pfeil können Sie diesen Bereich
verkleinern/vergrößern.

> Wenn Sie den Mauszeiger über
> die Trennlinie zwischen der Seite
> selbst und dem Seitenregister
> bewegen, darauf klicken und
> dann mit gedrückter Maustaste
> ziehen, können Sie die Größe des
> Bereichs nach Bedarf anpassen.

Geben Sie zunächst der zusammen mit dem Abschnitt erstellten
Seite einen Namen, da sie noch
keinen Titel besitzt:

1. Klicken Sie in das gestrichelte Textfeld oben links auf der Seite.

2. Tragen Sie einen Namen ein und drücken Sie dann die
   ⏎-Taste.

Lassen Sie uns nun eine neue Seite hinzufügen. Dazu sind folgende Schritte erforderlich:

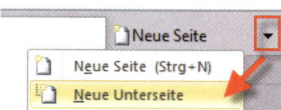

1. Klicken Sie im Seitenregister auf die Schaltfläche *Neue Seite*.

2. Tragen Sie einen Namen für die neue Seite ein (die Einfügemarke steht bereits an der richtigen Stelle) und drücken Sie dann die ↵-Taste oder klicken Sie irgendwo auf der Seite.

   Damit haben Sie eine zusätzliche Seite erstellt, auf der Sie spezifische Inhalte erfassen können.

Lassen Sie uns nun noch eine Unterseite ergänzen, die der Seite zugeordnet ist und eine noch genauere Unterteilung ermöglicht.

1. Klicken Sie im Seitenregister auf die Seite, für die Sie eine Unterseite erstellen möchten.

2. Klicken Sie auf den Pfeil neben der Schaltfläche *Neue Seite* und wählen Sie den Befehl *Neue Unterseite*.

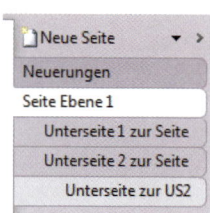

3. Tragen Sie einen Namen ein und drücken Sie dann die ↵-Taste oder klicken Sie irgendwo auf der Seite.

Auf diese Weise können Sie beliebig viele weitere Seiten und Unterseiten erstellen. Über das Seitenregister können Sie durch einen Klick auf die jeweilige Seite zu den gewünschten Inhalten wechseln.

Wie Sie sehen, unterscheiden sich Unterseiten in der Darstellung durch die verschieden farbigen Balken.

> Neu in OneNote 2010: Seiten lassen sich eine Stufe tiefer verschachteln – Sie können jetzt auch noch Unterseiten zu Unterseiten erstellen.

Die aktuellen Seiten mit Unterseiten und wiederum deren Unterseiten

> In OneNote 2010 ist es noch leichter geworden, Themen mithilfe von Unterseiten zu organisieren. Unterseiten können jetzt in der Ansicht reduziert werden.

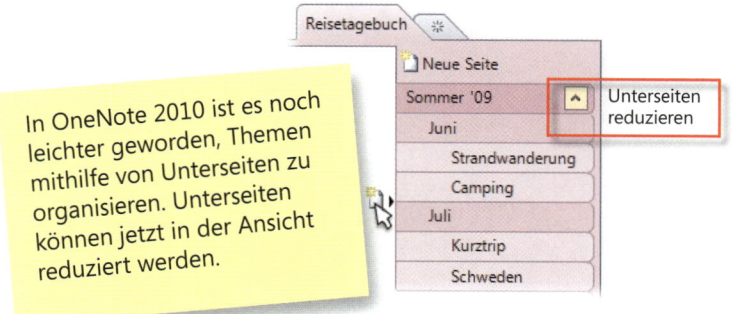

Mit Inhalten arbeiten

Nachdem Sie die Inhalte in OneNote eingefügt haben, stehen Ihnen eine Reihe von Funktionen zur Verfügung, um diese Inhalte anders anzuordnen, an andere Stellen zu verschieben oder zu kopieren oder auch zu löschen.

Inhalte auswählen

Für alle Aktionen ist es zunächst wichtig, die gewünschten Inhalte auszuwählen. Dafür haben Sie grundsätzlich zwei Möglichkeiten.

Zum einen werden ein oder mehrere Objekte auf der Seite jeweils von zunächst nicht sichtbaren Rahmen umfasst, die sich verschieben lassen. Wenn Sie also den Rahmen auswählen und verschieben, verschieben Sie auch die darin enthaltenen Objekte. Zum Auswählen sind folgende Schritte nötig:

1. Bewegen Sie den Mauszeiger über das Objekt, das Sie auswählen möchten, bis der Rahmen eingeblendet wird.

2. Klicken Sie auf den oberen Rand des Rahmens.

Zum anderen können Sie einen Auswahlrahmen aufziehen, um mehrere Objekte gleichzeitig auszuwählen. Gehen Sie dafür wie folgt vor:

1. Klicken Sie mit der linken Maustaste auf die Seite und halten Sie die Maustaste gedrückt.

2. Bewegen Sie die Maus über den Bildschirm. Sie sehen, dass ein Rahmen angezeigt wird. Die Objekte, die davon berührt werden, werden hervorgehoben.

3. Lassen Sie die Maustaste los, sobald Sie alle Objekte erfasst haben, die Sie auswählen wollen.

Inhalte verschieben

Sobald Sie die gewünschten Objekte ausgewählt haben, können Sie sie verschieben. Gehen Sie dafür wie folgt vor:

1. Klicken Sie auf den oberen Rand des Rahmens eines der Objekte und halten Sie die Maustaste gedrückt.

2. Verschieben Sie das oder die Objekte an die neue Position.

3. Lassen Sie die Maustaste los, um das Verschieben abzuschließen.

Inhalte kopieren, ausschneiden und einfügen

Wenn die gewünschten Objekte ausgewählt wurden, sind nur wenige Schritte erforderlich, um sie zu kopieren oder auszuschneiden und dann wieder einzufügen:

1. Wählen Sie das oder die Objekte aus.

2. Drücken Sie `Strg`+`X`, um auszuschneiden, oder `Strg`+`C`, um zu kopieren. Alternativ können Sie die entsprechenden Schaltflächen im Menüband auf der Registerkarte *Start* verwenden.

3. Wechseln Sie zu der Seite bzw. zu der Stelle, auf bzw. an der Sie die Inhalte einfügen möchten.

4. Drücken Sie `Strg`+`V`, um die Inhalte aus der Zwischenablage einzufügen, oder benutzen Sie die entsprechende Schaltfläche im Menüband auf der Registerkarte *Start*.

Themen reorganisieren

Während des Erfassens von Informationen kann es vorkommen, dass Sie zunächst eine Struktur aufbauen, die sich später als ungünstig erweist. Gerade wenn es um neue thematische Bereiche geht, kann es sein, dass Ihre gegebene Struktur darauf nicht ohne Weiteres anwendbar ist.

In OneNote ist es aber sehr einfach, umzuorganisieren. Das gilt sowohl für Abschnitte als auch für Seiten.

Reihenfolge ändern

Sowohl Abschnitte als auch Seiten können per Drag & Drop verschoben werden, sodass sich die Reihenfolge der Registerkarten verändern lässt.

Abschnitte können Sie per Drag & Drop anders anordnen

- Klicken Sie zum Verschieben von Abschnitten auf die entsprechende Abschnittsregisterkarte und ziehen Sie sie an die neue Position.

- Klicken Sie zum Verschieben einer Seite auf die entsprechende Seitenregisterkarte und ziehen Sie sie per Drag & Drop an eine andere Stelle im Seitenregister.

Auch Seiten lassen sich verschieben

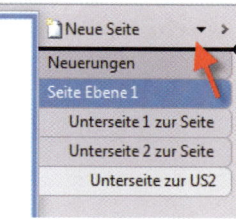

Bei Seiten ist zu beachten, dass diese beim Ändern der Reihenfolge zu Unterseiten werden können und umgekehrt. Aus Seiten können aber nur dann Unterseiten entstehen, wenn die Seite, unter die sie verschoben werden, bereits mindestens eine Unterseite besitzt.

Abschnitte gruppieren

Wenn es in Ihrem Notizbuch sehr viele Abschnitte und entsprechend viele Registerkarten gibt, kann es Sinn machen, einzelne Abschnitte zu übergeordneten Gruppen innerhalb des Notizbuchs zusammenzufassen. Dafür gibt es sogenannte Abschnittsgruppen.

Gehen Sie wie folgt vor, um eine Abschnittsgruppe zu erstellen:

1. Klicken Sie mit der rechten Maustaste neben die Schaltfläche *Neuen Abschnitt erstellen*.

2. Klicken Sie auf *Neue Abschnittsgruppe*.

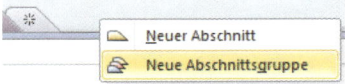

3. Tragen Sie einen Namen für die Abschnittsgruppe ein und drücken Sie dann die ⏎ -Taste oder klicken Sie irgendwo auf der OneNote-Seite.

   Die Abschnittsgruppe wird neben den Registerkarten positioniert. Durch einen Klick darauf wechseln Sie in die Gruppe.

An der Stelle, an der Sie normalerweise eine Seite sehen würden, wird nun der Hinweis eingeblendet, dass in der Abschnittsgruppe noch keine Abschnitte geöffnet sind.

■ Klicken Sie auf die Schaltfläche *Neuen Abschnitt erstellen*, um einen neuen Abschnitt zu erstellen.

Wie Sie sehen können, entspricht die Ansicht nun im Wesentlichen dem, was Sie bereits von der Arbeit mit Abschnitten und Seiten her kennen. Der einzige Unterschied besteht darin, dass sich die hier enthaltenen Abschnitte eine Hierarchieebene tiefer befinden.

■ Wenn Sie wieder zur nächsthöheren Ebene zurückkehren möchten, klicken Sie auf den grünen Pfeil, der zwischen dem Titel der Gruppe und dem neuen Abschnitt eingeblendet wird.

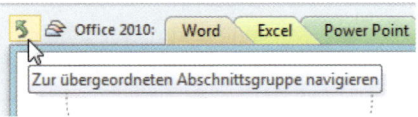

Seiten und Abschnitte verschieben

Beim Aufbauen eines persönlichen Wissensarchivs kann es vorkommen, dass Sie mit der Zeit merken, dass die Struktur angepasst werden muss, um Ihren Anforderungen gerecht zu werden.

OneNote bietet Ihnen diese Flexibilität durch die Möglichkeit, Abschnitte und Abschnittsgruppen in andere Notizbücher, Abschnitte in Abschnittsgruppen oder Seiten in andere Abschnitte zu verschieben. Seiten können Sie darüber hinaus auch kopieren. All das ist mit wenigen Schritten erledigt.

Gehen Sie wie folgt vor, um einen Abschnitt in ein anderes Notizbuch oder in eine Abschnittsgruppe zu verschieben:

1. Klicken Sie in der Navigationsleiste auf das Notizbuch, in dem sich der Abschnitt oder die Seite befindet, den/die Sie verschieben möchten.

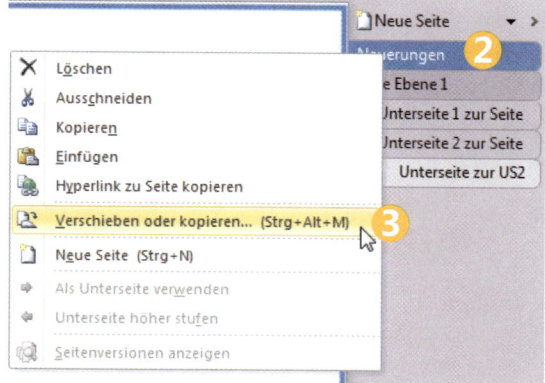

2. Klicken Sie mit der rechten Maustaste auf die Registerkarte des Abschnitts bzw. der Seite.

3. Klicken Sie im Kontextmenü auf *Verschieben oder kopieren*.

4. Wählen Sie in der Liste das Notizbuch oder die Abschnittsgruppe aus, in das bzw. die Sie den Abschnitt bzw. die Seite verschieben möchten, und klicken Sie dann auf *Verschieben*.

Sie können auch mehrere Seiten gleichzeitig verschieben oder kopieren. Halten Sie Strg gedrückt, um mehrere einzelne Seiten auszuwählen, oder ⇧, um eine Folge von Seiten auszuwählen.

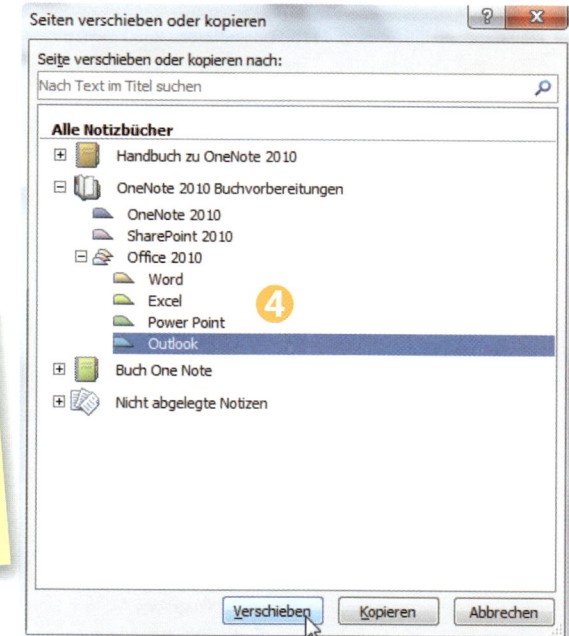

Auf die gleiche Weise können Sie auch Abschnittsgruppen in andere Notizbücher verschieben.

Inhalte in OneNote finden

Die Möglichkeiten zur Erfassung von Informationen und Wissen in OneNote haben Sie bereits kennengelernt. In diesem Abschnitt befassen wir uns mit den Möglichkeiten, das Wissensarchiv anzuzapfen und gezielt nach Inhalten zu suchen.

Das beste Wissensarchiv ist nichts wert, wenn Sie die darin enthaltenen Informationen nicht wiederfinden können. Die über Notizbücher, Abschnitte und Seiten aufgebaute Struktur ist – wenn sie gut gewählt ist – ein guter Anfang. Aber gerade wenn das Archiv größer wird und Sie einzelne, spezielle Informationen brauchen, reicht das manchmal allein nicht aus.

Der große Vorteil der Suche in OneNote liegt darin, dass neben Text auch Freihandeingaben, Bilder und Audioaufnahmen nach Wörtern durchsucht werden können. Diese Medien sind damit nicht nur hübsches Beiwerk, sondern ein integraler Bestandteil Ihres Archivs. Sie werden damit über die Suche direkt auffindbar.

Suchen

Die Suche ist einfach zu benutzen und liefert schnell Ergebnisse.

1. Das Suchfeld befindet sich rechts oben im OneNote-Fenster.

2. Wenn Sie in das Feld klicken, erhalten Sie eine Übersicht über die geöffneten Notizbücher.

Die Suche kann beginnen

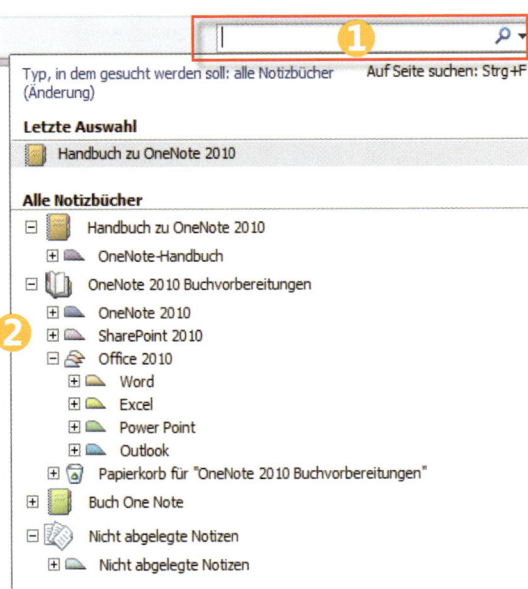

3. Geben Sie in das Suchfeld einen Suchbegriff ein. Sobald Sie anfangen zu tippen, erhalten Sie schon eine Vorauswahl, die sich mit jedem weiteren Buchstaben verfeinert. So suchen Sie in allen Notizbüchern.

Buchstabe für Buchstabe kommen Sie dem Ergebnis näher

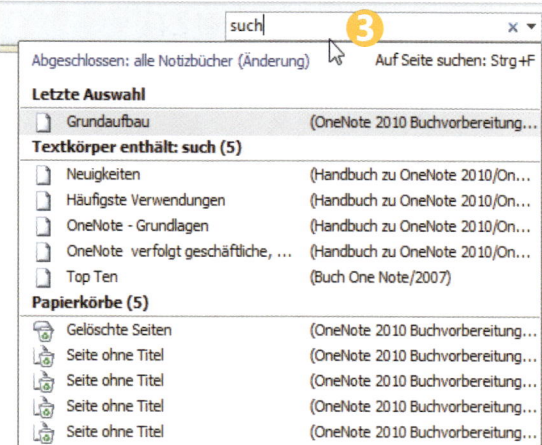

4. Möchten Sie nur im aktuellen Notizbuch suchen, klicken Sie auf den Dropdownpfeil und wählen *Dieses Notizbuch*.

Die Suche eingrenzen

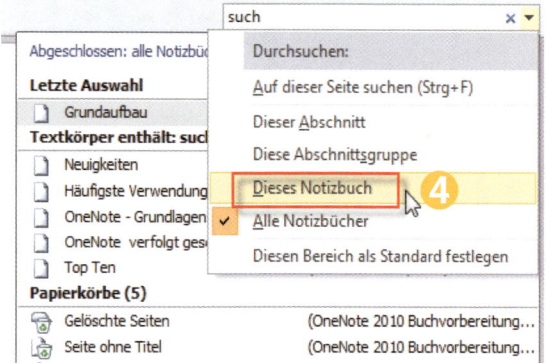

Die Suche deckt viele verschiedene Bereiche ab

Alle Fundstellen werden gelb hervorgehoben. Auch andere Seiten, in denen Suchergebnisse vorliegen, werden gekennzeichnet.

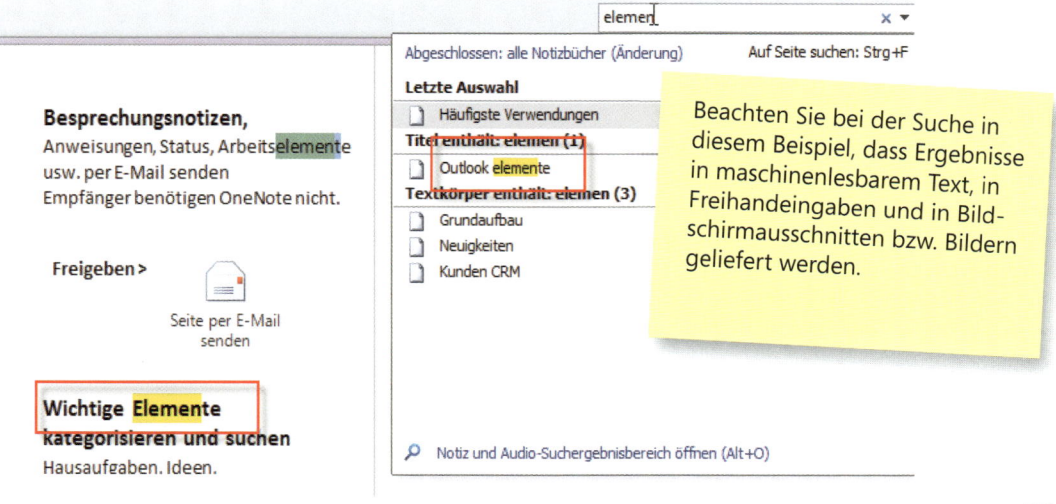

Beachten Sie bei der Suche in diesem Beispiel, dass Ergebnisse in maschinenlesbarem Text, in Freihandeingaben und in Bildschirmausschnitten bzw. Bildern geliefert werden.

Weitere Suchfunktionen

Wenn Sie eine Suche durchführen, werden zusätzliche Bedienelemente eingeblendet.

Notiz- und Audio-
suchergebnis öffnen

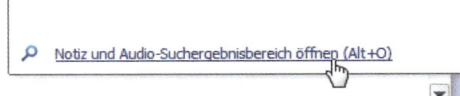

Über diese Elemente können Sie folgende Aktionen ausführen:

- Navigieren
- Anzeigen der Ergebnisse nach Kategorien sortieren

Hierüber können Sie mit
dem Suchergebnis arbeiten
oder den aktuellen Such-
filter entfernen

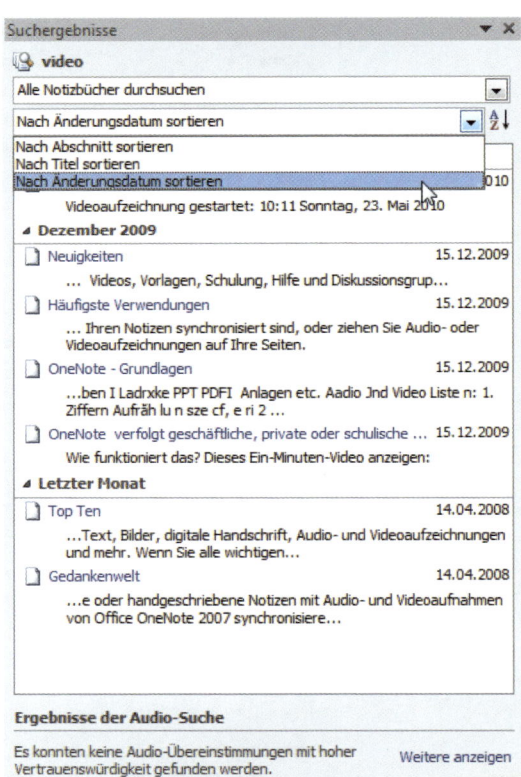

Die Suche werden wir in weiteren Kapiteln noch im Praxiseinsatz erleben.

Das Aussehen Ihres Archivs anpassen

Wie kurz beim Erstellen des Notizbuchs angesprochen, können Sie für Notizbücher unterschiedliche Farben auswählen. Generell sind Farben ein wesentlicher Bestandteil von OneNote, der dazu beiträgt, einzelne Bereiche besser identifizieren zu können. Damit können Sie Themen und Unterthemen leicht voneinander abgrenzen.

Darüber hinaus müssen Sie nicht zwingend mit weißen Seiten arbeiten. Sie können die Formatierung der bestehenden Seiten ändern oder einstellen, dass neue Seiten mit Linien erstellt werden, Sie also stets auf einem linierten Blatt arbeiten können.

Notizbucheigenschaften anpassen

Ob Anzeigename, Farbe, Speicherort oder Format – Sie können nachträgliche Änderungen mit wenigen Schritten vornehmen:

1. Klicken Sie mit der rechten Maustaste auf ein Notizbuch in der Navigationsleiste.

2. Klicken Sie auf *Eigenschaften.*

3. Nun können Sie im Dialogfeld *Notizbucheigenschaften* den Anzeigenamen ändern, eine andere Farbe für das Notizbuch oder einen anderen Speicherort wählen.

Eine sehr wichtige Funktion für alle, die schon mit OneNote 2007 gearbeitet haben, ist die Möglichkeit der Konvertierung, sodass Ihnen alle neuen Funktionen zur Verfügung stehen. Sie können diese Notizbücher natürlich auch in OneNote 2010 öffnen und bearbeiten; allerdings stehen Ihnen dann nicht alle neuen Funktionen zur Verfügung.

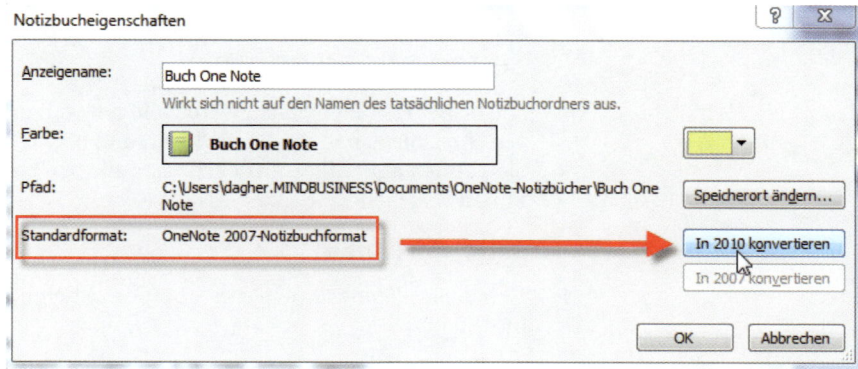

*Konvertieren in OneNote 2010
und die neuen Möglichkeiten
nutzen*

Abschnittsfarbe anpassen

Auch die Farbe der Abschnitte lässt sich anpassen. Davon sind nicht nur die Registerkarten betroffen, sondern auch der Hintergrund des Seitenregisters, die Balken bzw. Registerkarten der einzelnen Seiten sowie die Umrandung der aktuellen Seite im Abschnitt.

Gehen Sie wie folgt vor, um die Abschnittsfarbe zu ändern:

1. Klicken Sie mit der rechten Maustaste auf die Abschnittsregisterkarte, deren Farbe Sie ändern möchten.

2. Klicken Sie auf *Abschnittsfarbe* und wählen Sie dann die gewünschte Farbe in der Liste aus.

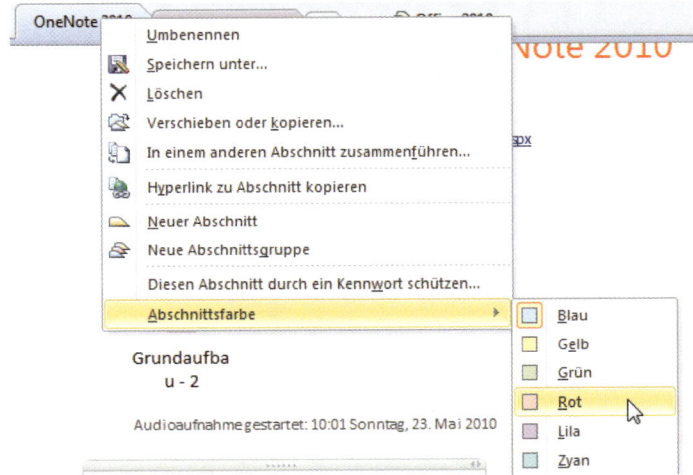

Wie Sie sehen, hat sich die Farbe für die Abschnittsregisterkarte, die Umrandung der Seite sowie das Seitenregister geändert.

Seiten anpassen

Die bisher erstellten Seiten waren alle mit weißem Hintergrund versehen. Sie haben die Möglichkeit, dies nachträglich zu ändern. Sie können außerdem einstellen, dass alle neu erstellten Seiten mit Linien versehen werden.

Seite einrichten

Gehen Sie wie folgt vor, wenn Sie eine existierende Seite anpassen möchten:

1. Öffnen Sie die Registerkarte *Ansicht*. Hier stehen Ihnen übersichtlich alle Funktionen zur Verfügung, um die Ansicht der Seite zu verändern.

2. Klicken Sie auf den Pfeil der Schaltfläche *Hilfslinien*.

3. Nehmen Sie über die Optionen des Dropdownmenüs die gewünschte Einstellung vor.

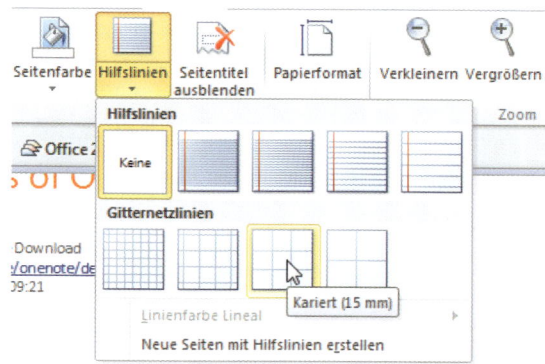

Die gewünschte Linienart auswählen

Seiten immer mit Hilfslinien anzeigen

Wenn Sie festlegen möchten, dass Seiten immer mit Hilfslinien erstellt werden, müssen Sie die entsprechende Einstellung in den Optionen vornehmen.

Gehen Sie dazu wie folgt vor:

1. Klicken Sie auf der Registerkarte *Datei* auf *Optionen*.

2. Aktivieren Sie im Dialogfeld *OneNote-Optionen* in der Kategorie *Anzeige* im Bereich *Anzeige* das Kontrollkästchen *Alle neuen Seiten mit Hilfslinien erstellen*.

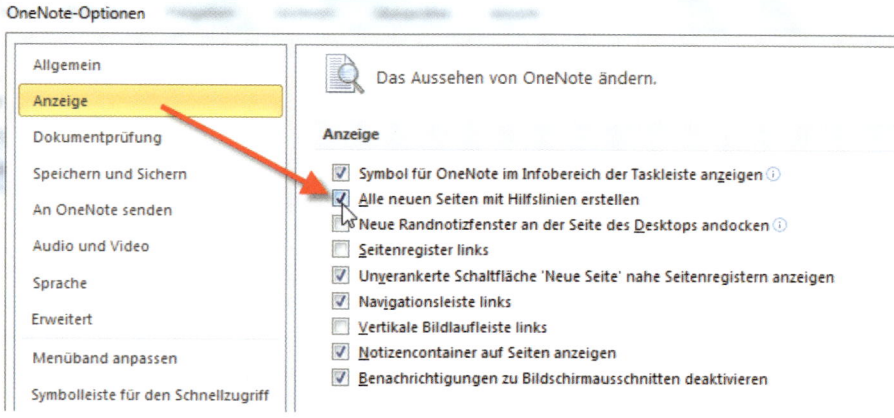

3. Klicken Sie auf die Schaltfläche *OK*.

Sie haben nun mit wenig Aufwand die Grundfunktionen von OneNote 2010 im Einsatz kennengelernt und dabei ein erstes Informationsarchiv aufgebaut. Dabei haben Sie von der einfachen Eingabe von Text über das Einfügen von Bildern und Videos auch die Funktion für Freihandeingaben genutzt. Sie können jetzt Inhalte verschieben und Seiten, Unterseiten sowie Abschnitte komplett neu organisieren. Und zu guter Letzt finden Sie Ihre in OneNote abgelegten Informationen über die Suche sogar wieder.

Glückwunsch – der Einstieg ist geschafft. Gehen wir in die Praxis!

Organisation ist ein Mittel, die Kräfte des einzelnen zu vervielfältigen. P. F. Drucker

Ordnung ist das halbe Le[

Organisation ist alles

In der Regel stehen wir morgens auf und gehen abends wieder zu Bett. So gleicht ein Tag dem anderen. In einer beruhigenden Regelmäßigkeit. Doch vom Sonnenaufgang bis zum Sonnenuntergang beschäftigen uns Millionen von Gedanken, Arbeitsaufträge und Informationen, die wir über den Tag in unterschiedlichster Form erhalten, sammeln oder ablegen müssen.

Wir stellen beim Anblick der leeren Zahnpastatube fest, dass wir neue Zahnpasta besorgen müssen, wir versorgen die Kinder mit belegten Broten, während sie uns vom Elternsprechtag am nächsten Mittwoch um 19 Uhr erzählen. Wir gehen zur Arbeit, denken auf dem Weg dorthin bereits an anstehende Meetings, an Arbeitsaufträge, die mit dem Vorgesetzten abgestimmt werden müssen. Wir lesen in der U-Bahn einen interessanten Zeitungsartikel und versuchen im Internet zu diesem Thema weiterführende Informationen zu finden. Wir träumen in der Mittagspause vom nächsten Urlaub, von einem romantischen Hotel und überlegen, ein günstiges Kombipaket aus Flug & Hotel zu buchen. Wir erledigen unsere Einkäufe und im Supermarkt fällt uns ein, dass wieder ein Jahr vergangen ist und wir versprochen haben, das Geburtstagsgeschenk für die Schwester zu besorgen – etwas ganz Besonderes. Dazu haben wir vorbildlich über das Jahr verteilt die geäußerten Wünsche und Bemerkungen wie beiläufig notiert, doch nun fragen wir uns: »Wo sind diese Zettel?«

In diesem Kapitel möchten wir Ihnen erläutern, wie Sie mithilfe von Microsoft OneNote 2010 gut organisiert durch den Alltag kommen. Beeindrucken Sie Ihre Kollegen, Ihre Familie, Ihre Freunde und sich selbst, wie selbstverständlich Sie Telefonnummern, Passwörter, Kontakte, Audioaufnahmen, Protokolle, Bilder, Zeitungsausschnitte u.v.m. griffbereit haben und darüber hinaus ohne Umstände anderen sofort zur Verfügung stellen können.

Sicher braucht es eine gewisse Zeit und Umstellung, bis man Notizen, wie z.B. Aufgaben, nicht mehr wie gewohnt auf Papier schreibt, sondern sofort digital erfasst. Aber mit etwas Disziplin werden Sie bereits nach einer Woche kleine Zettel, Notizblöcke und Schreibtischunterlagen automatisch ignorieren.

Der ganz normale Alltag

Um Ihnen zu verdeutlichen, wie OneNote Sie in Ihrem Alltag unterstützen kann, nehmen wir als Beispiel den typischen Tagesablauf eines Büroangestellten.

Sie kommen morgens ins Büro, starten Ihren Rechner. Um die Zeit zu überbrücken, holen Sie sich noch etwas zu trinken, begrüßen Kollegen und wenn der Rechner hochgefahren ist, starten Sie mit Ihren für heute geplanten Aufgaben.

Dann klingelt Ihr Telefon. Kaum haben Sie den Hörer abgenommen, stellen Sie auch schon fest, dass der Anrufer Fragen zu einem bestimmten Sachgebiet hat, für das der Kollege zuständig ist.

Leider ist der betreffende Kollege aber nicht erreichbar; deshalb hat die Telefonzentrale den Anrufer zu Ihnen durchgestellt.

Hintergrundinformationen

Natürlich könnten Sie den Anrufer bitten, es später noch einmal zu versuchen. Gerade rechtzeitig fällt Ihnen aber wieder das Gespräch mit Ihrem Vorgesetzten ein, dass die Reaktionszeit auf Anfragen von Kunden und die Verfügbarkeit des Kundendienstes von jedem Angestellten persönlich ernst genommen werden muss, um die Kundenzufriedenheit signifikant zu steigern.

Normalerweise wäre das jetzt der Zeitpunkt, dass Sie zu einem Zettel greifen, um darauf das Anliegen des Anrufers zu notieren, und dem Anrufer zu versprechen, es an den Kollegen weiterzureichen. Doch der Kollege sitzt nicht am Nachbartisch. Sie müssten in ein anderes Stockwerk laufen, um dem Kollegen die Nachricht zu übergeben. Wenn Sie versuchen, den Kollegen telefonisch zu erreichen, geht es Ihnen wie dem Anrufer in Ihrer Leitung und Sie verbringen den Rest des Tages damit, so lange die Nummer des Kollegen zu wählen, bis Sie Ihre Nachricht abgeliefert haben.

Umsetzung

Diese Funktionen kommen zum Einsatz:

- Randnotizen nutzen
- Randnotizen per E-Mail versenden
- E-Mail-Inhalte in OneNote speichern
- Das Duo Outlook und OneNote
- Suchfunktion in OneNote
- OneNote Mobile
- Internetrechercheergebnisse jederzeit griffbereit

OneNote-Randnotizen nutzen und per E-Mail versenden

Sie wollen den Anrufer nicht unnötig warten lassen.

■ Klicken Sie auf das OneNote-Symbol im Fenster zur Schaltfläche *Ausgeblendete Symbole einblenden* in der Taskleiste rechts unten und öffnen Sie dadurch eine Randnotiz.

Die Randnotiz öffnet sich wesentlich schneller als das gesamte Programm. Da Sie sich jetzt erst einmal nur auf das Gespräch mit dem Anrufer konzentrieren wollen, brauchen Sie Ihre übrigen Informationen und Programmfunktionen nicht sofort im Zugriff.

*Die Randnotiz
über die Taskleiste öffnen*

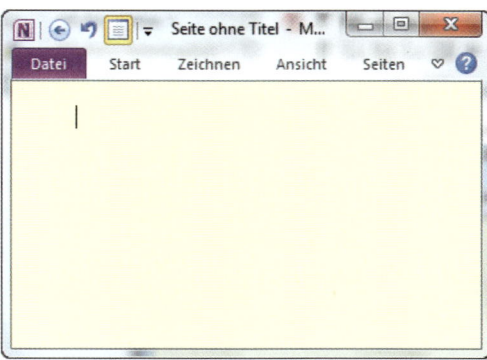

Notieren Sie das Anliegen des Anrufers, selbst wenn im ersten Augenblick noch unklar ist, auf was das Gespräch hinausläuft – spätere Änderungen und Ergänzungen können ohne Probleme vorgenommen werden.

Ebenso sollten Sie Auffälligkeiten notieren, vielleicht auch zusätzliche Informationen, die Sie während des Gesprächs erhalten. Um den Anrufer nicht unnötig zu unterbrechen, fügen Sie z.B. Fragen, die Sie zur Klärung des Sachverhalts benötigen, am rechten Rand des Blattes hinzu.

■ Setzen Sie dazu den Cursor an eine beliebige Stelle auf dem Notizblatt und beginnen Sie in dem neuen Notizencontainer mit der Eingabe.

Eine Randnotiz erstellen

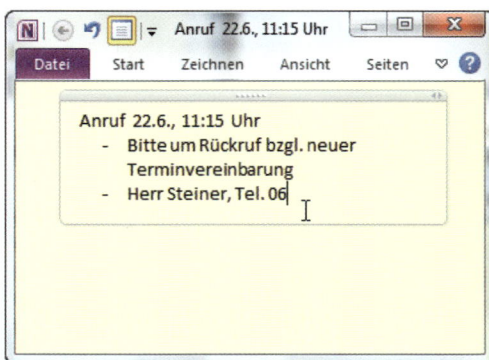

Sollte das OneNote-Symbol nicht in der Taskleiste angezeigt werden, können Sie es ganz einfach hinzufügen:

1. Starten Sie OneNote.

2. Klicken Sie anschließend auf der Registerkarte *Datei* auf *Optionen*.

3. Wählen Sie die Kategorie *Anzeige* und aktivieren Sie das Kontrollkästchen *Symbol für OneNote im Infobereich der Taskleiste anzeigen*.

4. Bestätigen Sie mit *OK*.

Anschließend vervollständigen Sie noch die Kontaktadresse des Anrufers, seine Erreichbarkeit und bis wann er eine Aussage von Ihrem Kollegen benötigt.

Sollten Sie jetzt doch das Menüband mit den Registerkarten und die Navigationsleiste brauchen, können Sie problemlos in die Ganzseitenansicht wechseln. Gehen Sie dazu folgendermaßen vor:

1. Klicken Sie in der Symbolleiste für den Schnellzugriff links oben auf die Schaltfläche *Ganzseitenansicht*.

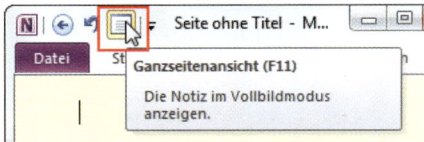

2. Sofort verändert sich die Ansicht und Sie befinden sich in der gewohnten OneNote-Notizbuchumgebung mit dem bekannten Menüband, den Registerkarten und der Navigationsleiste. Über die Schaltfläche *Maximieren* rechts in der Titelleiste des Programmfensters stellen Sie ggf. die bildschirmfüllende Darstellung wieder her.

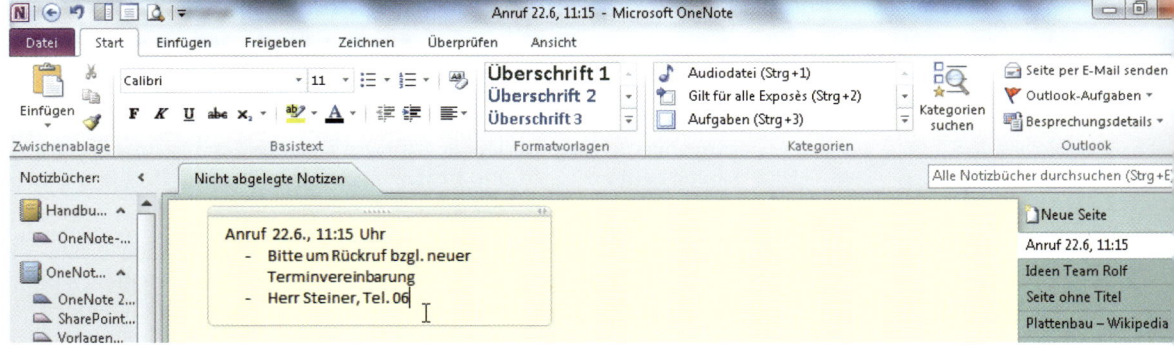

Überfliegen Sie Ihre Notizen noch einmal, korrigieren Sie Rechtschreibfehler und ergänzen Sie die Anfrage um fehlende Anhaltspunkte. Anders als bei einer Papiernotiz können Sie beliebig Änderungen hinzufügen oder redundante Informationen löschen – ohne dass die Nachricht unleserlich wird.

Wenn Sie die Randnotiz nicht manuell einem Ihrer OneNote-Bücher hinzufügen, wird sie automatisch durch die vordefinierten Systemeinstellungen im Bereich *Nicht abgelegte Notizen* hinterlegt.

Das Menüband bietet den direkten Zugriff auf die Sendeoption

Nun stellen Sie dem Kollegen die Notiz als E-Mail zur Verfügung. Dazu gehen Sie folgendermaßen vor:

1. Klicken Sie auf der Registerkarte *Start* auf *Seite per E-Mail senden.*

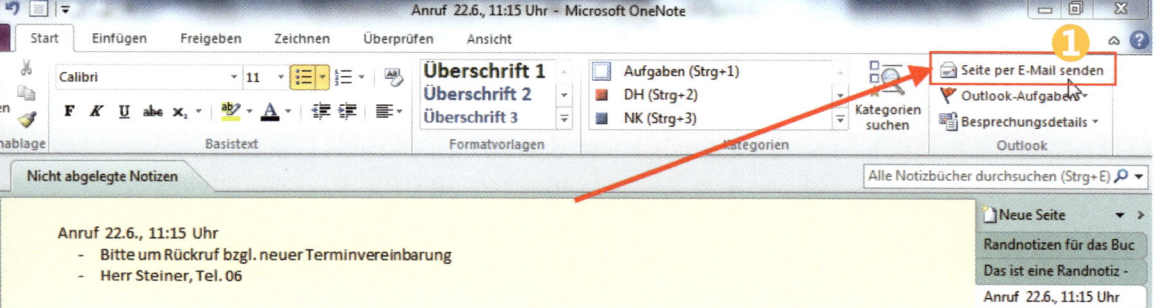

2. Es öffnet sich eine neue Nachricht, in der sich Ihre Notizen als Text befinden.

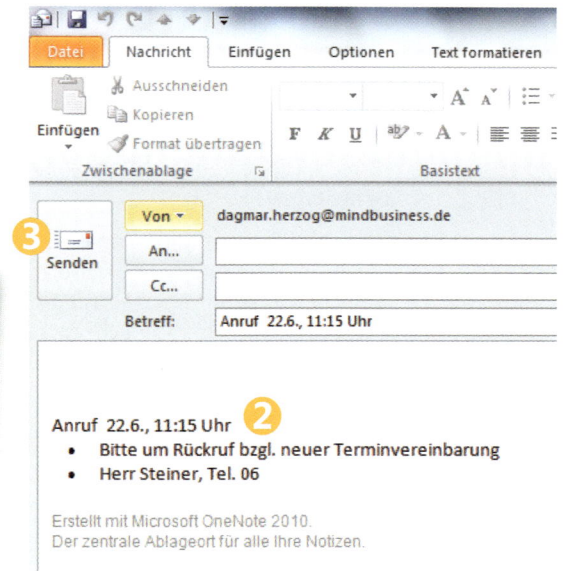

Der Vorteil hierbei ist, dass der Empfänger Ihre Nachricht empfangen und vor allem lesen kann, gleich ob er selbst mit OneNote 2010 arbeitet.

Wenn Ihre Notiz den Sachverhalt noch nicht eindeutig umreißt, können Sie jederzeit weitere ergänzende Informationen mitschicken.

3. Über die Schaltfläche *Senden* schicken Sie die Nachricht an den Empfänger ab.

Ordnung ist das halbe Leben

Aber das ist leichter gesagt als getan … Während wir uns um den Anrufer gekümmert haben, ist in unserer Mailbox das Chaos ausgebrochen. Naja, seien wir ehrlich, das Chaos hat nicht in den letzten zwei Minuten begonnen. Die Entstehung liegt eigentlich schon länger zurück. Wobei das in der heutigen Zeit verwunderlich ist.

Hintergrundinformationen

Die digitale Kommunikation hat in den letzten zehn Jahren stetig zugenommen, sodass mittlerweile von einer Informationsflut gesprochen wird. Durch die zunehmende Vernetzung und Globalisierung bekommen wir Informationen schneller als je zuvor, sei es per E-Mail, Instant Messaging, über das Web, durch Recherchen oder in Form von internen Dokumenten.

Mitarbeiter sind einerseits immer mobiler, andererseits in zunehmendem Maße auf die Zusammenarbeit mit Kollegen auf der ganzen Welt angewiesen. Die Bewältigung der Informations- und Datenflut zählt zu den täglichen Herausforderungen eines Mitarbeiters.

Nicht jede Notiz wird auf der Stelle zur Erledigung der aktuellen Aufgabe benötigt, doch falsch abgelegt oder notiert, kann sie im entscheidenden Moment fehlen. Vor allem die wesentlichen Informationen zur richtigen Zeit bereitzuhaben, wird zunehmend schwieriger.

Das gilt im Besonderen für E-Mails z.B. von Verteilerlisten, aber auch für gesammelte Hinweise, die bei Recherchen im Intranet oder Internet aufgenommen worden sind. Man weiß genau, irgendwann wird diese Information gebraucht, doch im Augenblick passt die Mitteilung in keine Ablagestruktur.

Umsetzung

Diese Funktionen kommen zum Einsatz:

- Inhalte aus E-Mails an OneNote senden
- E-Mail-Inhalt ablegen

Interessantes aus E-Mails in OneNote speichern

Sie haben eine E-Mail erhalten, deren Inhalt Sie in OneNote ablegen bzw. speichern möchten. Gehen Sie dazu wie folgt vor:

1. Markieren Sie die gewünschte E-Mail in Microsoft Outlook.

2. Klicken Sie auf der Registerkarte *Start* in der Gruppe *Verschieben* auf die Schaltfläche *OneNote*.

3. OneNote 2010 fragt Sie nun, an welchem Speicherort die E-Mail abgelegt werden soll.

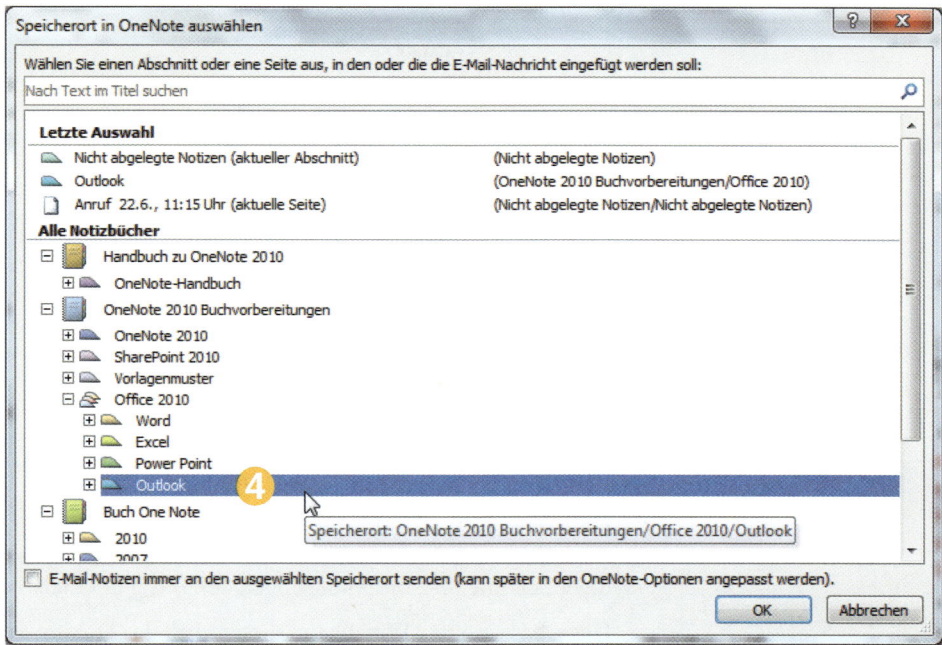

4. Klicken Sie auf das gewünschte Notizbuch bzw. den gewünschten Abschnitt und bestätigen Sie mit *OK*.

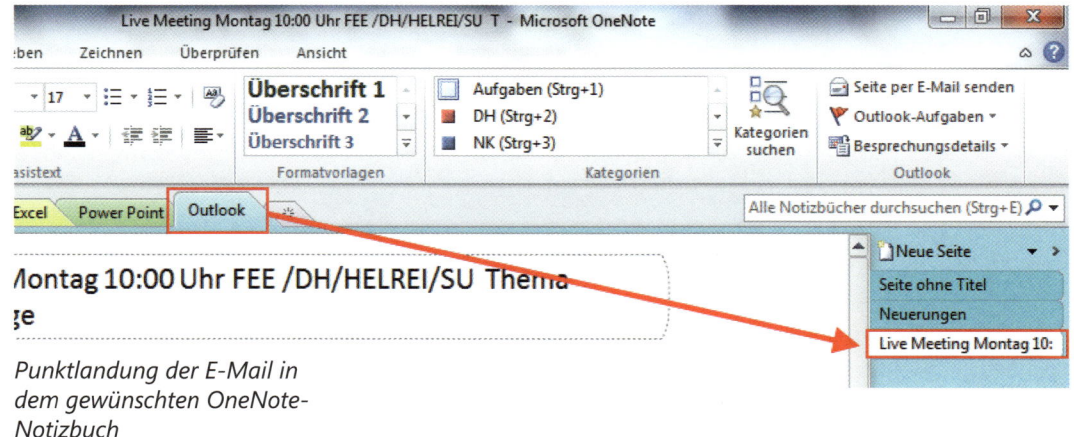

Punktlandung der E-Mail in dem gewünschten OneNote-Notizbuch

See-Hund Katalog 02/2010

Sonntag, 4. Juli 2010
10:51

Betreff	See-Hund Katalog 02/2010
Von	See-Hund-Shop
An	See-Hund-Shop
Gesendet	Samstag, 3. Juli 2010 12:38
Anlagen	

See-Hund-K
atalog 28....

*Hyperlinks bleiben
bestehen*

Um zu gewährleisten, dass keine wesentlichen Informationen verloren gehen, werden außer dem Mailtext selbst auch Hyperlinks und Anlagen der Mail in One-Note eingefügt.

Ein Ende der Zettelwirtschaft

Gehen wir von folgendem Fall aus:

Eine Kollegin hat Ihnen ein Dokument per E-Mail mit der Bitte um Feedback zugeschickt. Wie gehen Sie in einem solchen Fall normalerweise vor? Seien Sie ehrlich – wie oft drucken Sie das Dokument aus, um handschriftlich darin Korrekturen vorzunehmen? Und wie oft gehen Sie dann zu der Kollegin, um ihr den überarbeiteten Papierstapel zurückzugeben?

Hintergrundinformationen

Um eine solche Aufgabe wie die Überarbeitung eines Dokuments ohne längere Erklärungen und größeren zeitlichen Aufwand zu erledigen, nehmen Sie die Änderungen zukünftig in OneNote vor.

Denn bis Sie eine Datei, wie in diesem Fall das Dokument, ausgedruckt haben, um anschließend Kommentare handschriftlich hinzuzufügen oder weiterführende Arbeitsanweisungen zu erteilen, ist die Bitte Ihrer Kollegin mithilfe von OneNote schon längst erledigt.

Zusätzlich hat diese Vorgehensweise mehrere Vorteile:

- Es schont die Umwelt,
- die Datei geht wesentlich schneller zum Adressaten zurück
- und wenn es nötig ist, können die Arbeitsschritte später rekonstruiert werden.

Umsetzung

Diese Funktionen kommen zum Einsatz:

- Outlook-E-Mails an OneNote senden
- Nicht abgelegte Notizen
- Anlagen bearbeiten
- Screenshot der Anlage in OneNote einfügen

Das perfekte Duo Outlook und OneNote

So gehen Sie vor, um das Dokument in kürzester Zeit zu überarbeiten:

1. Senden Sie die betreffende E-Mail an Ihr persönliches OneNote-Notizbuch, wie weiter vorn im Abschnitt »Interessantes aus E-Mails in OneNote speichern« beschrieben.

   Daraufhin öffnet sich in OneNote ein neues Notizblatt mit verschiedenen Detailinformationen:

   - Betreff
   - Von
   - An
   - Gesendet
   - Anlagen

   Die Anlage ist nach wie vor an seinem ursprünglichen Speicherort abgelegt, aber auch als Datei unserem Notizblatt hinzugefügt.

   Um gleichzeitig das Dokument durchsehen und Feedback geben zu können, fügen wir das Dokument als Ausdruck in das Notizblatt ein.

2. Klicken Sie dazu mit der rechten Maustaste auf die Anlage und wählen Sie im Kontextmenü den Eintrag *Als Ausdruck einfügen*.

> Verknüpfen Sie die auf dem Notizblatt hinterlegte Datei mit der Originaldatei in Ihrem Ordnersystem. So kann umständliche und nervenaufreibende Doppelarbeit vermieden werden.

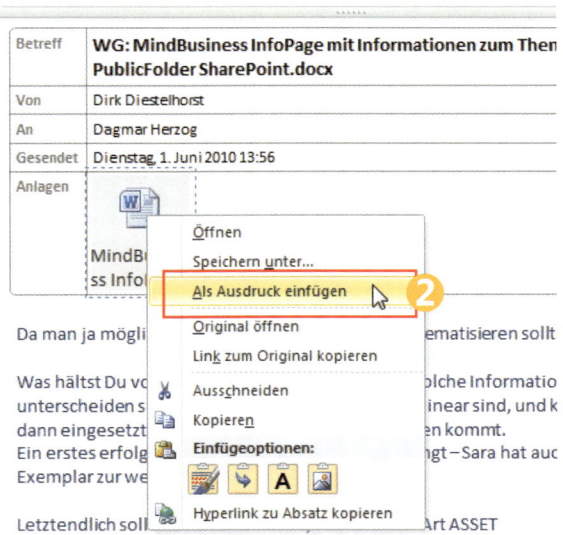

Die Datei wird als Ausdruck auf dem Notizblatt eingefügt

Jetzt kann der Ausdruck der Datei frei bearbeitet werden.

3. Fügen Sie Ihr Feedback für den Empfänger hinzu.

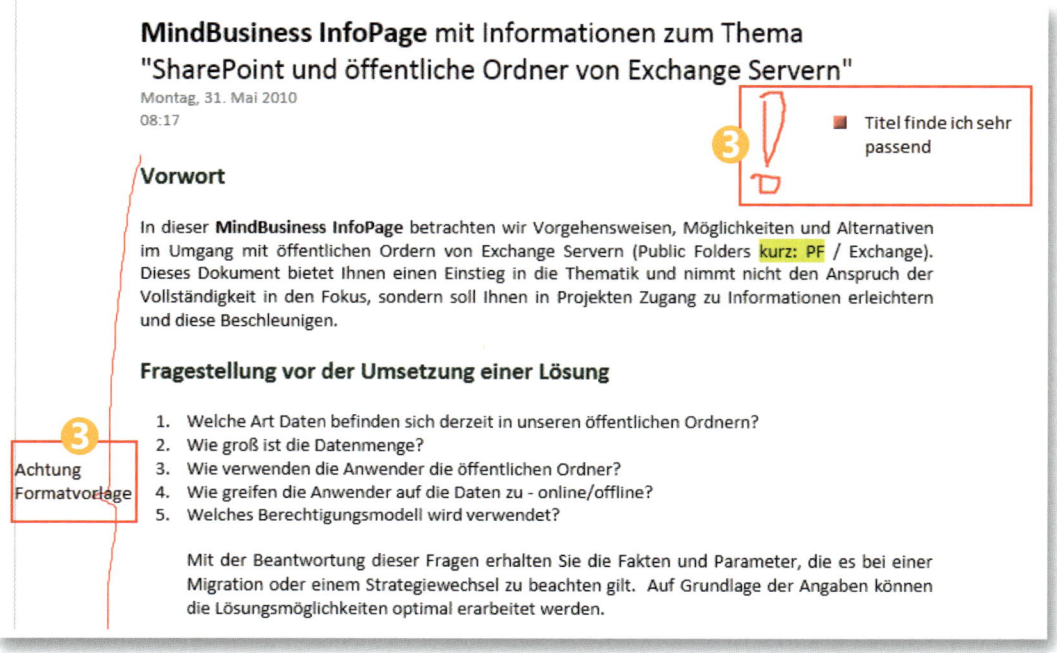

4. Bedienen Sie sich der Funktionen auf der Registerkarte *Zeichnen*.

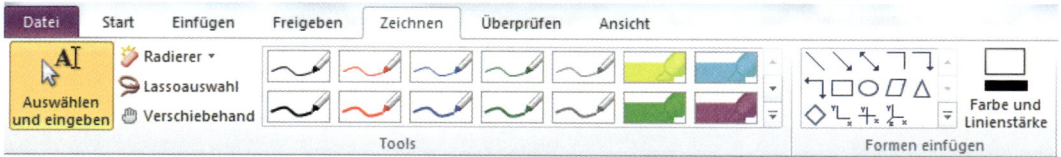

Um den Erklärungsbedarf so gering wie möglich zu halten, überlegen Sie sich genau, wie Sie Ihre Anmerkungen für den Empfänger am besten schreiben.

Änderungen, die Sie in dem als Ausdruck eingefügten Dokument vornehmen, haben keinen Einfluss auf die Original-datei.

Der Blätterwald ist kein Zauberwald

Geschafft – das Dokument für die Kollegin ist bearbeitet.

Dann kommt der Chef und braucht dringend eine Info zur diesjährigen Budgetplanung. Nun ist guter Rat teuer. Jetzt bloß in dem Blätterwust die benötigte Zahl finden. Wir wissen genau, wo sie steht, mit welchem Stift notiert, die Bilder sind gestochen scharf in unserem Gehirn, aber wo ist der Zettel?

Hintergrundinformationen

Wenn man mehrere Sachen zeitgleich bearbeitet, kommt es durchaus vor, dass Notizen für Projekte, fällige Aufgaben, Budgetzahlen, Telefonnummern auf das griffbereite Blatt geschrieben werden – meistens auf die heiß geliebte Schreibtischunterlage.

Nach ein paar Tagen zeichnen sich die ersten schmuddeligen Kaffeetassenränder ab, es kommen Eselsohren hinzu und die bunten Zeichnungen (während des letzten Telefonats entstanden) mindern den professionellen Eindruck des Besitzers.

Schnell ist das Blatt abgerissen und im Mülleimer entsorgt, aber damit auch die in der letzten Woche notierten Informationen. Ähnlich verfahren stellt sich die Situation mit Notizblöcken dar. Wenn alle Blätter beschrieben sind, wird der Block durch einen neuen ersetzt. Dann wandern die Stapel von der einen Schreibtischkante zur anderen und von dort, wenn sie beinahe zu kippen drohen, nach hinten auf die Ablage in den Schrank.

Umsetzung

Diese Funktionen kommen zum Einsatz:

- Suche in OneNote
- Handschriftliches in Text umwandeln

Die effiziente Suche in OneNote

Selbst wenn wir uns nur an Stichpunkte oder ungefähre Angaben erinnern, mithilfe der Volltextsuche in OneNote haben wir sehr gute Chancen, die gewünschten Informationen mit allen Zusammenhängen und Hintergründen punktgenau zu liefern.

So finden Sie Informationen:

1. Starten Sie OneNote.
2. Geben Sie den gewünschten Begriff in das Suchfeld oben rechts im Programmfenster ein.

Ob Bildschirmausschnitte aus PowerPoint, Word-Dokumente, Outlook-Elemente, Audioaufnahmen oder mitgeschriebene Informationen – die Suchfunktion bringt uns eine gewaltige Zahl an Ergebnissen.

3. Sie haben nun die Möglichkeit, sich die Ergebnisse in der Liste direkt anzusehen.

Die Suche nach dem Begriff erfolgt, sobald Sie mit der Eingabe beginnen

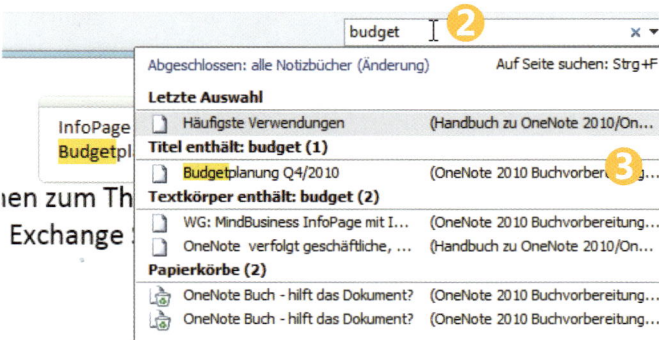

4. Sie können die Suche aber auch eingrenzen, wenn Sie sich ungefähr erinnern, wo oder wann Sie die geforderte Notiz mitgeschrieben haben. Klicken Sie dazu auf den Pfeil neben dem Feld *Durchsuchen* und wählen Sie den Bereich aus, in dem Sie suchen möchten.

Grenzen Sie die Suche ein

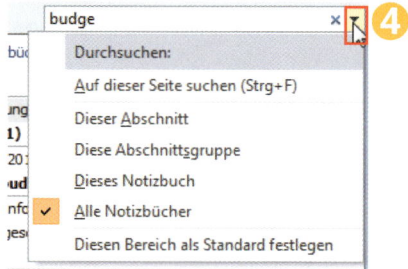

Es spielt keine Rolle, auf welchem Notizblatt Sie die Suche starten. Durch die Systemeinstellung werden alle Notizbücher durchsucht.

Das hat Ihren Chef überzeugt.

Damit Sie für das morgige Meeting genauso gut vorbereitet sind, beginnen Sie spontan mitzuschreiben, während Ihr Chef noch Zusammenhänge erläutert.

1. Sie öffnen eine leere Notizseite.

2. Als Überschrift geben Sie zunächst den Titel *Budgetplanung* ein.

3. Sie möchten gerne bestehende Besprechungsdetails aus Outlook hinzufügen. Dazu klicken Sie im Menüband auf der Register-karte *Start* auf die Schaltfläche *Besprechungsdetails*.

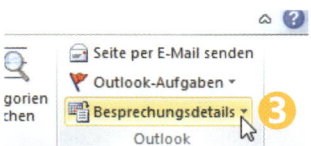

4. Wählen Sie die passende Besprechung aus.

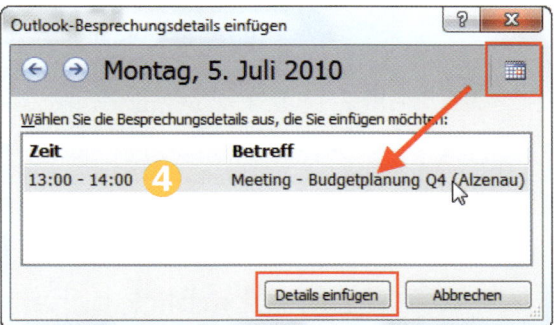

5. Ergänzen Sie Ihre persönlichen Notizen für das morgige Meeting.

So haben Sie Ihren Blätterwald im Griff.

OneNote Mobile als elektronisches Gedächtnis

New York, München, London, Moskau – egal wo Sie sind, Sie
können praktisch überall auf Ihre Notizbücher zugreifen. Es wird
immer einfacher, Ihr Notizbuch überallhin mitzunehmen, weil Sie
Notizen nicht nur über das Internet, sondern auch über ein Smartphone bearbeiten und darin nachschlagen können. Mit OneNote
2010 können Sie so von unterschiedlichen Standorten und mit
vielen Geräten auf Ihre Notizen zugreifen, sie bearbeiten, freigeben
und verwalten.

New York, Sie stehen auf der 5th Avenue vor einem Bürogebäude
und haben sich gerade das neue Büro angesehen. Ihre Kollegen in
München warten auf Feedback über alles, was Sie so gesehen haben.
Von den Räumlichkeiten über die Umgebung bis hin zu den legen-
dären »Coffee To Go«-Shops.

Kennen Sie das? Eine Situation in der viele Eindrücke auf Sie ein-
prasseln. Jetzt nur nichts vergessen.

Bleiben Sie auf dem neuesten Stand und treten Sie sofort in Aktion:
alles aufschreiben, damit nichts in Vergessenheit gerät. Dazu verwenden Sie die mobile Version von OneNote 2010, die speziell für
Ihr Smartphone ausgelegt ist.

Den Überblick behalten und Notizen mit OneNote Mobile synchronisieren

Machen Sie mit Leichtigkeit Notizen mit Ihrem Smartphone, fügen
Sie Audiodateien oder Bilder hinzu oder machen Sie eine Aufgabenliste – es bleibt Ihnen überlassen! Sie können sogar Ihre Notizbücher aus Microsoft OneNote 2010 von Ihrem PC über das Windows
Mobile Device Center in Windows 7 mit dem Smartphone synchronisieren.

*Bereits erfasste Notizen in
der Übersicht*

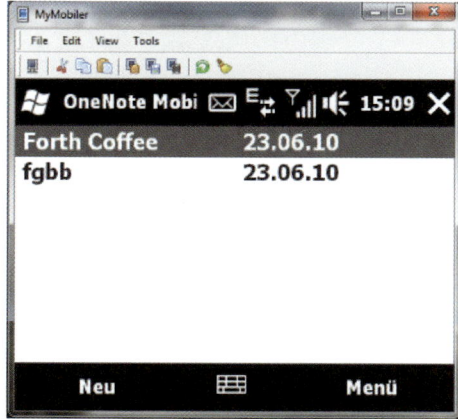

Öffnen Sie OneNote Mobile und tragen Sie Notizen und Anmerkungen wie gewohnt in Ihr Smartphone ein.

*To do erfassen –
kein Problem*

Erstellen Sie direkt im Programm ein Foto (z.B. von einer White-board-Zeichnung oder einem besonderen Café etc.). Dieses wird automatisch in eine Notiz eingefügt.

Gehen Sie hierfür wie folgt vor:

1. Legen Sie eine neue Notiz an.

2. Klicken Sie auf *Bild aufnehmen.*

*Notiz angelegt, Bild auf-
genommen und sofort
integriert*

Notizen mit OneNote auf dem PC synchro-nisieren

Die Notizen aus OneNote Mobile werden in ein extra Notizbuch namens *OneNote Mobile* in OneNote gespeichert. Werden mehrere Windows Mobile-Geräte mit dem PC synchronisiert, wird pro Gerät ein Abschnitt innerhalb dieses Notizbuchs angelegt.

Achten Sie beim Verfassen einer Notiz darauf, dass als Titel der Notiz der Text der ersten Zeile verwendet wird.

Nach der Synchronisierung kann man ganz normal in den Notizen weiterarbeiten oder eine Notiz bei Bedarf in ein anderes Notizbuch verschieben.

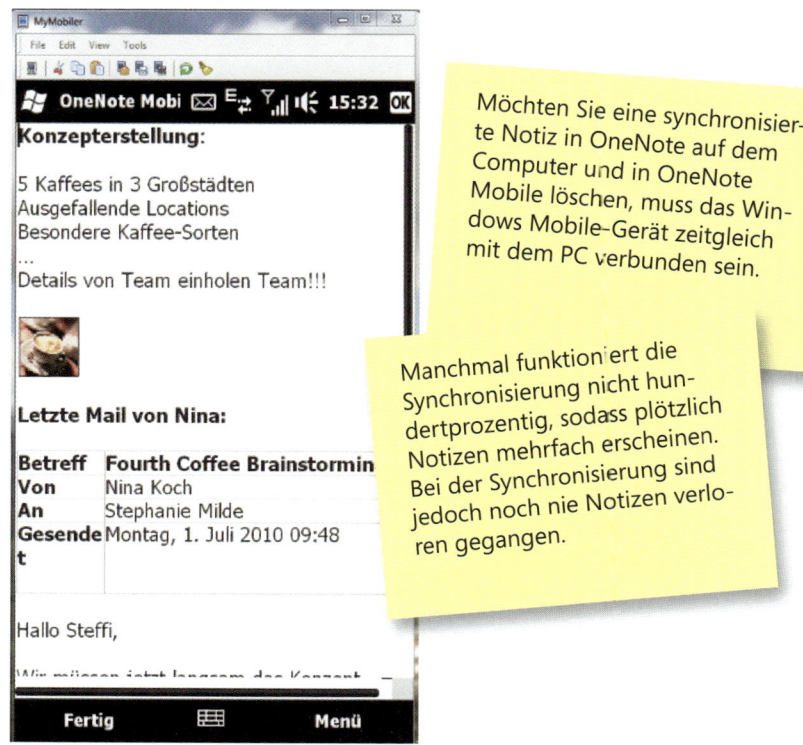

Das Notizbuch nach der Synchronisierung – jetzt auch mit E-Mail

Möchten Sie eine synchronisierte Notiz in OneNote auf dem Computer und in OneNote Mobile löschen, muss das Windows Mobile-Gerät zeitgleich mit dem PC verbunden sein.

Manchmal funktioniert die Synchronisierung nicht hundertprozentig, sodass plötzlich Notizen mehrfach erscheinen. Bei der Synchronisierung sind jedoch noch nie Notizen verloren gegangen.

Unser Fazit: OneNote Mobile ist ein ideales Notizwerkzeug auf dem Windows Mobile-Gerät und gibt Ihnen die Möglichkeit, schnell Notizen zu erfassen, Bilder aufzunehmen und sofort zu integrieren.

Auch unterwegs ohne Laptop!

Internetrechercheergebnisse griffbereit

Endlich ist der Feierabend gekommen. Da Sie morgen in der Früh einen Kundentermin haben, müssen Sie noch kurz im Internet nach der passenden Zugverbindung suchen.

Hintergrundinformationen

Das Internet stellt uns eine Fülle an Informationen bereit. Hier findet man wirklich alles, was man wissen muss – auch Zugverbindungen. Zum Speichern wichtiger Informationen, die möglicherweise nicht für jedermann relevant sind, stellt sich OneNote als ideales Werkzeug dar.

Umsetzung

Diese Funktionen kommen zum Einsatz:

- Internetinformationen in OneNote
- Spalten löschen

Internetinformationen im OneNote-Notizbuch speichern

So gehen Sie vor, wenn Sie weiterführende Informationen aus dem Internet in das Notizbuch einfügen möchten:

1. Öffnen Sie z.B. die Webseite eines Reisedienstleisters.

2. Suchen Sie sich die passende Reiseverbindung raus und kopieren Sie die Informationen.

3. Öffnen Sie Ihr OneNote-Notizbuch.

4. Öffnen Sie eine neue Notizseite und fügen Sie den kopierten Text ein.

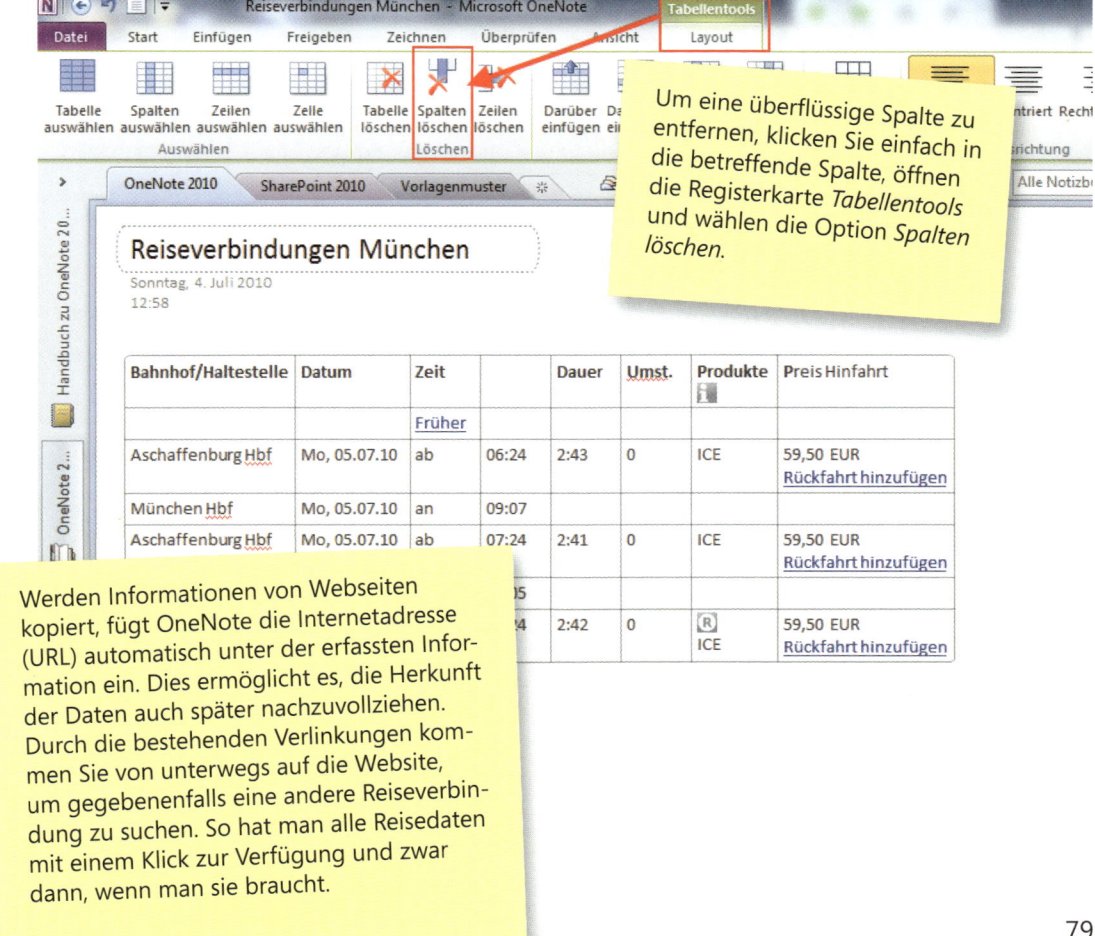

Um eine überflüssige Spalte zu entfernen, klicken Sie einfach in die betreffende Spalte, öffnen die Registerkarte *Tabellentools* und wählen die Option *Spalten löschen*.

Werden Informationen von Webseiten kopiert, fügt OneNote die Internetadresse (URL) automatisch unter der erfassten Information ein. Dies ermöglicht es, die Herkunft der Daten auch später nachzuvollziehen. Durch die bestehenden Verlinkungen kommen Sie von unterwegs auf die Website, um gegebenenfalls eine andere Reiseverbindung zu suchen. So hat man alle Reisedaten mit einem Klick zur Verfügung und zwar dann, wenn man sie braucht.

Für jedes Notizbuch ein eigener Papierkorb

Haben Sie selbst oder ein anderer Autor eine Seite gelöscht, die Sie doch noch benötigen? Dies könnte vorkommen, wenn Sie einen gesamten Abschnitt löschen und erst später daran denken, dass ein Teil des Inhalts doch noch wichtig ist.

Der Papierkorb in OneNote 2010

Mit OneNote 2010 ist es einfach, sich anders zu entscheiden und Inhalte, die von Ihnen oder anderen Anwendern gelöscht wurden, wiederherzustellen.

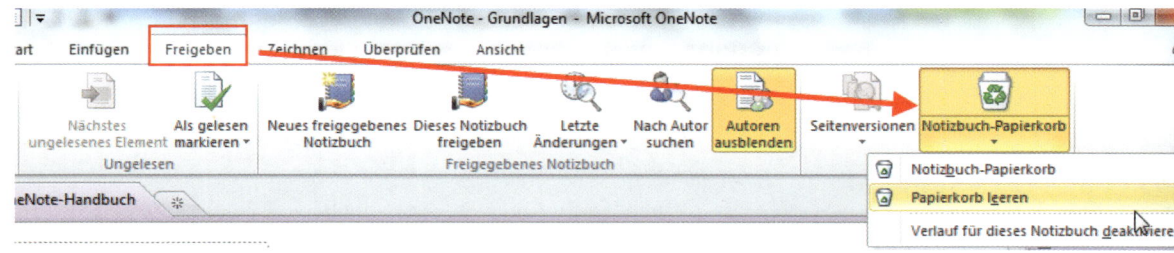

Für jedes Notizbuch ist ein eigener Papierkorb vorhanden, in dem gelöschte Seiten und Abschnitte standardmäßig 60 Tage lang aufbewahrt werden.

1. Rufen Sie auf der Registerkarte *Freigeben* das Dropdownmenü der Schaltfläche *Notizbuch-Papierkorb* auf.

Alles im Griff – die Seite kann wieder aktiviert werden

2. Sie haben über die Einträge die Möglichkeit, den Papierkorb zu leeren oder den Verlauf für das aktive Notizbuch zu deaktivieren.

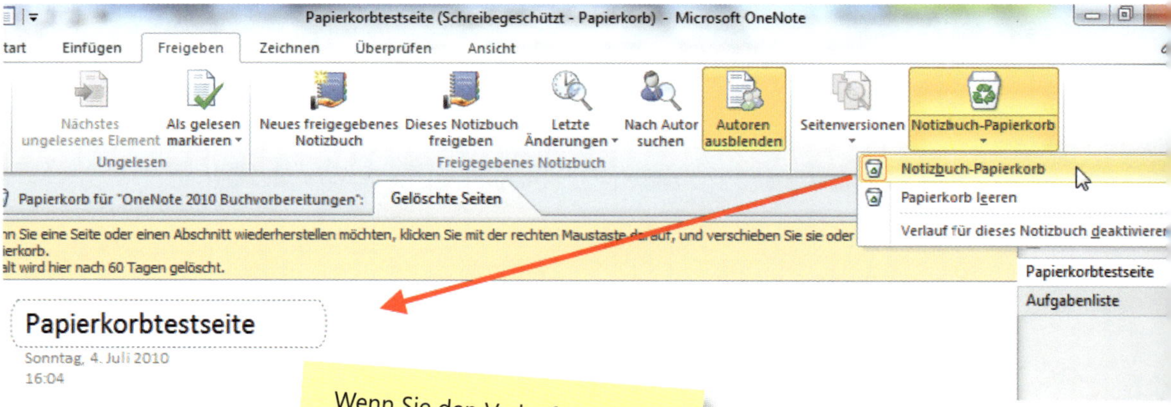

Papierkorbtestseite (Schreibgeschützt - Papierkorb) - Microsoft OneNote

Papierkorb für "OneNote 2010 Buchvorbereitungen": Gelöschte Seiten

Wenn Sie eine Seite oder einen Abschnitt wiederherstellen möchten, klicken Sie mit der rechten Maustaste darauf, und verschieben sie sie oder ...erkorb.
...alt wird hier nach 60 Tagen gelöscht.

Papierkorbtestseite
Aufgabenliste

Papierkorbtestseite

Sonntag, 4. Juli 2010
16:04

Wenn Sie den Verlauf von hier aus oder im Dropdownmenü der Schaltfläche *Seitenversionen* deaktivieren, stehen keine Seitenversionen und auch nicht der Papierkorb zur Verfügung.

OneNote und Outlook –
Ein starkes Team!

OneNote-Seiten können leicht per E-Mail verschickt werden.

Outlook- u
OneNote
Aufgaben
sind imme
synchron

Weisen Sie
Ihren OneNote-
Notizen Outlook-
Aufgaben zu.

Outlook-Besprechungsde
werden schnell und einfa
OneNote übernommen!

Die einzige Möglichkeit,
Menschen zu motivieren,
ist die Kommunikation.
Lee Iacocca

Aufgaben aus
OneNote können
verschickt oder
nach Outlook
exportiert werden.

Zusammenarbeit mit Outlook

– oder Meeting einmal anders

OneNote und Outlook

OneNote und Outlook in Kombination nutzen? Warum und wann macht das Sinn? Lassen Sie uns Outlook 2010 und OneNote 2010 einmal als Tools für die Verwaltung unseres Alltags näher betrachten.

OneNote und Outlook – ein starkes Duo

Outlook dient den meisten von uns als zentrale Drehscheibe zum Sammeln und Organisieren von E-Mails, Terminen und Aufgaben. Posteingänge müssen verarbeitet, daraus resultierende Aufgaben oder Termine organisiert und bevorstehende Termine angezeigt werden. Workflows in Outlook:

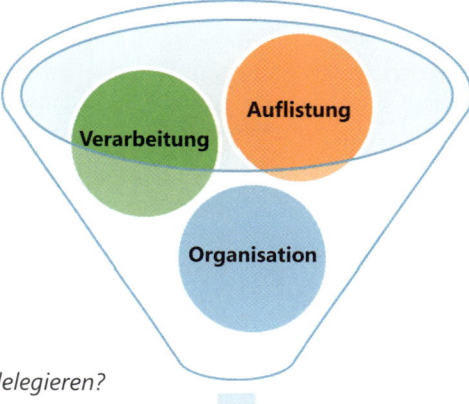

Tun, verzögern oder delegieren?

Wir entscheiden dann, ob wir auf E-Mails reagieren, weitere Aktionen erstellen oder Aufgaben an eine andere Person delegieren. Letzteres ist – wer hätte es gedacht – der Favorit.

In OneNote erfassen wir Gedanken und Notizen zu Projekten. OneNote bietet uns einen Ort zum Speichern von elektronischem Referenzmaterial. Wir listen Gedanken, Besprechungsnotizen auf, verarbeiten diese und organisieren Informationen. Alles, was wir nicht mehr benötigen, wandert direkt in den Papierkorb. Kurzum, wir haben gleiche Workflows mit einem anderen Lösungsansatz.

Wir haben daher Lösungsansätze in klassischen Szenarien für den praktischen Einsatz der beiden Tools zusammengetragen.

Fangen wir mit dem klassischsten Szenario an – ein Auszug aus dem Alltag: Die Luft ist heiß, die Stimmung auch und die Kollegen fallen sich ständig ins Wort … Meetings enden oft im Chaos, weil Zielvorgaben und Strukturen fehlen.

Folgende Aktionen werden im Folgenden besprochen:

- Neue Abschnittsgruppen anlegen
- Besprechungsorganisation mit OneNote
- Ideen sammeln in OneNote
- Arbeiten mit der Lasso-Funktion
- Arbeiten mit der Freigabe von Notizbüchern
- Aufgaben definieren
- Ergebnisse per E-Mail versenden
- Arbeiten mit Kategorien/Tags
- OneNote-Notizen in SharePoint veröffentlichen
- Outlook-Elemente und OneNote – mögliche Verknüpfungen

Meetings einmal anders

Wir möchten Ihnen verdeutlichen, wie OneNote 2010 Ihr Team und Sie selbst dabei unterstützt, Besprechungen professionell vorzubereiten, zu verkürzen und den Austausch von Dokumenten und Notizen zu optimieren.

Stellen Sie sich folgende Situation vor: Ihr Team plant ein Marketing-Event zur Einführung eines neuen Produkts. Die klassischen Kommunikationsaufgaben des Marketing-Events lauten: Information, Emotion, Aktion und Motivation. Aber erst die Mixtur macht das Marketing-Event erfolgreich und wirksam für die Verfolgung Ihrer Ziele.

Mit Ihrem Team möchten Sie über die Herangehensweise an eine solche Veranstaltung diskutieren. Als Ergebnis soll ein konkreter Fahrplan für die nächsten Monate festgelegt und die anfallenden Aufgaben verteilt werden.

Hintergrundinformationen

Haben Sie auch das Gefühl, die Hälfte Ihres Tages in Meetings zu verbringen? Leider halten sich die produktiven Besprechungen mit den weniger effizienten die Waage.

In vielen Unternehmen kursiert der sarkastische, aber der Wahrheit sehr nahe Spruch »Wenn Sie sich einsam fühlen, […] dann setzen Sie eine Besprechung auf …«.

Damit Besprechungen erfolgreich werden, muss sich jeder Beteiligte an altbekannte Regeln halten.

Regeln für Teammeetings

- **Teamzusammensetzung**
  - So klein wie möglich und so unterschiedlich wie nötig. Begrenzen Sie die Teilnehmeranzahl.
  - Welche Personen/Kompetenz benötigen Sie für das Ergebnis?
  - Nur Teilnehmer, die etwas zum Thema beitragen können, sollten eingeladen werden.

- **Einladung**
  - Verschicken Sie nie eine Einladung ohne Agenda! (Wer muss das vorbereiten? Wie viel Vortragszeit steht jedem zur Verfügung? Wie viel Diskussion ist erwünscht?)
  - Fügen Sie der Einladung die Zielbesetzung des Meetings hinzu.
  - Geben Sie den Teilnehmern eine Möglichkeit, sich auf das Meeting vorzubereiten, und verschicken Sie die Einladung spätestens 4 Stunden vor der Besprechung.

- **Äußere Bedingungen**
  - Steht ein Raum für das Meeting zur Verfügung? Reservierung nicht vergessen!
  - Ist im Raum ein Beamer vorhanden?
  - Wird Internetanschluss benötigt?

- **Umgangsformeln**
  - Höflichkeit, Freundlichkeit, Pünktlichkeit sind die drei wichtigsten Umgangsformeln, die zum Gelingen wesentlich beitragen.

- **Das Meeting**
  - Beginnen Sie pünktlich.
  - Sie haben eine Agenda – halten Sie sich dran.
  - Bestimmen Sie einen Moderator.
  - Visualisieren Sie Zwischenergebnisse.
  - Halten Sie die Endergebnisse im Protokolle fest: Termine, Zuständigkeiten, gewünschte Abgabeform des Resultats formulieren.
  - Jeder Teilnehmer muss Zugang zum Beschlussprotokoll haben.

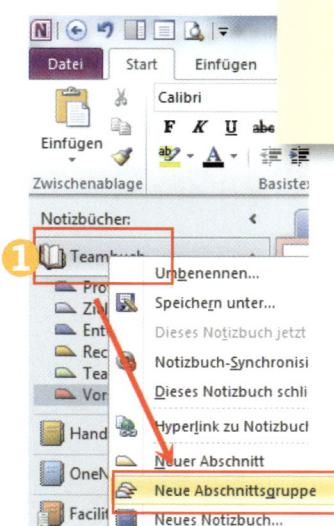

Neue Abschnittsgruppen anlegen

Sie möchten eine neue Abschnittsgruppe im Notizbuch *Teambuch* anlegen. Gehen Sie dazu wie folgt vor:

1. Klicken Sie mit der rechten Maustaste auf das Notizbuch oder den Abschnitt, dem Sie die neue Abschnittsgruppe hinzufügen wollen.
2. Wählen Sie im Kontextmenü den Eintrag *Neue Abschnittsgruppe*.

3. Klicken Sie mit der rechten Maustaste auf *Neue Abschnittsgrup-pe*, wählen Sie im Kontextmenü den Befehl *Umbenennen* und geben Sie der Abschnittsgruppe den gewünschten Namen.

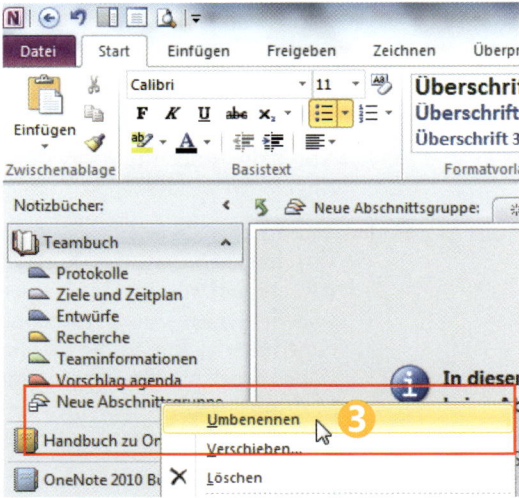

4. Nun können Sie in der Gruppe sofort die unterschiedlichsten Informationen zum Marketing-Event aus vielfältigen Quellen konsolidieren und haben damit auf alle Inhalte unterschiedlichster Formate Zugriff.

Legen Sie die gewünschten Seiten an und vergeben Sie passende Namen

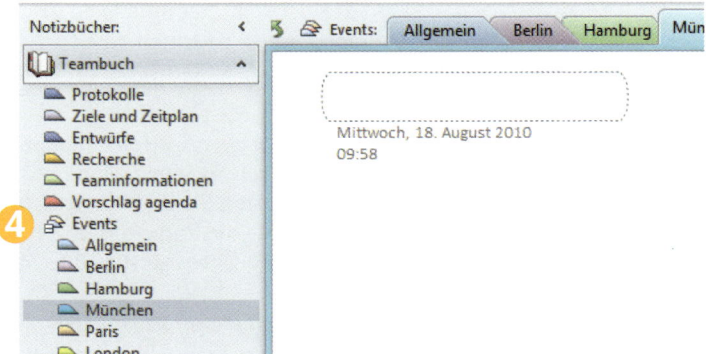

Besprechungen organisieren und durchführen

Sie überlegen, wen Sie alles für die anstehende Besprechung benötigen und welche Expertise im Team vertreten sein muss, um ein erfolgreiches Event durchzuführen.

1. Legen Sie eine einfache Tabelle an, in die Sie Ihre (Wunsch-)Teammitglieder eintragen können.

Tabellen einfügen

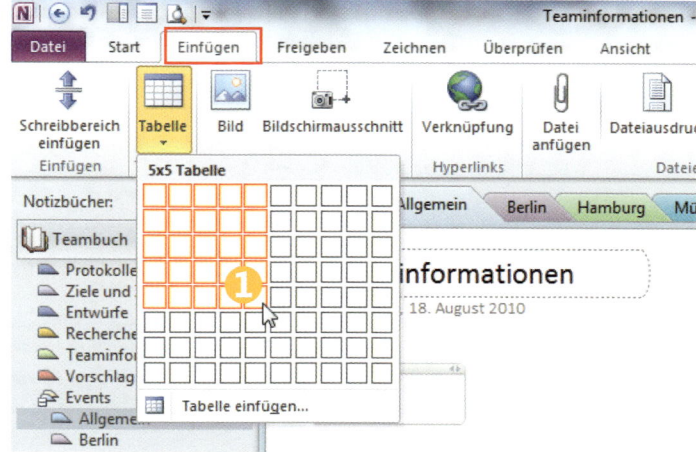

2. Tragen Sie die Teilnehmer und weitere wichtige Informationen ein.

Die Tabelle mit Inhalt füllen

Vor-Nachname	Abtlg.	Kontaktinfo	Aufgabenbereiche
Sandra K.	KT 15	56987	Produkt Know How
Magrit L.	PT 26	34974	PR Erfahrung
Birgit M.	CD 25	13759	Controlling
Christian H.	KT 16	12687	Produkt Know How
Bernhard T.	MV 19	13976	Marketing
?			Projektleitung
?			Assistenz

Bevor Sie die Kollegen einladen, sollten Sie sich Gedanken zur Agenda des Meetings machen. Eine Agenda in der Terminanfrage erhöht die Anzahl der Zusagen.

Welche Punkte sind zu klären? Hinter welchen Aufgaben (Buchung von entsprechenden Messehallen, Hotelräumen) verstecken sich zeitkritische (Abgabe-) Termine, die berücksichtigt werden müssen, usw.?

Verwenden Sie OneNote als eine Art Schmierzettel zum Sammeln Ihrer ersten Gedanken. Sie sind dabei nicht an eine Struktur gebunden, sondern können Ihrer Kreativität freien Lauf lassen.

Entstehungsprozess einer Agenda

Events: Allgemein   Berlin   Hamburg   München   Paris   London

Agenda

Mittwoch, 18. August 2010
10:10

1. Erläuterung des Eventskonzeptes	Christian H.	15 min
2. Auswahl Veranstaltungsorte (3 Vorschläge diskutieren	Alle	15 min
3. Konkretisieren der nächsten Schritte und Definieren der Arbeitspakete	Alle	1 h

- Wie viele TN wollen wir erreichen
- Stände aufbauen? Partner involvieren?
- Buchen des Veranstaltungsortes - Hotelkapazitäten ??
- Wer bucht die Räume (Agentur oder Team? Budget?

Verschicken Sie über Outlook zeitnah den Termin an das Team und erstellen Sie dabei eine verknüpfte Besprechungsnotiz in OneNote.

1. Legen Sie in Outlook einen Termin an und verknüpfen Sie die Besprechungsnotiz.

Termin in Outlook anlegen und Besprechungsnotiz verknüpfen

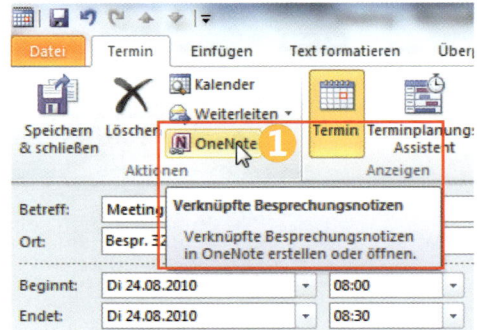

2. Wählen Sie den Speicherort in OneNote.

Speicherort in OneNote festlegen

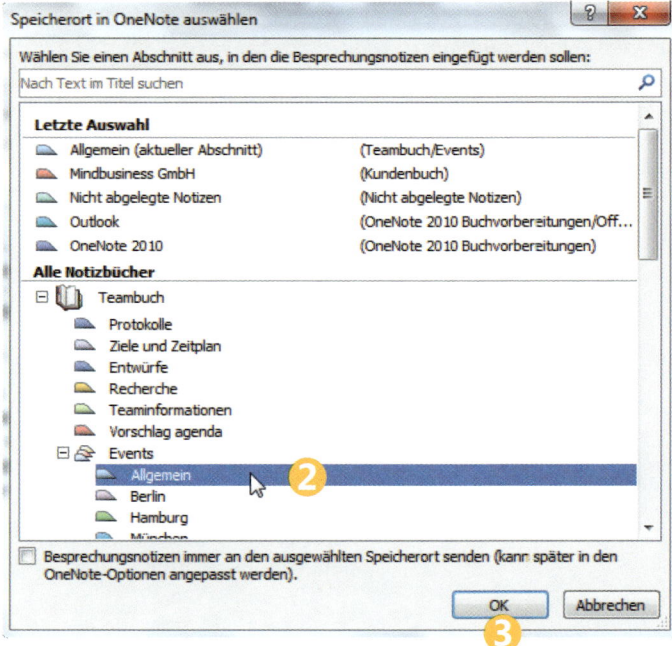

3. Bestätigen Sie Ihre Angaben mit *OK*.

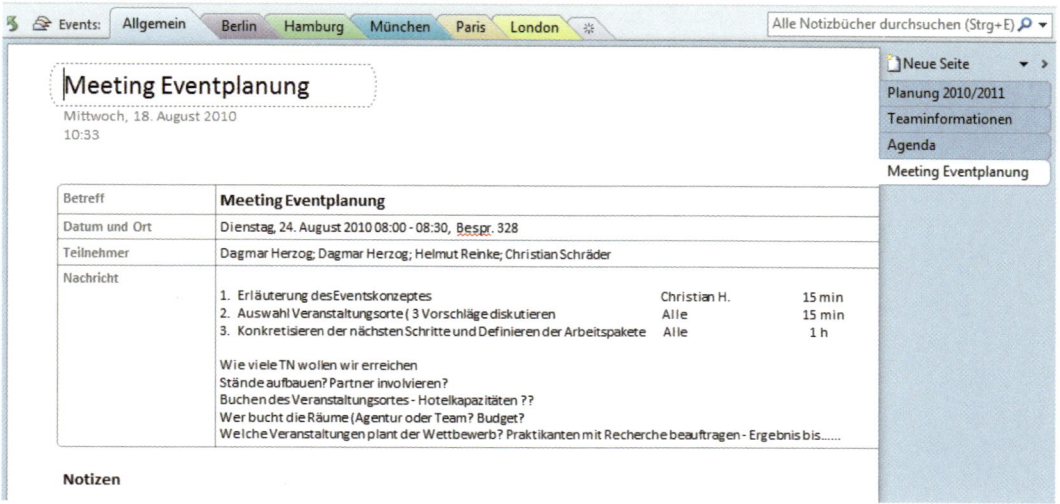

Das Ergebnis in OneNote

Eine Besprechung beginnt ...

... alle Teilnehmer diskutieren, debattieren, die Beiträge sind kreativ, jeder ist am Erfolg des Ganzen beteiligt. Die Köpfe rauchen, es wird schnell gesprochen, die Teilnehmer sind engagiert und interessiert. Sie haben mit Ihrem Vorschlag, eine große Veranstaltung durchzuführen, begeistert.

Der Vorteil von OneNote ist, dass Sie sich hundertprozentig auf das Gespräch der Teilnehmer konzentrieren können. Sie erfassen ungefiltert alles, was an Input in die Runde geworfen wird, ohne gleichzeitig eine Struktur zu erstellen oder das Blatt einzuteilen.

Brainstorming mit der Gruppe

Betreff	Meeting Eventplanung	
Datum und Ort	Dienstag, 24. August 2010 08:00 - 08:30, Bespr. 328	
Teilnehmer	Dagmar Herzog; Dagmar Herzog; Helmut Reinke; Christian Schräder	
Nachricht		
	1. Erläuterung des Eventskonzeptes	Christian H.
	2. Auswahl Veranstaltungsorte (3 Vorschläge diskutieren	Alle
	3. Konkretisieren der nächsten Schritte und Definieren der Arbeitspakete	Alle
	Wie viele TN wollen wir erreichen	
	Stände aufbauen? Partner involvieren?	
	Buchen des Veranstaltungsortes - Hotelkapazitäten ??	
	Wer bucht die Räume (Agentur oder Team? Budget?	
	Welche Veranstaltungen plant der Wettbewerb? Praktikanten mit Recherche beauftragen - Erg	

Notizen

Mitschrift 24.8

Einladung vorbereiten -> Zur Durchsicht an Bernhard T. geben
Versenden der Einladung bis ......

- Welches Hotel hat den größten Raum?
- Kleine Nebenräume
- 100 TN erwartet
- Vorschlag von Magrit: 10 Agenda Punkte, mit Key Note sind ausreichend
- Manfred sollte die Key Note halten -> Birgit muss seine Assistentin fragen ob er
  - Zeit hat
  - in Berlin sein kann
  - ob er noch für Gespräche im Anschluss zur Verfügung steht

89

Nachdem Sie die Hoteloptionen diskutiert haben und die Kollegin die Buchung des Hauses bestätigt hat, diskutieren Sie den Aufbau und die Ausstattung. Wie sollen die Räume genutzt werden? Wo können Ausstellungsstände von Partnern integriert werden? Wo werden Plakataufsteller positioniert? An welchen Wänden können Banner aufgehängt werden? Und vieles mehr.

Ihr Wunschszenario können Sie sofort mitzeichnen, neben Ihren bereits notierten Punkten.

◼ Öffnen Sie die Registerkarte *Zeichnen* und legen Sie los.

Schnell mit ein paar Formen und Farben Klarheit mit Zeichnungen erreichen

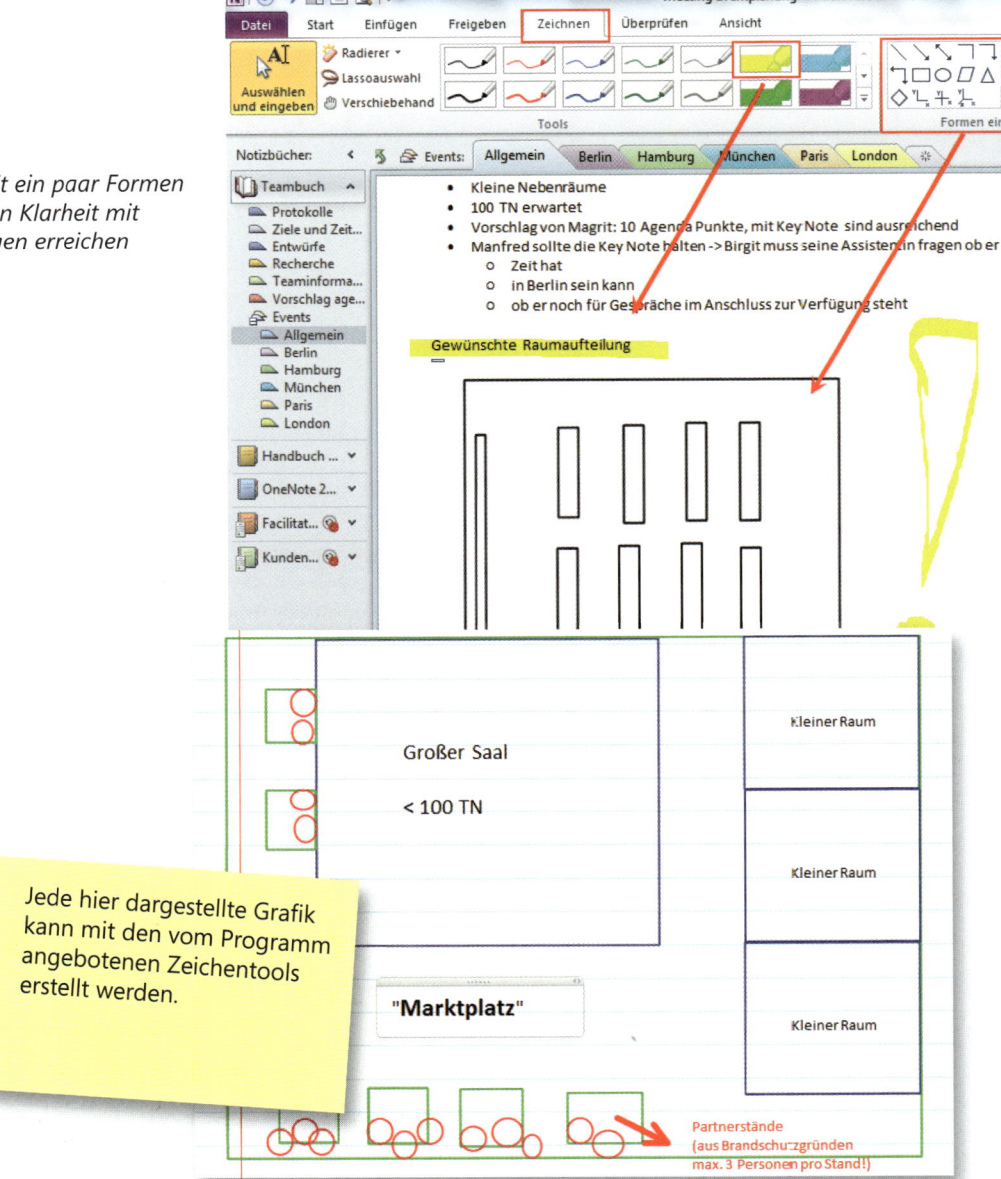

Alles hat ein Ende – Flipcharts und ihre Tücken

Sie merken, dass der Platz auf Ihrer Notizseite allmählich eng wird, um die vielen zusätzlichen Informationen der Grafik hinzuzufügen. Ihrem Kollegen am Flipchart geht es da ähnlich!

Während aber der Kollege am Flipchart nun ins Schwitzen gerät und kurz die Möglichkeit überdenkt, die Zeichnung komprimierter auf einer neuen Seite, am äußersten oberen Rand des Flipcharts von Neuem zu beginnen, können Sie die Zeichnung markieren und an einer passenderen Stelle wieder einfügen.

1. Markieren Sie die Grafik mit der Lasso-Funktion.

2. Schneiden Sie die Grafik mit der Tastenkombination Strg + X aus.

Aktivieren Sie die »Lasso-auswahl«, markieren Sie die Zeichnung und schneiden Sie sie aus

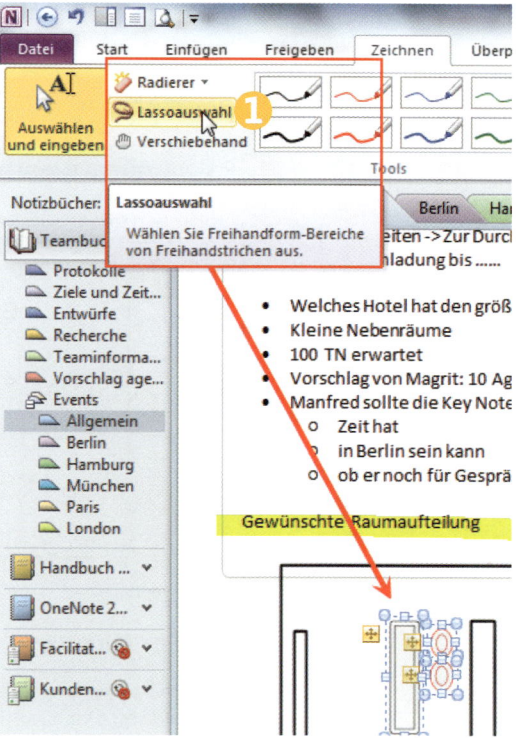

Über den sogenannten Scroll-Button am unteren linken Fensterrand können Sie die Seite beliebig nach unten erweitern.

3. Fügen Sie die Grafik an passender Stelle mithilfe der Tastenkombination Strg + V wieder ein.

Die Zeichnungen und Ergänzungen des Kollegen am Flipchart werden immer kleiner, bis hin zur Unleserlichkeit. Befreien Sie den Kollegen aus seiner Not. Die Zeit der Gruppe ist begrenzt und sollte für konstruktive Zusammenarbeit genutzt werden.

Um arbeitsfähig zu bleiben, bieten Sie an, Ihr Notebook an den Beamer anzuschließen. Nun kann die Gruppe an der entstandenen Grafik mit den Ideen für die Ausstattung des Veranstaltungsortes fortfahren.

Immer mehr Informationen kommen zum Aufbauplan hinzu. Wo werden Blumen aufgestellt, Teilnehmer registriert, zu welchen Uhrzeiten können auch in den kleinen Räumen Vorträge geplant werden.

Bei der Platzierung der Registrierung für die Teilnehmer waren Sie etwas voreilig. Sie haben sie Ihren Vorstellungen entsprechend links, direkt am Eingang zum »Marktplatz der Partnerstände« positioniert.

Die Gruppe ist da allerdings anderer Ansicht.

Mithilfe der Lasso-Funktion können kleinste grafische Elemente (Punkte, Pfeile usw.) und Buchstaben ausgewählt und verändert werden, ohne dass angrenzende oder überlappende Dinge beeinträchtig werden.

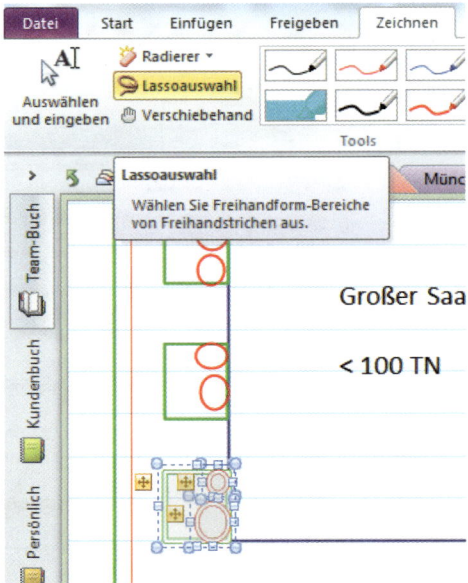

Mit der Lasso-Funktion kann trennscharf gearbeitet werden

Live Meeting im Einsatz

Im fortgeschrittenen Meeting öffnet sich plötzlich die Türe und ein verspäteter Kollege setzt sich an den Tisch. Erwartungsvoll blickt er in die Runde.

Sie blicken angespannt auf die Uhr. Sie haben das Meeting für 1,5 Stunden angesetzt und es sind nur noch 30 Minuten bis zum Ende.

Aus Respekt gegenüber dem Kollegen müssen Sie ihn durch ein kurzes Update über den bisherigen Verlauf informieren. Aber wo anfangen, ohne sich zu verzetteln? Ohne abgeschlossene Diskussionen erneut zu entfachen? Und Sie wissen, dass heute die ersten Arbeitspakete für die Gruppe verteilt werden müssen, sonst schaffen Sie es nicht mehr, den straffen Zeitplan einzuhalten.

Dann klingelt auch noch das Telefon im Meetingraum. Ihr Chef ist mit seinem Termin fertig und möchte sich jetzt gerne über Videokonferenz an der Diskussion beteiligen. Nur nicht aus der Ruhe bringen lassen!

- Starten Sie Microsoft Office Live Meeting und laden Sie die betreffenden Teilnehmer ein.

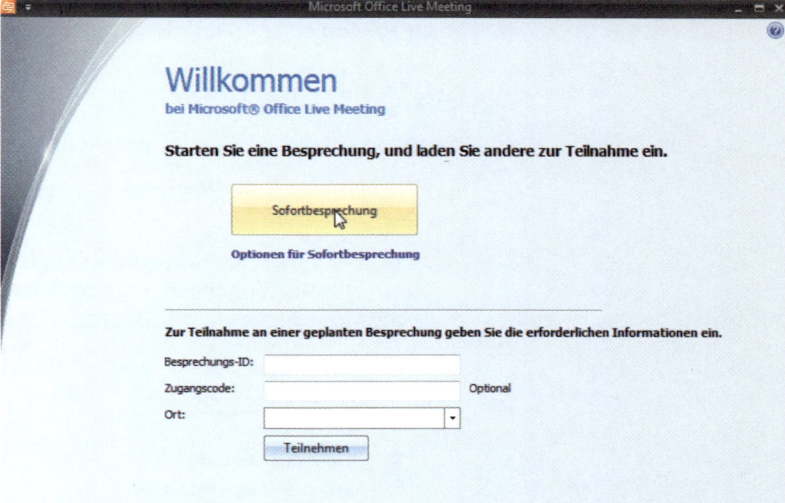

Starten der Livesitzung

Das sich öffnende Fenster ist Ihre Steuerzentrale für die Livesitzung. Alle Funktionen, die Ihnen im Rahmen dieses Dienstes zur Verfügung stehen, werden hier aufgeführt. Sie können Personen hinzufügen, die Sitzung beenden etc. Sie können darüber entscheiden, ob andere Personen Ihrem Notizblatt etwas hinzufügen können oder ob die eingeladenen Personen nur über Leserechte bei Ihrem Notizblatt verfügen.

Sie können natürlich auch mit jedem anderen Videokonferenztool Ihr OneNote-Notizbuch vorstellen. Die Funktionalität hat nichts mit OneNote zu tun, sondern liegt in dem jeweiligen Live-Meeting-Tool.

Alles hat ein Ende – Aufgaben, Kategorien & Co

Sie sind mit der Agenda am Ende und wollen die letzten zehn Minuten nutzen, um die Zwischenergebnisse zu konsolidieren und mit einer klaren To-do-Liste den Meetingraum zu verlassen.

Sie gehen gemeinsam mit Ihrem Team die festgehaltenen Punkte durch und definieren die zu erledigenden Aufgaben. Diese sollen auch auf den ersten Blick als Aufgaben erkannt werden.

Aufgabenverwaltung

So gehen Sie vor, um Ihre Aufgaben übersichtlich zu kennzeichnen:

1. Klicken Sie auf der Registerkarte *Start* auf die Schaltfläche *Outlook-Aufgaben*.

   Um zu definieren, wann eine Arbeit begonnen und abgeschlossen sein soll, können Sie im Dropdownmenü einen vorgegebenen Zeitpunkt oder die Option *Benutzerdefiniert* wählen.

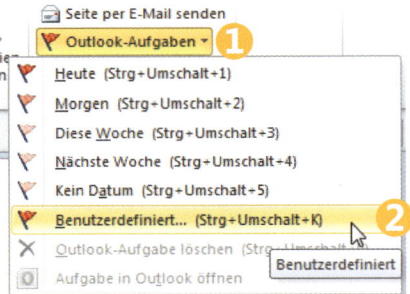

2. Klicken Sie auf *Benutzerdefiniert*.

   Es öffnet sich das Outlook-Aufgabenformular, in das die von Ihnen formulierte Aufgabe bereits als Betreff eingefügt wurde (siehe Abbildung nächste Seite); es kann bei Bedarf noch mit weiterführenden Informationen ergänzt werden.

3. Beschränken Sie den Zeitraum, in dem die Aufgabe erledigt sein soll; weisen Sie ein Anfangs- und ein Enddatum zu.

4. Außerdem können Sie die Aufgaben nach ihrer Wichtigkeit unterscheiden. Sie weisen der Aufgabe die entsprechende Priorität zu, indem Sie die Dropdownliste *Priorität* öffnen und die entsprechende Kategorie bestimmen.

5. Die meisten Aufgaben gelten bestimmten Mitgliedern im Team, je nach Verantwortungsbereich. Weisen Sie daher die Aufgabe der entsprechenden Person zu. Klicken Sie dazu auf der Registerkarte *Aufgabe* in der Gruppe *Aufgaben verwalten* auf die Schaltfläche *Aufgabe zuweisen*.

Das Outlook-Aufgabenformular

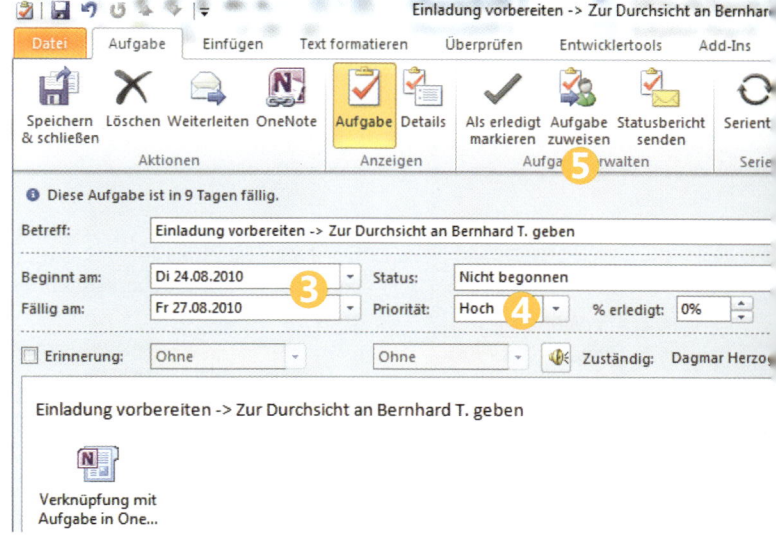

6. Fügen Sie zum Schluss die E-Mail-Adresse des Empfängers ein.

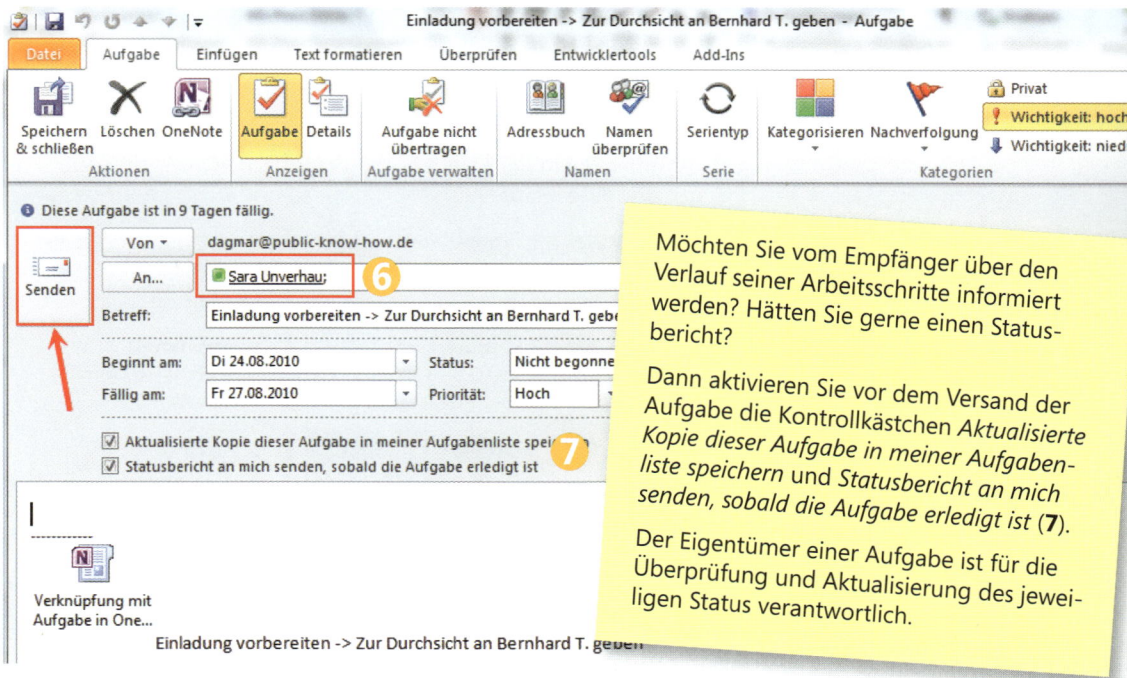

Möchten Sie vom Empfänger über den Verlauf seiner Arbeitsschritte informiert werden? Hätten Sie gerne einen Statusbericht?

Dann aktivieren Sie vor dem Versand der Aufgabe die Kontrollkästchen *Aktualisierte Kopie dieser Aufgabe in meiner Aufgabenliste speichern* und *Statusbericht an mich senden, sobald die Aufgabe erledigt ist* (**7**).

Der Eigentümer einer Aufgabe ist für die Überprüfung und Aktualisierung des jeweiligen Status verantwortlich.

Sie können jetzt Ihre Assistentin bitten, die Terminreihe mit den Kollegen aufzusetzen und Informationen zu ergänzen, die der Empfänger benötigt, um die ihm zugewiesene Aufgabe erfolgreich auszuführen.

Die Änderungen werden übernommen und die Aufgaben in Ihrer
Outlook-Aufgabenübersicht hinzugefügt.

Auflistung der Aufgaben
in Outlook

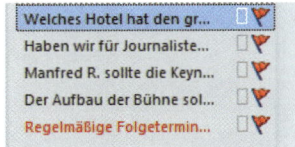

Der Notiz ist eine Outlook-Aufgabe zugewiesen und sie ist mit der
passenden Flagge gekennzeichnet worden.

Die Kennzeichnung
der Aufgabe in OneNote

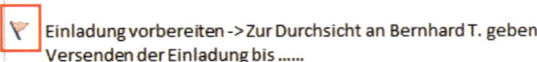

»Taggen Sie schon?«
– Wichtiges auf einen Blick; mit Kategorien arbeiten

Kennzeichnen Sie auf Ihrer OneNote-Seite Informationen, mit
denen noch mindestens eine Aktion, wie z.B. ein Anruf, eine offene
Frage, ein Ansprechpartner, eine Definition, verbunden ist.

1. Setzen Sie dazu den Cursor in die Zeile, der Sie eine Markierung
bzw. einen Tag zuweisen wollen, und öffnen Sie den Kategorien-
katalog über die Schaltfläche *Weitere*.

2. Wählen Sie in der Liste z.B. das Fragezeichen als Symbol für
offene Fragen aus.

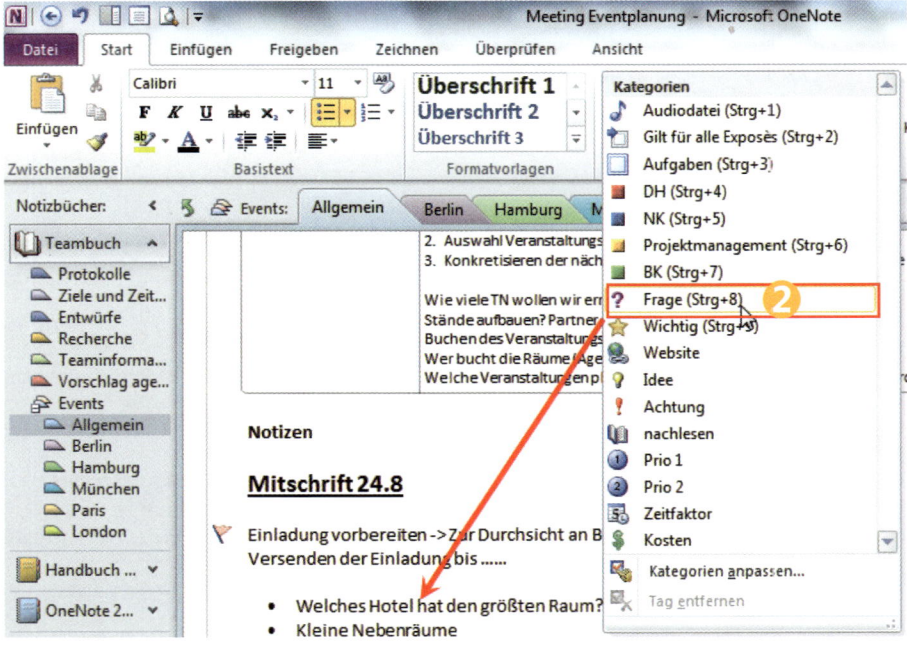

3. Die von Ihnen gewählte Kategorie wird umgehend vor der entsprechenden Zeile eingefügt.

Notizen mit Kategorien versehen

? • Welches Hotel hat den größten Raum?
  • Kleine Nebenräume
  • 100 TN erwartet
💡 • Vorschlag von Magrit: 10 Agenda Punkte, mit Key Note sind ausreichend
  • Manfred sollte die Key Note halten -> Birgit muss seine Assistentin fragen ob er
    ○ Zeit hat
    ○ in Berlin sein kann
    ○ ob er noch für Gespräche im Anschluss zur Verfügung steht

Neue Kategorien definieren

Sollte sich kein Symbol in der vordefinierten Liste befinden, das auf Ihre zu markierende Notiz passt, können Sie neue, individuelle Markierungszeichen erstellen.

1. Wählen Sie in der Liste *Kategorien* den Eintrag *Kategorien anpassen*.

   Es öffnet sich das Dialogfeld *Kategorie anpassen*, in dem Sie eigene Kategorien anlegen, die Reihenfolge der vorhandenen Kategorien ändern oder vorhandene Kategorien bearbeiten können.

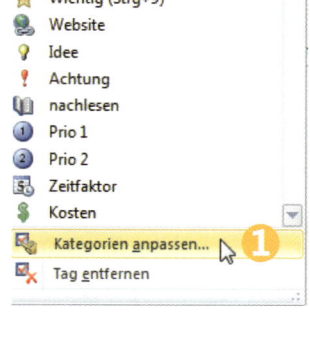

Nehmen Sie die gewünschten Änderungen vor

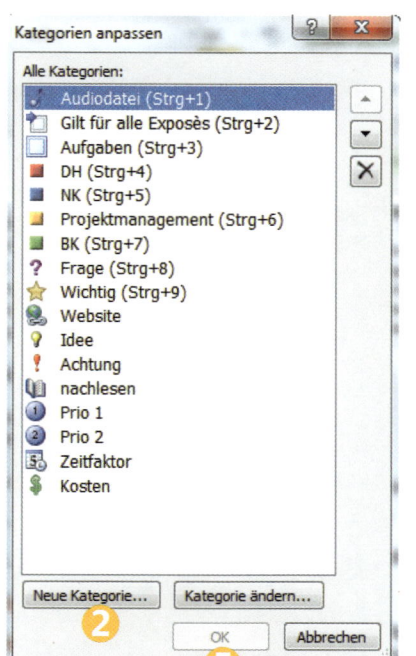

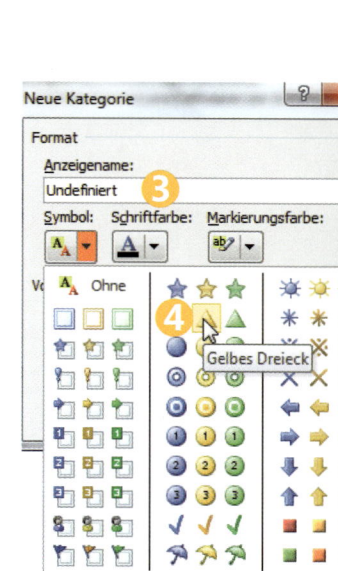

2. Zum Hinzufügen einer neuen Kategorie klicken Sie auf *Neue Kategorie*.

3. Vergeben Sie einen passenden *Anzeigenamen*.

4. Wählen Sie das gewünschte Symbol.

5. Bestätigen Sie Ihre Angaben mit *OK*.

Kategorien eine Schriftfarbe zuweisen

Überlegen Sie sich, wie wichtig die Notiz für Sie ist. Wenn sich die Information von den anderen, ebenfalls auf der Seite erfassten Notizen abheben soll, empfiehlt es sich, zusätzlich eine Schriftfarbe auszuwählen.

Alle Notizen zu diesem Sachverhalt sollen in einer einheitlichen Schriftfarbe erscheinen

Informationen mit Kategorien anzeigen lassen

Lassen Sie sich doch einmal alle gekennzeichneten Informationen anzeigen.

■ Klicken Sie auf der Registerkarte *Start* auf die Schaltfläche *Kategorien suchen.*

Mithilfe des Sortierfilters können Sie die Trefferliste eingrenzen (**1**).

Noch fünf Minuten – das Ende des Meetings naht

Die Teilnehmer kritzeln, schreiben, streichen Notizen durch, übermalen notierte Ideen, die meisten haben schon längst mehrere Blätter in Gebrauch. Einige behelfen sich mit selbstklebenden gelben Zetteln, um die zusätzlichen Informationen noch an die richtige Stelle auf dem Ringbuchblatt zu platzieren – die Sternchen und Kreuze an den Seitenrändern wirken kreativ.

Da die meisten Ihrer Kollegen heute noch andere Termine und Aufgaben zu erledigen haben, fragen Sie sich, in welcher freien Minute die handschriftlichen Notizen abgetippt werden sollten. Und die letzten Besprechungen haben die Aussicht manifestiert, dass die Informationen auf den Notizblöcken niemals dem Rest der Gruppe zur Verfügung gestellt werden. Sie haben es schon lange aufgegeben, nach den Notizen der Teilnehmer zu fragen (und die Kopien der kryptischen Mitschriften konnten Sie nicht lesen).

Leider ergibt sich hier großes Potenzial für Missverständnisse und Versäumnisse. Nicht abgestimmte Notizen und Aufgaben können später verschieden interpretiert werden!

Daher verschicken Sie noch in der Besprechung die Meeting-Notizen und die erarbeitete Aufgabenverteilung an alle Teilnehmer per E-Mail.

Seite per E-Mail senden

1. Klicken Sie auf der Registerkarte *Start* auf die Schaltfläche *Seite per E-Mail senden*.

2. Das daraufhin angezeigte Mailformular mit den Informationen aus dem Meeting müssen Sie nur noch adressieren und dann senden.

Adressaten eintragen und senden und ab geht die Post

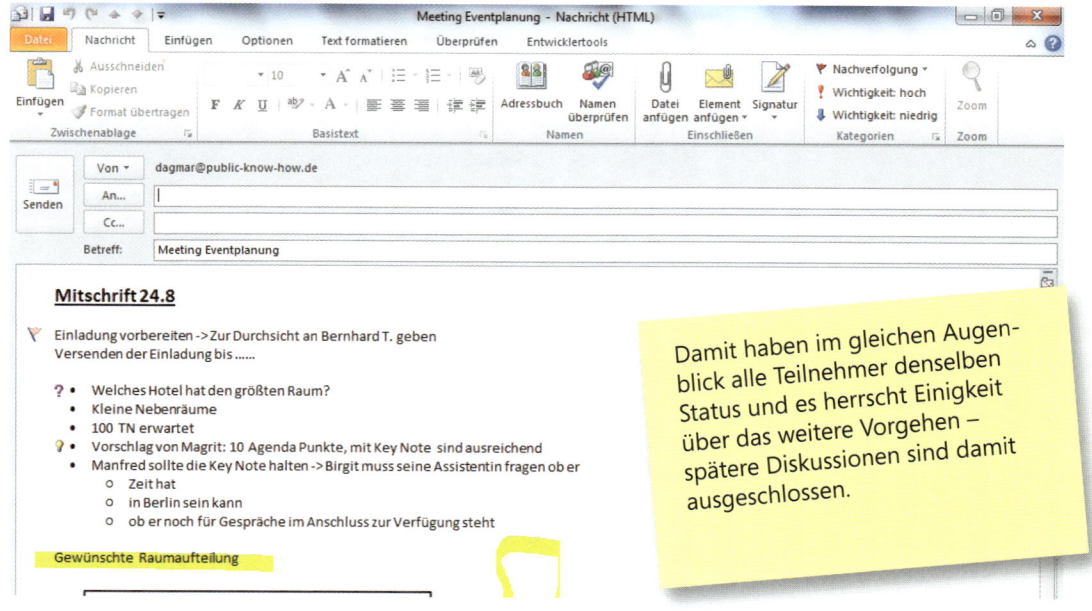

Damit haben im gleichen Augenblick alle Teilnehmer denselben Status und es herrscht Einigkeit über das weitere Vorgehen – spätere Diskussionen sind damit ausgeschlossen.

OneNote-Notizen in SharePoint ablegen

Schon während des Meetings haben Sie festgestellt, dass der Projekterfolg davon abhängig ist, dass alle Teammitglieder fortlaufend über die Teilergebnisse der Gruppe informiert bleiben.

Daher möchten Sie das Notizbuch, in dem neben den Meeting-Mitschriften auch alle Informationen zum Projekt erfasst werden sollen, an einem zentralen Speicherort ablegen. Damit alle Mitglieder der Arbeitsgruppe Zugriff auf das OneNote-Buch haben, entscheiden Sie sich dafür, das Notizbuch auf einem SharePoint-Server abzulegen.

So gehen Sie vor:

1. Öffnen Sie das Notizbuch.

2. Klicken Sie entweder auf der Registerkarte *Datei* in der Kategorie *Informationen* auf *Einstellungen/Freigeben* oder …

3. … klicken Sie auf der Registerkarte *Freigeben* auf die Schaltfläche *Dieses Notizbuch freigeben*.

4. Wählen Sie unter *Freigeben in* die Option *Netzwerk* und geben Sie den gewünschten *Netzwerkspeicherort* in Form der entsprechenden URL an.

5. Klicken Sie auf die Schaltfläche *Notizbuch freigeben*.

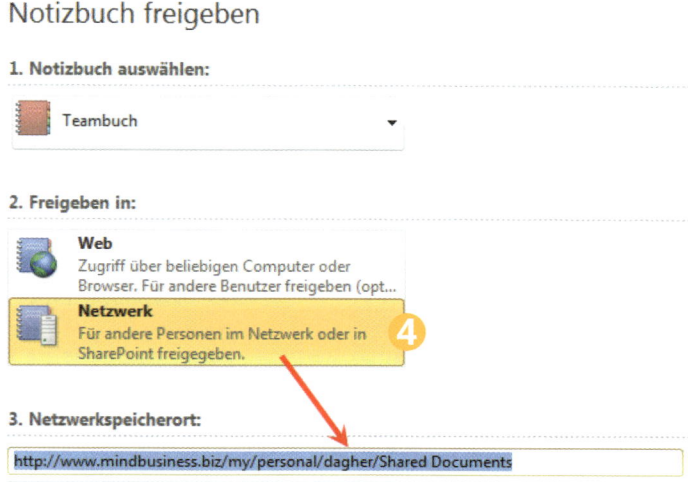

6. Sie können nun Ihren Teammitgliedern den Speicherort des Notizbuchs per E-Mail mitteilen. Klicken Sie dazu in dem sich automatisch öffnenden Dialogfeld auf die Schaltfläche *Link per E-Mail versenden.*

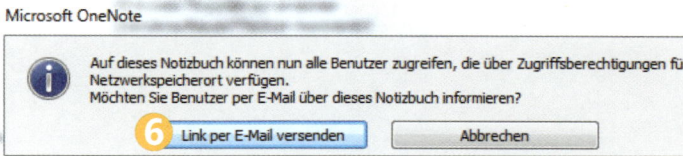

Ihre Mitarbeiter können jetzt die Informationen jederzeit einsehen, bearbeiten und ergänzen. Auf diese Weise kann sich das gesamte Team einen Überblick über die aktuellen Zuständigkeiten und den Verlauf des Projekts verschaffen.

In unserem Beispiel ist das Notizbuch auf der SharePoint MySite (Meine Website) unter den freigegebenen Dokumenten veröffentlicht worden.

Das Teambuch ist in Share-Point angekommen und steht für alle zur Verfügung

In OneNote können Sie jederzeit erkennen, ob ein Notizbuch bereits freigegeben ist.

■ Öffnen Sie die Registerkartekarte *Datei* und studieren Sie in der Kategorie *Informationen* die unterschiedlichen Hinweise.

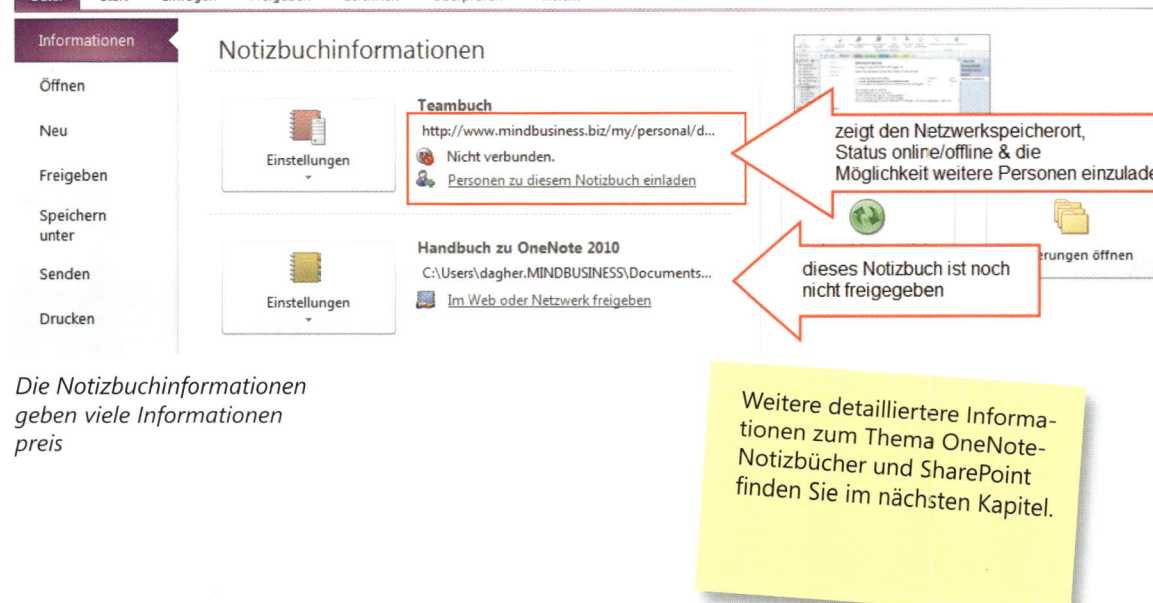

Die Notizbuchinformationen geben viele Informationen preis

Weitere detailliertere Informationen zum Thema OneNote-Notizbücher und SharePoint finden Sie im nächsten Kapitel.

OneNote und Outlook – eine schöne Zusammenarbeit mit allen Outlook-Elementen

Das Duo OneNote und Outlook bietet Ihnen viele Möglichkeiten und Funktionalitäten, die sich in der Praxis ohne Zweifel bezahlt machen. In diesem Abschnitt stellen wir Ihnen die wichtigsten Funktionen vor.

E-Mail-Nachrichten integrieren

Sie haben eine wichtige E-Mail bekommen, die Sie als zusätzliche Information in das OneNote-Teamnotizbuch integrieren möchten. Kein Problem.

So gehen Sie vor:

1. Öffnen Sie die E-Mail.

2. Klicken Sie in Outlook auf der Registerkarte *Nachricht* auf die Schaltfläche *OneNote*.

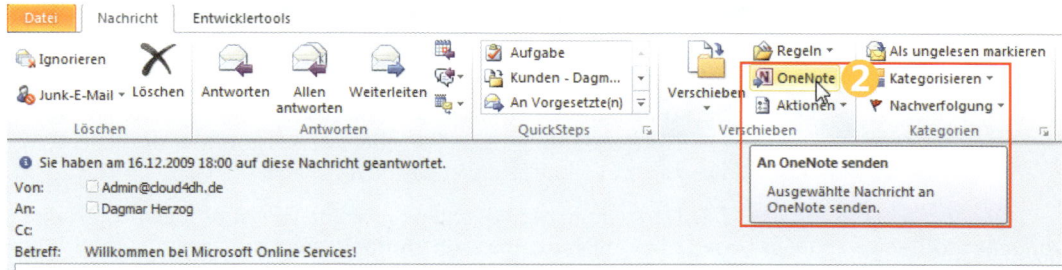

Die E-Mail an OneNote senden

3. Legen Sie den Speicherort innerhalb des Notizbuchs fest und bestätigen Sie mit *OK*.

Die Nachricht steht nach der Synchronisierung auch den Teammitgliedern zur Verfügung.

Kalendereinträge verknüpfen

Ein wichtiger Kalendereintrag steht noch nicht im OneNote-Teambuch? Die Lösung ist einfach.

1. Öffnen Sie das betreffende Outlook-Element, in diesem Fall den Termin.

2. Klicken Sie auf der Registerkarte *Termin* (oder *Ereignis*) auf die Schaltfläche *OneNote*.

Verknüpfte Besprechungs-notizen erstellen

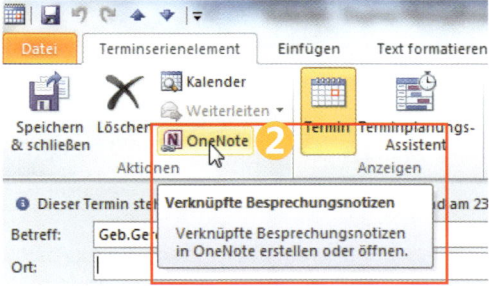

3. Legen Sie den Speicherort innerhalb des Notizbuchs fest und bestätigen Sie mit *OK*.

Auch diese Information steht nach der Synchronisierung den Teammitgliedern zur Verfügung.

Kontakte und Aufgaben – immer der gleiche Weg

Sie können mit einem Klick jedes weitere Outlook-Element mit OneNote verknüpfen. Die Vorgehensweise ist immer die gleiche. Das macht Verknüpfungen wirklich einfach.

Aufgabennotizen verknüpfen

Die Darstellung der Vorgehensweise für Verknüpfungen von Aufgaben mit OneNote innerhalb Outlooks zeigt die folgende Abbildung:

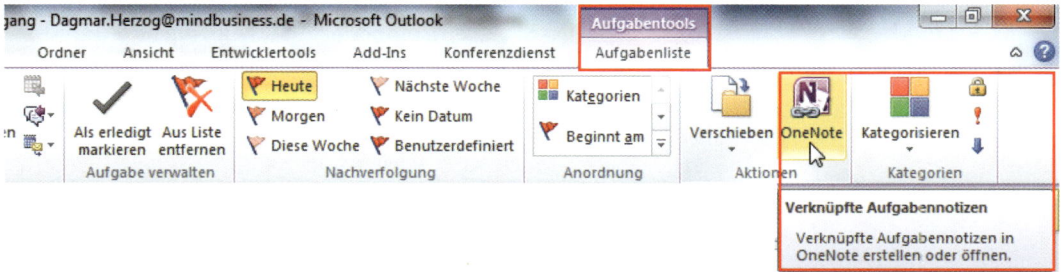

Die Darstellung der Vorgehensweise für Verknüpfungen von Kontakten mit OneNote innerhalb Outlooks zeigt die folgende Abbildung:

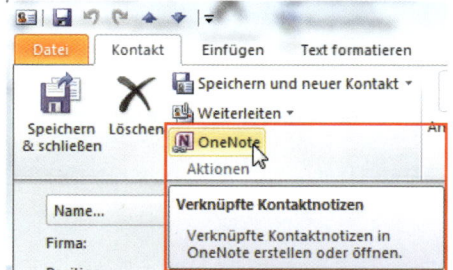

Verknüpfte Kontaktnotizen

Sie sehen: Die Zusammenarbeit zwischen OneNote und Outlook ist denkbar einfach. Probieren Sie es einfach mal aus – Sie werden erkennen, wie viel Nutzen dieses Duo Ihnen im (Arbeits-)Alltag bringt!

Niemand kann eine Sinfonie flöten. Es braucht ein Orchester, um sie zu spielen. H. E. Luccock

Multiplizieren statt addi

Teamarbeit
– SharePoint, Web und Netzwerke

Teamarbeit

Die Leistungsfähigkeit von Teams spielt in unserer schnelllebigen Zeit eine überragende Rolle. Am Ende beeinflussen die Zeiten, die verbraucht werden, um Entscheidungen oder Resultate zu erzielen, unmittelbar die Betriebsergebnisse von Unternehmen. Diese Tatsache wird von Managern zunehmend ernst genommen. Der Sinneswandel hat sich vollzogen, als der Wechsel von Produktivitätssteigerung des Einzelnen hin zur Produktivitätssteigerung von Teams vollzogen wurde. Gängige Meinung ist heute unterm Strich, dass leistungsfähigere Teams ein Wettbewerbsvorteil sind.

Wenn wir uns als Beispiel ein Fahrzeugentwicklungsprojekt vorstellen, das mehrere Hundert Millionen Euro kostet, dann wird uns schnell klar, dass jedes einzelne Prozent Verbesserung sich nicht nur massiv finanziell auswirkt. Eine schnellere Marktreife der Produkte ist in Geld gar nicht aufzuwiegen.

»Nicht der Große frisst den Kleinen, sondern der Schnelle den Langsamen …« Das beinhaltet eine Chance für Organisationen jeder Größenordnung.

Die Art und Weise, wie wir mit OneNote unsere persönliche Produktivität steigern können, ist schon sehr beeindruckend. Wie wäre es nun, wenn wir diese Art von Informationen auch mit anderen Personen im Unternehmen, im Team oder auch privat teilen könnten?

Der Schlüssel ist hier das Zusammenspiel mit SharePoint, denn auch hier können Notizbücher an zentraler Stelle für jeden, der die Berechtigung hat, zugänglich gemacht werden. Wir können dadurch mit mehreren Personen an den gleichen Notizbüchern arbeiten.

Vieles von dem, was wir hier an möglichem zusätzlichem Verwaltungsaufwand befürchten oder erwarten dürfen, nimmt uns OneNote komplett ab. So müssen wir uns nicht darum kümmern, ob eine Internetverbindung zu SharePoint da ist oder nicht. OneNote macht das für uns. Ist die Verbindung da, arbeiten wir direkt mit den Inhalten auf dem Server. Ist sie nicht da, haben wir die Inhalte trotzdem auf unserem lokalen Rechner, und zwar die, die bei der letzten Verbindung aktuell waren. In beiden Fällen können wir Veränderungen an den Notizbüchern vornehmen. Wenn wir zum Zeitpunkt der Änderung keinen Zugriff auf den Server haben, spielt das zunächst keine Rolle. Bei der nächsten Verbindung synchronisiert OneNote die Inhalte in beide Richtungen und zeigt uns auch die Veränderungen an, die andere Teilnehmer oder Autoren an dem Notizbuch vorgenommen haben. Aber genug der Theorie.

Für welche Szenarien sollten wir die Verwendung eines zentralen Notizbuchs auf SharePoint in Betracht ziehen? Wir wollen uns ein Beispiel ansehen.

Zentrale OneNote-Notizbücher mit SharePoint – Informationsaustausch im Team

Ein Team von 15 Personen arbeitet an der Markteinführung eines neuen, technisch komplexen Produkts. Jedes Teammitglied hat seine klar definierte Rolle und beherrscht eine Facette des Produkts sehr detailtief. Das Team arbeitet räumlich verteilt über fünf Städte. Die Vorbereitungen der Markteinführung erstrecken sich über ein Jahr.

In dieser Zeit geschieht Folgendes:

- Alle zwei Wochen finden Video- oder Telefonkonferenzen statt. Wegen Kundenterminen können nicht immer alle Teammitglieder teilnehmen.

- Fünf Teilnehmer besuchen die Entwicklungsabteilung in USA, um sich über die neuen Fähigkeiten des Produkts zu informieren.

- Einmal im Quartal trifft man sich persönlich, um die neuen Erkenntnisse auszutauschen und auch zu demonstrieren. Diese Meetings erfordern einen hohen organisatorischen und logistischen Aufwand. Bis wenige Tage vor Beginn können sich noch zahlreiche Veränderungen an Ablauf, Agenda und Zuständigkeiten ergeben.

- Bestandskunden werden über das neue Produkt informiert. Zu diesem Zweck hat jedes Teammitglied zahlreiche Präsentationstermine zu absolvieren, bei denen alle Fähigkeiten und Verbesserungen dargestellt werden. Obwohl auf eine Facette spezialisiert, muss jedes Teammitglied in der Lage sein, alle Fragen der Kunden bis zu einem gewissen Grad beantworten zu können. Daher muss über das Fachwissen hinaus ein Grundverständnis über die Fähigkeiten und Einsatzszenarien des Produkts bestehen.

- In der Rolle als Spezialist hat jedes Teammitglied Kontakte zur Entwicklungsabteilung und zum Marketing und sammelt zu seinem Thema unablässig Informationen ein. Diese können in unterschiedlichen Formaten aus einer Vielzahl von Quellen stammen.

- Von zentraler Stelle wird die Öffentlichkeit mit näher rückendem Datum der Markteinführung über das neue Produkt in immer kürzeren Abständen informiert. In den Medien und im Internet werden dazu von Fachautoren und Privatpersonen Ansichten und Meinungen geäußert, die die Kunden beeinflussen können. Die Teammitglieder sollten über die wichtigsten Publikationen informiert sein.

Jedes Teammitglied verfügt natürlich über einen mobilen Computer und verbringt im Durchschnitt viele Stunden täglich im Internet. Die Anzahl der eingehenden E-Mails pro Tag schwankt zwischen 30 und 80. Na, dann viel Spaß bei der Projektarbeit.

Hintergrundinformationen

Man kann sich leicht vorstellen, dass das Management der relevanten Informationen und natürlich die zeitnahe Verteilung an die Teammitglieder eine Herausforderung sein kann. Selbst im Zeitalter des Internets mit dem Medium E-Mail und zentralen Dokumentenablagen passiert hier alles parallel zum »Tagesgeschäft« und zusätzlich zu der ohnehin schon existierenden Informationsflut.

Im E-Mail-Posteingang die projektspezifischen Nachrichten aufzuspüren, wird insbesondere dann zeitaufwendig, wenn wir, beispielsweise urlaubsbedingt, mal einige Tage oder (wenige) Wochen nicht »drin« waren.

Trotzdem ist es heute noch immer gängige Praxis, alle Informationen per E-Mail zu verschicken. In der Teamarbeit »helfen« Verteilerlisten, eine Nachricht an (nahezu) beliebig viele Adressen zu versenden. Diese erreichen in der Folge beliebig viele Postfächer und werden dann ggf. in beliebig viele Ordner verschoben. Das klingt irgendwie nicht optimal: Aber nicht verzweifeln, es kommt noch schlimmer … Nämlich dann, wenn alle Adressaten antworten. Dann sind aus einer Information mal eben 30 E-Mails geworden, um bei unserem Beispiel zu bleiben.

Wäre es nicht sinnvoll, hier ein intelligentes, zentrales »Schwarzes Brett« zu haben, auf das jeder Informationen heften kann, die für das Team wichtig sein könnten? Wäre es nicht noch besser, wenn wir die Möglichkeit hätten zu sehen, welche »Zettel« wir noch nicht gelesen haben? Wäre es nicht geradezu ein Traum, könnten wir die Zettel anderer Teammitglieder ergänzen, die das dann auch sehen könnten?

OneNote und SharePoint im Zusammenspiel können genau das – und noch viel mehr.

Die Umsetzung

Um für unser Team eine zentrale Informationsdrehscheibe zu schaffen, werden wir in SharePoint ein zentrales OneNote-Notizbuch erstellen, auf das alle Teammitglieder Zugriff haben.

Damit das Ganze ein Erfolg wird, müssen wir sicherstellen, dass diejenige Person, die das vorhat, auch über Schreibrechte in der SharePoint-Dokumentbibliothek verfügt, in der das Notizbuch gespeichert werden soll.

Die Teammitglieder brauchen natürlich auch Zugriffsrechte. Und zwar mindestens die eines »Teilnehmers«. »Teilnehmer« haben die Berechtigung, neue Elemente zu erstellen und bestehende zu bearbeiten. Im Zweifelsfall wenden Sie sich an einen SharePoint-Administrator und bitten sie oder ihn, das für zu erledigen.

Um ein zentrales Notizbuch auf SharePoint zu erstellen, werden wir in folgenden Arbeitsschritten vorgehen:

1. Zentrales Notizbuch erstellen

2. Teammitglieder einladen (E-Mail)

3. Erste Inhalte einstellen

4. Inhalte mit PC synchronisieren

Zentrales Notizbuch erstellen

Um ein zentrales Notizbuch zu erstellen, gibt es zwei Ausgangssituationen:

■ Sie wollen ein neues Notizbuch zentral zur Verfügung stellen.

■ Sie wollen ein bereits bei einem Benutzer existierendes Notizbuch weiteren Teilnehmern zugänglich machen.

Neues Notizbuch

1. Um ein neues Notizbuch auf SharePoint zu erstellen, klicken Sie im Menüband auf die Registerkarte *Datei*.

   Hier sehen Sie im Fenster *Notizbuchinformationen* alle Notizbücher.

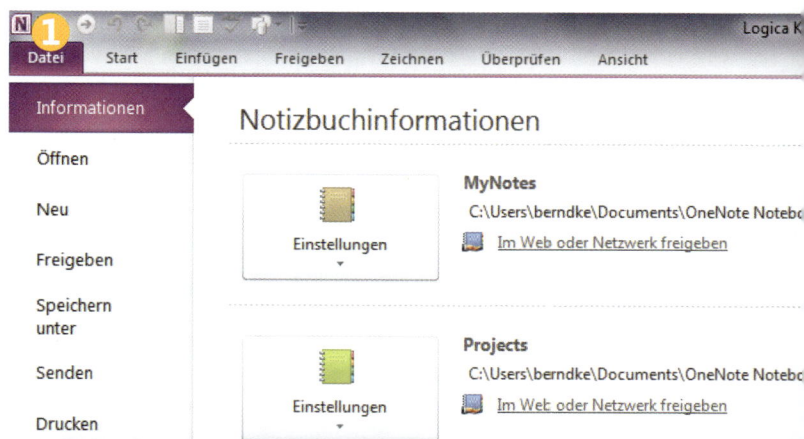

2. Wählen Sie den Befehl *Neu*.

3. Im Fenster *Neues Notizbuch* müssen Sie nun drei Informationen hinterlegen:

   ▨ *Notiz speichern in* – Wo möchten Sie das Notizbuch speichern? In unserem Fall in SharePoint. Daher wählen Sie die Option *Netzwerk*. Sie bekommen dann die Option *Netzwerkspeicherort* eingeblendet. Diese zeigt ein Eingabefeld für die Adresse und die Links zu den letzten von Ihnen besuchten SharePoint-Dokumentbibliotheken.

   ▨ Im Feld *Name* legen Sie fest, wie das neue Notizbuch heißen soll.

   ▨ Schließlich definieren Sie unter *Netzwerkspeicherort*, in welcher Dokumentbibliothek die OneNote-Datei erstellt werden soll.

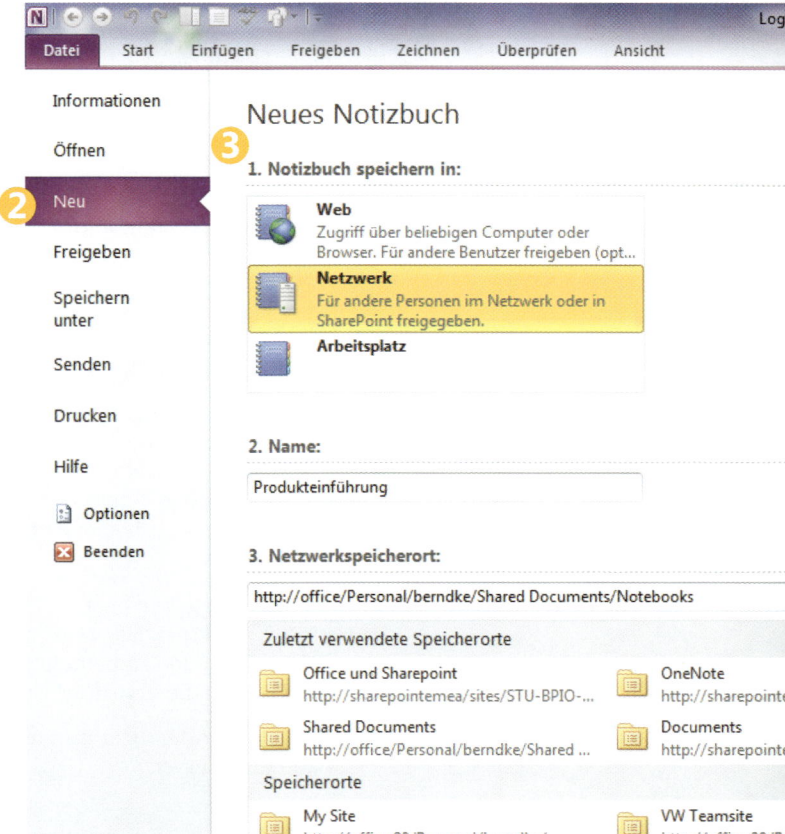

Wichtige Angaben für das neue Notizbuch

4. Haben Sie alle Informationen eingegeben, klicken Sie auf die Schaltfläche *Notizbuch erstellen*.

   Das Notizbuch wird automatisch erstellt.

Existierendes Notizbuch

Um ein bereits existierendes Notizbuch auf SharePoint zur Verfügung zu stellen, gehen Sie so vor:

1. Klicken Sie im Menüband auf die Registerkarte *Datei*.

   Dort sehen Sie alle Notizbücher in der gleichen Reihenfolge wie in der OneNote-Navigationsleiste.

   > Ob es sich jeweils um ein lokales oder zentrales Notizbuch handelt, können Sie an drei Kriterien erkennen:
   >
   > - Die Symbole unterscheiden sich in einem Detail. Einmal ist ein Serversymbol zu sehen (= zentrales Notizbuch), einmal nicht (= lokales Notizbuch).
   >
   > - Unter dem Namen des Notizbuchs sehen Sie den Speicherort. Das kann einerseits ein Pfad auf der lokalen Festplatte sein oder ein Hyperlink auf eine SharePoint-Dokumentbibliothek.
   >
   > - Der Text unter dem Speicherort: Im Falle eines Notizbuchs, das sich bereits in einer zentralen Ablage befindet, lesen Sie *Personen zu diesem Notizbuch einladen*. Im Falle eines lokalen Notizbuchs heißt es *Im Web oder Netzwerk freigeben*.

2. Um nun unser existierendes, lokales Notizbuch zentral abzulegen, klicken Sie auf den Link *Im Web oder Netzwerk freigeben*.

   Sie sehen dann ein ähnliches Dialogfeld, wie bereits beim Anlegen eines neuen Notizbuchs beschrieben. Statt der Eingabeoption für den Namen haben Sie nun die Möglichkeit, aus den existierenden Notizbüchern eines für diesen Arbeitsschritt auszuwählen.

   > Alternativ gelangen Sie zu diesem Dialogfeld über *Datei/ Freigeben*.

3. Des Weiteren geben Sie nun den Netzwerkspeicherort an und können dann mit einem Klick auf die Schaltfläche *Notizbuch erstellen* die Erstellung des Notizbuchs starten.

   OneNote veröffentlicht nun das zentrale Notizbuch auf dem SharePoint-Server.

Probleme bei der Erstellung von zentralen Notizbüchern entstehen in den allermeisten Fällen dann, wenn der Zielort nicht existiert oder falsch geschrieben wurde. Wir sehen in diesen Fällen Fehlermeldungen, die sich jedoch unterscheiden, je nachdem, ob wir ein neues oder ein bestehendes Notizbuch auf SharePoint erzeugen möchten.

■ Bei einem neuen Notizbuch erhalten wir die Meldung:

Der Speicherort für das Notizbuch <…> ist nicht vorhanden. Möchten Sie es erstellen?

Wenn wir hier auf *Ja* klicken, erstellt OneNote das betreffende Verzeichnis für uns. Wir sollten sicherstellen, dass das dann wirklich gewollt ist und nicht versehentlich eine Dokumentbibliothek erstellt wird, die wir an der Stelle nicht wollten.

■ Bei einem existierenden Notizbuch lautet die Meldung etwas anders:

OneNote kann das Notizbuch nicht an den angegebenen Speicherort verschieben.

Hier verhält es sich etwas anders. Die Dokumentbibliothek, die wir als Ziel angegeben haben, muss wirklich existieren. Hier öffnet man diese Site am besten in SharePoint, um den Fehler im Hyperlink und die Falscheingabe zu ergründen.

Neben falschen Speicherorten können Probleme auftreten, wenn der Benutzer, der die Operation durchführen möchte, nicht über genügend Rechte zur Erstellung eines Dokuments in der betreffenden Dokumentbibliothek verfügt. Unsere Empfehlung in diesem Fall ist ein Kontakt mit dem Systemverwalter des SharePoint-Servers oder dem Administrator der Server-Site, auf dem bzw. in der sich der geplante Speicherort befindet.

Teammitglieder per E-Mail einladen

Nachdem die Erstellung des zentralen Notizbuchs abgeschlossen ist, bekommen wir von SharePoint eine entsprechende Erfolgsmeldung.

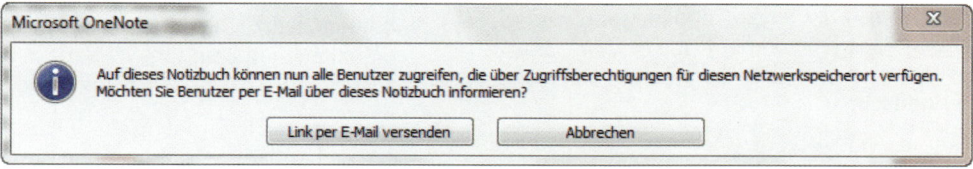

Diese beinhaltet die Möglichkeit, sogleich weitere Teilnehmer zur Zusammenarbeit einzuladen. Wenn wir uns entscheiden, dies sofort zu tun, erstellt das System eine entsprechende E-Mail für uns. Sie beinhaltet einen vorgefertigten Text sowie den Link auf unser SharePoint-Notizbuch.

Diesen Schritt können wir auch später zu einem beliebigen Zeitpunkt wiederholen, um beispielsweise weitere Personen einzuladen. Teams sind schließlich sehr dynamische Gebilde.

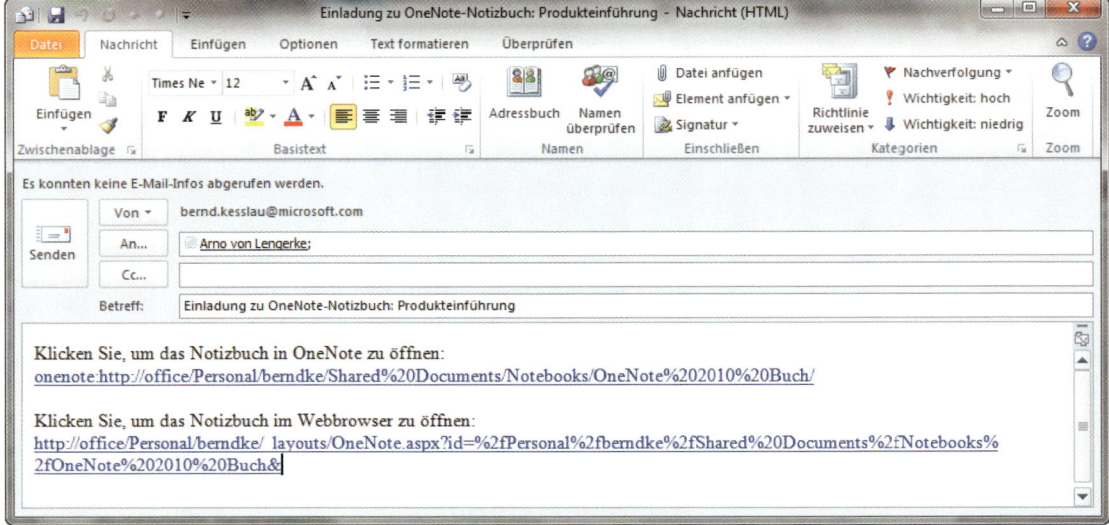

Die Einladung im Blick

Leser, die bereits mit OneNote 2007 gearbeitet haben, werden in der E-Mail eine kleine, aber entscheidende Neuerung erkennen. Wir haben hier nicht wie bisher einen Link, der uns das Herunterladen des Notizbuchs vom SharePoint-Server ermöglicht, sondern auch einen zweiten, der ganz bescheiden »… Notizbuch im Webbrowser öffnen« anbietet. Hier handelt es sich um eine der vielen fundamentalen Erweiterungen in Office und SharePoint 2010.

SharePoint 2010 bietet nun die Möglichkeit, Excel, PowerPoint, Word und OneNote auch im Browser zu bedienen. Diese Funktionalität ist in allen Editionen beginnend mit SharePoint Foundation enthalten. Die Möglichkeiten sind zwar gegenüber den entsprechenden Anwendungen auf dem PC eingeschränkt, erlauben aber die Erstellung und Bearbeitung von Dokumenten. Ziel ist hier nicht, die PC-Software zu ersetzen, sondern, ähnlich wie bislang mit Outlook Web Access (OWA), mit unseren Dokumenten mittels eines Browsers arbeiten zu können, wenn der eigene Rechner gerade nicht in der Nähe ist. Auch an die Verwendung von mobilen Geräten wie Smartphones ist hier gedacht.

Unser Team ist so dynamisch, dass jeder natürlich seine Informationen immer dabeihaben will. Daher entscheiden wir uns für die erste Variante im E-Mail-Text.

Der oder die Eingeladene muss, um das zentrale Notizbuch nutzen zu können, lediglich den in der E-Mail enthaltenen oberen Link … *Notizbuch in OneNote zu öffnen* anklicken.

Das Notizbuch wird dann in die Liste der vorhandenen Exemplare aufgenommen. Wenn die Datei bereits viele Daten beinhaltet und/oder die Netzwerkverbindung sehr langsam ist, kann der Import ein paar Augenblicke dauern. Normalerweise geht es aber sehr schnell.

Ab jetzt arbeiten wir mit dem zentralen Notizbuch genauso wie mit einem lokalen – aber im Team. Das eröffnet uns nun völlig neue Welten.

Auf der Registerkarte *Freigeben* im Menüband erschließen sich nun neue Möglichkeiten, die erst bei zentralen Notizbüchern einen Sinn ergeben. Wenn wir zum Einstieg die Registerkarte öffnen, sehen wir, dass hier auch die Optionen *Neues freigegebenes Notizbuch* und *Dieses Notizbuch freigeben* zur Verfügung stehen. Wenn wir diese Schaltflächen verwenden, gelangen wir exakt zu den gleichen Optionen wie zuvor bei den Schritten zur Erstellung von zentralen Notizbüchern beschrieben.

Erste Inhalte einstellen

Was das Erstellen von Inhalten betrifft, hat ein zentrales Notizbuch die gleichen Möglichkeiten wie ein lokales. Wir können also mittels »Kopieren und Einfügen« Informationen aus beliebigen Quellen ergänzen und selber Texte und Tabellen oder Hyperlinks einfügen. Es ist auch möglich, Dateien in Seiten einfügen. Wenn wir eine E-Mail an OneNote senden, die bereits über Dateianhänge verfügt, funktioniert das ebenfalls.

Inhalte mit dem PC synchronisieren

Jeder von uns, der mit seinem Handy auch E-Mails bearbeitet, weiß, dass es unterschiedliche Methoden gibt, über den Eingang einer neuen Nachricht informiert zu werden. Die komfortabelste Methode stellt sogenannte Push-Dienste zur Verfügung, die uns benachrichtigen, sobald eine neue E-Mail im Posteingang eingetroffen ist. OneNote macht das bezüglich neuer Einträge in dem zentralen Notizbuch recht ähnlich.

OneNote vergleicht abhängig von der Serververfügbarkeit fortlaufend den lokalen mit dem zentralen Stand an Informationen und verschickt entsprechend die Inhalte in beide Richtungen.

Wenn wir uns beispielsweise in einem Meeting befinden, macht es für unser Team sehr viel Sinn, dass ein »Freiwilliger« bestimmt wird, der das Protokoll führt. Es ist zwar eher eine Unsitte, bei derartigen Terminen laufend in den Laptop zu starren, aber OneNote bietet uns hier eine schöne Ausrede, warum der Deckel doch geöffnet bleibt.

Wenn wir die Seite aufrufen, in der das Protokoll erstellt wird, können wir dem Protokollanten beim Schreiben zusehen. Und nicht nur das. Wir könnten im Team gleichzeitig an den Inhalten arbeiten, sehen fortlaufend die Veränderungen und wie unser Dokument wächst und nach und nach Gestalt annimmt.

Besserer Arbeitsstil ist es natürlich, nicht in den eigenen Laptop zu sehen, sondern sich stattdessen zu hundert Prozent auf ein erfolgreiches Meeting zu konzentrieren. Bislang haben wir häufig unsere eigenen Notizen in OneNote gemacht, damit wir diese dann sofort zur Verfügung haben. Ein zentrales Notizbuch synchronisiert sich im Hintergrund immer zeitnah mit den Inhalten. Somit haben wir den finalen Stand der Mitschriften, ohne unser Zutun, automatisch nach dem Meeting auf unserem Rechner.

Haben die Teammitglieder dies erst einmal erkannt, verbessern sich die Ergebnisse von Meetings zusehends, denn die Mitschrift des Teams ist eben auch die eigene Mitschrift. Jeder Teilnehmer einer Besprechung kann sich somit ohne Ablenkung durch die mitgebrachten Gerätschaften auf die betreffenden Inhalte konzentrieren.

Multiplizieren statt addieren – optimale Zusammenarbeit im Team

Das Projekt zur Produkteinführung schreitet weiter voran. Die Anzahl an wichtigen Informationen steigt nach der Hälfte der Projektlaufzeit sprunghaft an. Jedes Mitglied versucht auf dem Laufenden zu bleiben und nichts Wichtiges zu überlesen. Die Routineaufgaben werden nicht weniger.

E-Mails sind manchmal ein kritisches Medium, da oben in der Mailbox laufend neue Nachrichten eintreffen und möglicherweise Wichtiges nach unten aus dem Blickfeld drücken. Eine kurze Dienstreise oder gar ein kleiner Urlaub lassen einen da leicht den roten Faden verlieren. Wer hat das noch nicht erlebt?

Wenn wir nun die Betroffenen fragen würden, was sie sich wünschten, um diesem Dilemma zu entgehen, würden wir sicher Punkte wie diese zu hören bekommen:

- Welche Informationen sind neu
- Welche bereits bestehenden Informationen wurden geändert
- Wann wurde die Information bearbeitet
- Von wem wurde die Information geändert
- Nur die geänderten Informationen lesen – ohne langes Suchen
- Informationen sortiert nach Änderungsdatum oder Autor anzeigen lassen
- Was, wenn ich meinen Rechner einmal nicht dabeihabe? Wie komme ich dann an die Informationen?

Die Wunschliste ließe sich beliebig fortführen.

Hintergrundinformationen

Wenn mehrere, in unserem Fall 15, Personen an einem identischen Dokument arbeiten, sagt uns unser gesunder Menschenverstand, dass es zwar schön ist, dies machen zu können, dass das jedoch auch etwas unübersichtlich werden kann.

Wie können wir den Überblick behalten, erkennen, welche Informationen alt oder neu sind – und was genau ist neu oder alt im

Sinne von tatsächlicher Zeit. Wenn ein Teammitglied wohlverdienterweise zwei Wochen im Urlaub war, ist alles, was sich in dieser Zeit getan hat, neu. Wenn die gleiche Person eine dreitägige Dienstreise unternommen hat, ist genau dieser Zeitraum von Interesse.

Des Weiteren bedingt der Umstand, dass jeder (der berechtigt ist) Veränderungen vornehmen kann, den Wunsch, diese Änderungen nachvollziehen zu können. Also: »Wer hat was wann geändert?« ist die entscheidende Frage in Kurzform.

Nun ist der richtige Augenblick, mal kurz in uns zu gehen und zu überlegen, ob uns diese Anforderungen bereits begegnet sind. Des Rätsels Lösung lautet: Wir gehen mit unserem Browser auf die deutsche Seite von Wikipedia (*http://de.wikipedia.org/*) und geben dort einen Suchbegriff ein. Oberhalb der Artikel sehen wir nun vier Karteireiter, von denen der ganz rechts die Bezeichnung *Versionsgeschichte* trägt. Unter dieser Rubrik werden alle Änderungen an dem Artikel mit Datum und Autor als Liste aufgeführt. Leider bekommen wir beim Lesen eines Artikels hier keine Hinweise über beispielsweise die letzten Änderungen.

OneNote könnte man nach dieser Logik durchaus auch als eine Wiki 3.0 bezeichnen, denn die Informationen über die Daten (im Fachjargon als Metadaten bezeichnet) werden tatsächlich im »Hintergrund« gesammelt. Jedes Wort erhält einen sekundengenauen Zeitstempel der letzten Änderung sowie den Namen des betreffenden Autors und ganz wichtig: Wir können das auch sofort sehen.

Die Umsetzung

Wir hatten bereits den Vergleich mit einem »Schwarzen Brett«. Ein Wiki wäre hier natürlich eher ein zeitgemäßes Medium. Jedoch haben beide »Technologien« eines gemeinsam: Der Interessierte muss im übertragenen Sinne in beiden Fällen hingehen und nachsehen, ob dort etwas Neues hängt. Für unser Team in der finalen Phase der Produkteinführung ist dies sicher nicht der ideale Weg.

OneNote bietet uns bei der Analyse unserer Informationen zahlreiche Hilfen auf eine leicht verständliche Weise.

Diese Funktionen kommen u.a. zum Einsatz:

- Änderungen finden
- Letzte Änderungen anzeigen
- Autoren identifizieren

Änderungen finden

Wir hatten bereits darüber gesprochen, dass OneNote-Notizbücher mehr Informationen beinhalten, als man sieht. Wir sprachen über die Zeitstempel und den Autor. Aber wir sehen noch etwas anderes: Die Seiten, die wir noch nicht gelesen haben, erscheinen in OneNote in Fettdruck.

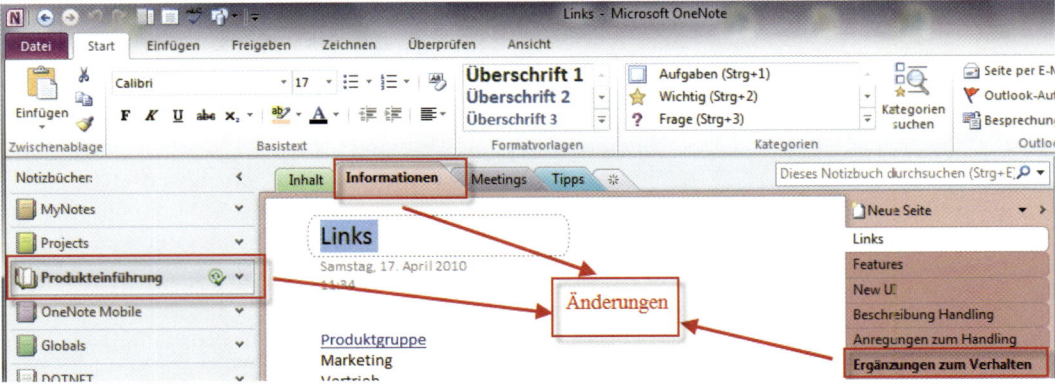

Änderungen erkennen

Wie unser Beispiel zeigt, sehen wir diese Markierung auf drei Ebenen:

- Notizbuch

- Abschnitt

- Blatt

Der Vorteil ist, dass wir Veränderungen immer bemerken, auch wenn wir uns gerade in einem anderen Notizbuch befinden. Wenn wir nun die Seite öffnen, die die Änderungen beinhaltet, wird sie danach als von uns gelesen vermerkt und die Markierung für diese Seite verschwindet.

Wenn der übergeordnete Abschnitt oder gar das ganze Notizbuch weiterhin in Fettdruck gekennzeichnet ist, dieses beibehält, deutet das auf weitere ungelesene Elemente hin. So können wir sicherstellen, dass wir nichts an neuen oder geänderten Einträgen versäumen. Aber es gibt noch weitere Möglichkeiten.

- Öffnen Sie im Menüband die Registerkarte *Freigeben*.

Änderungen »lesen«

Dort befindet sich die Gruppe *Ungelesen*, die uns weitere Hilfe anbietet.

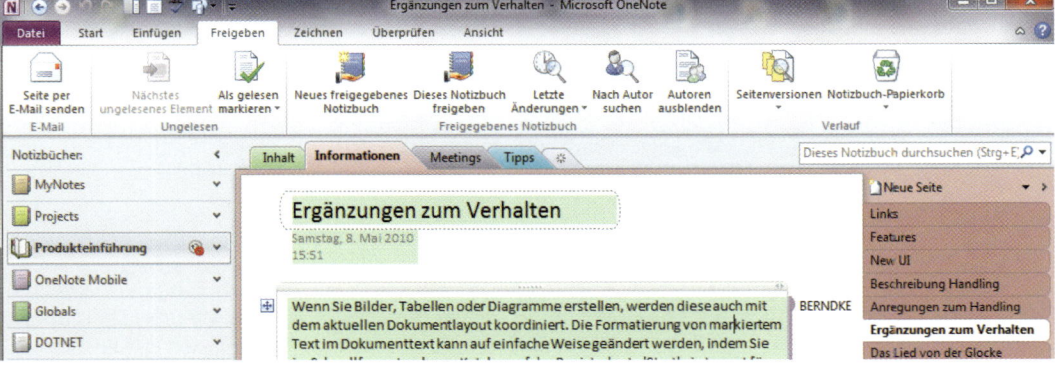

Wenn unsere Teammitglieder sich nach dem wohlverdienten Urlaub wieder auf den aktuellen Stand bringen wollen, können sie hier mit der Funktion *Nächstes ungelesenes Element* durch die Neuigkeiten lesen.

Dies ist eine enorme Arbeitserleichterung nach dem anstrengenden Urlaub :-)

Im Menü zur Schaltfläche *Als gelesen markieren* können wir ergänzend die grundlegendsten Einstellungen vornehmen, nämlich z.B. ob wir überhaupt diese Anzeige wünschen. Auch können ganze Notizbücher in »Bausch und Bogen« als gelesen markiert werden; das ist wohl als Notfallfunktion nach einer sechsmonatigen Weltreise gedacht …

Letzte Änderungen anzeigen

Wir sprachen schon über den Zeitstempel, mit dem jedes einzelne Wort von OneNote vermerkt ist. Schön wäre jetzt, wenn wir diese Information auch intelligent nutzen könnten, um herauszufinden, seit wann sich was geändert hat. Das Beispiel mit den unterschiedlich langen Abwesenheitszeiten hatten wir ja bereits erwähnt.

In der Gruppe *Freigegebenes Notizbuch* finden wir genau das. Die Funktion *Letzte Änderungen* erlaubt es uns, auf der Zeitachse von heute bis vor sechs Monaten die Veränderungen an dem Notizbuch zu verfolgen.

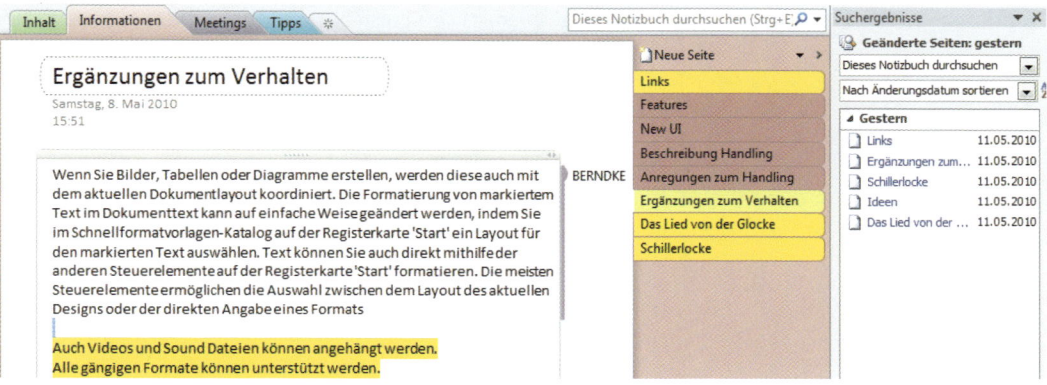

Letzte Änderungen prüfen

Die Treffer werden in der Seitenregisterleiste und in den Seiten gelb markiert.

Das Fenster *Suchergebnisse* auf der rechten Seite zeigt alle Treffer in der zeitlichen Reihenfolge und erlaubt uns, durch einfaches Klicken die betreffenden Seiten zu öffnen. Diesen Komfort haben wir in der OneNote-Suche grundsätzlich auch in Notizbüchern, die nicht gemeinsam bearbeitet werden.

Unsere Anforderungen an Teamarbeit beinhalten aber eben sehr stark eine Transparenz, was Zeit und Quelle von Informationen betrifft.

Im Suchergebnisfenster können wir daher die Treffer auch nach vier Kriterien sortieren:

- Abschnitt
- Titel
- Änderungsdatum
- Autor

Mögliche Sortieroptionen

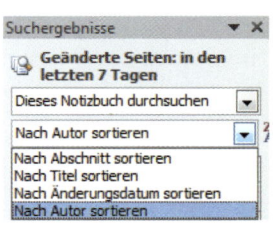

OneNote hatte in der ersten Version 2003 eine eigene Suche, die zu dem damaligen Zeitpunkt durch die hohe Geschwindigkeit positiv und durch die mangelnde Integration in die Desktopsuche negativ auffiel. Die positive Entwicklung hat sich weiter fortgesetzt, während wir andererseits aktuell unter Windows 7 auch eine Integration in die Suche des Betriebssystems haben. Nach wie vor hat der suchende Benutzer in OneNote noch »besondere« Möglichkeiten der Filterung. Die hervorragende Geschwindigkeit ist auch für den Verfasser dieser Zeilen mit 600 MB Daten in OneNote immer wieder Grund zur Freude.

Wir blicken jetzt mal kurz zurück auf unseren Vergleich mit einer Wiki und sehen sofort den Unterschied.

Unsere Teammitglieder können sich individuell, abhängig von ihren Arbeits- oder Urlaubssituationen, immer einen Zeitfilter auf die letzten Änderungen setzen. Mit Wikis oder »Schwarzen Brettern« ist dies nicht möglich.

Autoren identifizieren

Wie gesehen, können wir in der OneNote-Suche auch nach Autoren sortieren. Das macht natürlich am meisten Sinn, wenn tatsächlich mehrere Personen an einem Notizbuch arbeiten.

1. Klicken Sie im Menüband auf die Registerkarte *Freigeben*. Dort befindet sich in der Gruppe *Freigegebenes Notizbuch* die Schaltfläche *Nach Autor suchen*, die uns mit einem Mausklick auf der rechten Seite im Suchergebnisfenster die Liste der Autoren in alphabetischer Reihenfolge anzeigt.

2. Ein Klick auf einen Namen klappt die Liste aller Einträge auf. Genau genommen sehen wir hier alle Seiten, auf denen das jeweilige Teammitglied einen Eintrag vorgenommen hat, nicht nur Seiten, die von ihr oder ihm komplett erstellt wurden.

Wir sehen neben dem Eintrag auch die Initialen des Autors. Wenn wir nun mit dem Mauszeiger über die Initialen fahren, öffnet sich ein kleines Fenster, das den vollständigen Namen und das letzte Änderungsdatum des Abschnitts anzeigt.

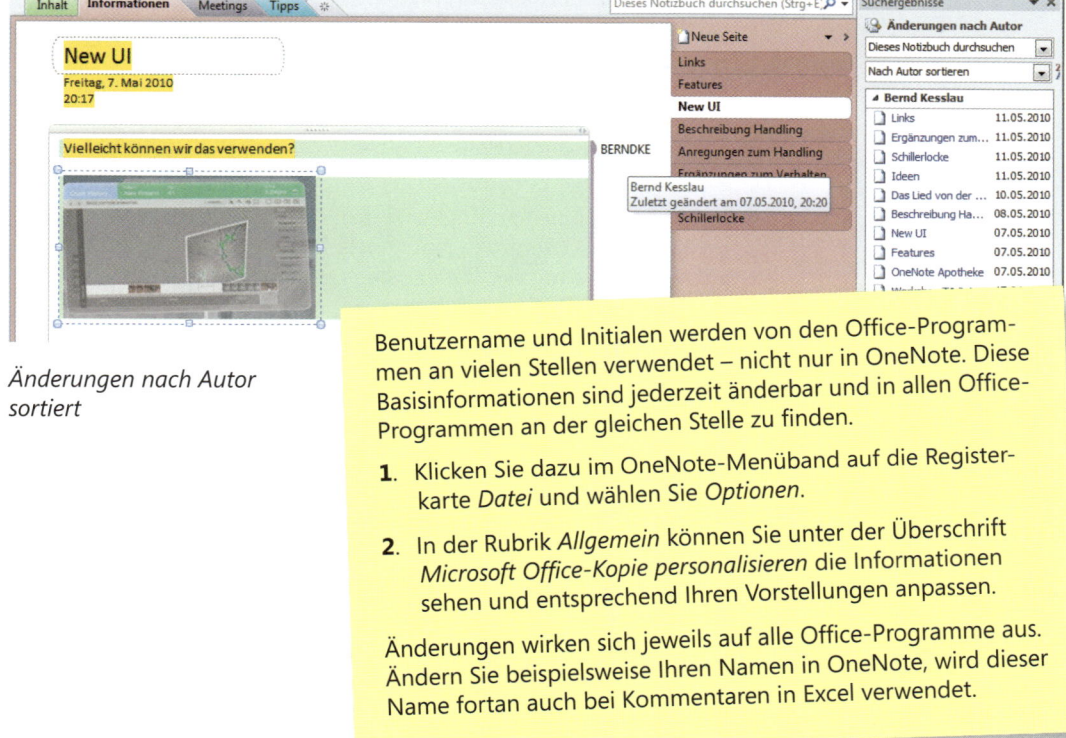

Änderungen nach Autor sortiert

Benutzername und Initialen werden von den Office-Programmen an vielen Stellen verwendet – nicht nur in OneNote. Diese Basisinformationen sind jederzeit änderbar und in allen Office-Programmen an der gleichen Stelle zu finden.

1. Klicken Sie dazu im OneNote-Menüband auf die Registerkarte *Datei* und wählen Sie *Optionen*.

2. In der Rubrik *Allgemein* können Sie unter der Überschrift *Microsoft Office-Kopie personalisieren* die Informationen sehen und entsprechend Ihren Vorstellungen anpassen.

Änderungen wirken sich jeweils auf alle Office-Programme aus. Ändern Sie beispielsweise Ihren Namen in OneNote, wird dieser Name fortan auch bei Kommentaren in Excel verwendet.

Somit sind wir immer in der Lage, uns auf den Ebenen Zeit und Quelle bzw. Autor einen Überblick über die Inhalte zu verschaffen.

Sollten Sie die Anzeige der Autoren neben den Absätzen nicht sehen wollen, können Sie diese auf der Registerkarte *Freigeben* über die Schaltfläche *Autor ausblenden* ausschalten (und wieder einschalten).

Informationen an OneNote senden

Wir kommen wieder zurück zu unserem Beispiel der Teamarbeit im Rahmen der Produkteinführung. Alle Mitglieder arbeiten fleißig mit dem zentralen Notizbuch auf SharePoint und freuen sich, dass die Anzahl der E-Mails spürbar zurückgegangen ist.

Trotzdem kann es vorkommen, dass man beispielsweise von einem externen Partner oder Lieferanten E-Mails gesendet bekommt, die man dem Team zugänglich machen will. An anderer Stelle in diesem Buch sind wir bereits mit der Möglichkeit vertraut gemacht worden, Elemente aus Outlook an OneNote senden zu können.

Nun können an E-Mail oder Kalendereinträgen bekanntermaßen weitere Dateien angehängt sein. Es stellt sich daher die spannende Frage, was mit einer Datei geschieht, die Anhang einer E-Mail ist und die wir an ein Notizbuch senden, das sich auf einem SharePoint-Server befindet.

Folgendes Szenario: Teammitglied Arno erhält beispielsweise vom Partner MindBusiness per E-Mail ein geniales Schulungsplankonzept in Form einer PowerPoint-Datei, das er unbedingt der Projektgruppe zugänglich machen möchte. In der »alten« Welt wurde die betreffende Information schlicht in Outlook an das Team weitergeleitet und fristete fortan ein ungewisses Dasein in zahlreichen Posteingängen.

Heute, mit den neuen Möglichkeiten, sendet Arno die betreffende E-Mail an unser zentrales Notizbuch. Bleibt noch die Frage zu beantworten, wie mit der PowerPoint-Datei verfahren wird.

Sie wird, wie das zu wünschen ist, auch in SharePoint ausgelagert. Der Benutzer bekommt davon kaum etwas mit, denn OneNote managt im Hintergrund tatsächlich auch hier die zentrale Ablage.

Links zu Einträgen versenden

Wir sind uns wahrscheinlich schnell einig, dass es in der Teamarbeit wenig Sinn macht, Informationen, die zentral abgelegt sind, innerhalb der Arbeitsgruppe noch mal als E-Mail zu versenden. OneNote bietet hier zwar auch eine sehr schöne Möglichkeit, eine Seite per E-Mail zu versenden, aber besser wäre es natürlich, wir könnten stattdessen einen Verweis auf die zentrale Ablage verwenden.

Wenn wir uns an einer beliebigen Stelle unseres zentralen Notizbuchs befinden, können wir einen Hyperlink erzeugen, der genau auf den betreffenden Absatz zeigt.

1. Klicken Sie mit der rechten Maustaste in den Absatz.

2. In dem sich öffnenden Kontextmenü wählen Sie den Eintrag *Hyperlink zu Absatz kopieren.*

3. Der Hyperlink wird in die Zwischenablage kopiert und Sie können ihn dann in ein anderes Dokument oder eine E-Mail einfügen.

Für technisch Interessierte hier ein Beispiel, wie so ein Hyperlink aussehen kann. Wichtig: Obwohl ich ihn selbst erstellt habe, zeigt er auf das zentrale Dokument auf SharePoint:

http://office/Personal/berndke/_layouts/OneNote.aspx?id=%2fPersona l%2fberndke%2fShared%20Documents%2fNotebooks%2fOneNote% 202010%20Buch&wd=target%28Informationen.one%7cA413C36C-2A49-4155-A23A-D78098E1EA64%2fNew%20UI%7c070 54FA1-CDE8-474E-A24D-DFAB534AD2D7%2f%29

Derartige Links sollte man keinem anderen Benutzer zumuten. Daher verstecken Sie den Link besser hinter einem Wort oder Satz.

Wir haben uns in unserem Team schnell darauf verständigt, besondere Aufmerksamkeit auf ein Thema nun durch das Versenden von Hyperlinks zu lenken, die auf die betreffenden Absätze in unserem Notizbuch zeigen. Der Empfänger klickt auf den Link und gelangt sofort zu der Passage in seiner lokalen Kopie des zentralen Notizbuchs. Wunderbar!

OneNote im Web für jedermann

Es soll tatsächlich vorkommen, dass einzelne Mitarbeiter oder Partner OneNote als PC-Software nicht verwenden. Die Gründe können vielfältiger Natur sein und wollen von uns hier nicht weiter analysiert werden. Technisch ist es allerdings so, dass OneNote nur auf dem Windows-Betriebssystem läuft. Daher ist es möglich, dass Personen in der Arbeitsgruppe wegen mangelnder technischer Voraussetzungen von der Nutzung ausgesperrt sind. Auch kann es durchaus vorkommen, dass Teammitglieder ihren eigenen Rechner gerade nicht griffbereit haben, aber trotzdem auf Informationen in einem zentralen Notizbuch zugreifen müssen.

Für alle diese und noch viele weitere Fälle können wir mit One-Note-Notizbüchern auf SharePoint auch im Browser arbeiten. Alles, was wir dazu benötigen, ist der Hyperlink auf die betreffende OneNote-Datei auf dem SharePoint-Server.

Auf den ersten Blick sehen wir mit Freude, dass wir auch hier das gewohnte Menüband zur Auswahl der angebotenen Funktionen zur Verfügung haben.

Im Unterschied zu OneNote auf dem PC ist Folgendes festzustellen:

- Dort, wo wir auf dem PC eine Liste der Notizbücher haben, sehen wir hier die Abschnitte unseres Notizbuchs (**1**). Wir arbeiten also immer mit einer OneNote-Datei, also einem Notizbuch.

- Das Menüband ist deutlich kürzer, was uns einen Hinweis darauf gibt, dass die Funktionalität stark eingeschränkt ist (**2**).

OneNote Web App

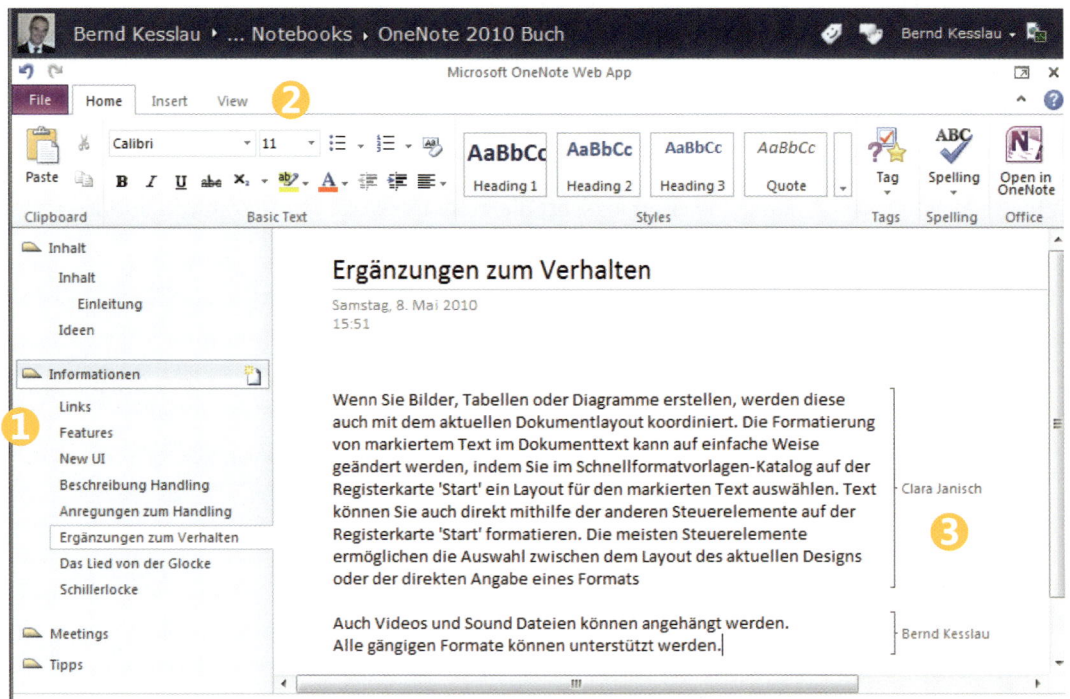

■ Wir sehen aber auch, dass die unterschiedlichen Autoren der Absätze von der OneNote Web App angezeigt werden (**3**). Auch haben wir hier die Möglichkeit, mit mehreren Personen gleichzeitig an einer Seite zu arbeiten.

Unterm Strich hilft uns die OneNote Web App, alle erforderlichen Personen unabhängig von den technischen Möglichkeiten in Projektarbeiten zu integrieren. Gedacht ist hier in der gegenwärtigen Version nicht an einen vollständigen Ersatz der PC-Variante.

»Ende gut, alles gut« – Fazit eines Teams

Das Projekt zur Produkteinführung liegt in den letzten Zügen. Der Tag der Markteinführung rückt immer näher.

Das Team blickt zurück auf die Arbeit der letzten Monate. Was ist gut gelaufen? Was ist hat weniger gut funktioniert? Was werden wir beim nächsten Projekt sicher wieder genauso machen wie bei diesem?

Ein zentrales OneNote-Notizbuch auf SharePoint wurde zum ersten Mal eingesetzt und hat die Effizienz des gemeinsamen Arbeitens am Projekt nachhaltig deutlich verbessert.

Besonders haben folgende Verbesserungen die Teamarbeit beflügelt:

■ Alle Informationen befanden sich zu jeder Zeit an einer klar definierten Stelle.

■ Jedes Teammitglied hatte alle relevanten Informationen immer im Zugriff.

■ Veränderungen an den Daten konnten leicht recherchiert und nachvollzogen werden.

■ Ideen und Konzepte konnten gemeinsam ersonnen und protokolliert werden.

■ Gemeinsames, gleichzeitiges Arbeiten an Agendapunkten in Meetings spart die mühsame Verteilung der Informationen im Nachhinein. Alles passiert augenblicklich.

■ Die Einfachheit der Bedienung führte zu einer regen Nutzung. Vorherige Bemühungen, ein derartiges Arbeitswerkzeug im Team zu nutzen, scheiterten an diesem Kriterium.

■ E-Mails als Medium der Informationsverteilung nahmen in der Projektarbeit stetig ab.

■ Die OneNote Web App erlaubte die Integration von Nicht-Windows-Anwendern in die Arbeitsgruppe.

Wir sind uns schnell einig, beim nächsten Projekt wieder mit zentralen OneNote-Notizbüchern zu arbeiten.

Windows Live im Teamalltag

In Ihrem neuen Projekt steht Petra Schatz vor einer schwierigen Aufgabe: Die anstehende Marketingkampagne wird wiederkehrende Abstimmungsrunden mit kleineren Gruppen von bis zu vier Teilnehmern erfordern.

Einzelne Projektmitglieder aus verschiedenen Abteilungen wie Marketing, Trade Marketing oder Vertrieb, die zudem an unterschiedlichen Standorten platziert sind, sollen schnell auf gegenseitige Fragen antworten können. Eine gemeinsame Plattform steht nicht zur Verfügung. Auch SharePoint ist noch nicht im aktiven Einsatz.

Ein derartiger Austausch kann nach Petra Schatz' Erfahrung im schlimmsten Fall zu einer endlosen E-Mail-Kette werden oder, wenn doch mal alle an einem Tisch sitzen, in einer unüberschaubaren Papierschlacht enden.

Wenn sich die vielfältigen multimedialen Möglichkeiten des Kopierens, Einfügens von Texten und Bildern, Schreibens, Zeichnens und Radierens in OneNote doch auch in Echtzeit und standortübergreifend nutzen ließen …

Hintergrundinformationen

Das Resultat guter Teamarbeit ist mehr als die Summe seiner Teile. Doch trotz erfolgreicher Konzepte für die Projektarbeit in virtuellen Teams und genauer Spielregeln für Hol- und Bringschuld war und ist die Frage nach Ort und Zeit gemeinsamer Besprechungen und Dokumentation oft ungelöst.

Hier wird viel Zeit und Energie verschwendet, weil man bei simplen Abstimmungsprozessen auf zeitintensives Hin- und Hersenden von E-Mails oder unverbindliche, weil nicht dokumentierbare Telefonate zurückgreifen muss.

Es fehlt ein zeitnah einsetzbares, flexibles und somit effizientes Werkzeug für den Teamalltag.

Umsetzung

Folgende Funktionen finden in diesem Abschnitt Einsatz:

- Windows Live entdecken
- OneNote in Windows Live nutzen
- Teilnehmer einladen

Windows Live entdecken

Tatsächlich bietet OneNote die Möglichkeit einer Onlinezusammenarbeit, wie sie in dem oben geschilderten Szenario gebraucht würde.

Im vorangegangenen Abschnitt wurden die Möglichkeiten des Freigebens von Notizbüchern in einer SharePoint-Umgebung zur dezentralen Bearbeitung aufgezeigt. In diesem Abschnitt schauen wir uns an, wie ein Notizbuch online und auch gleichzeitig bearbeitet werden kann.

1. Legen Sie ein neues Notizbuch an oder öffnen Sie ein bestehendes. In unserem Beispiel nehmen wir das Notizbuch mit dem Titel *Teambuch*.

2. Um einen Abschnitt dieses Notizbuchs für Benutzer freizugeben, die nicht miteinander über ein lokales Netzwerk oder das Internet verbunden sind, öffnen Sie die Registerkarte *Freigeben* und klicken auf *Dieses Notizbuch freigeben*.

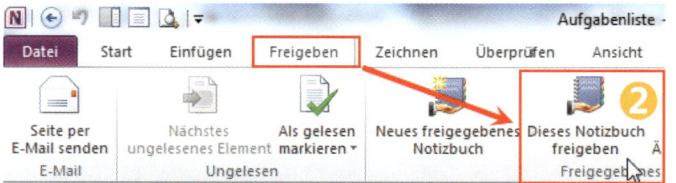

3. In OneNote öffnet sich die Registerkarte *Datei* mit aktivierter Option *Freigeben*. Klicken Sie unter *Webspeicherort* auf *Windows Live*.

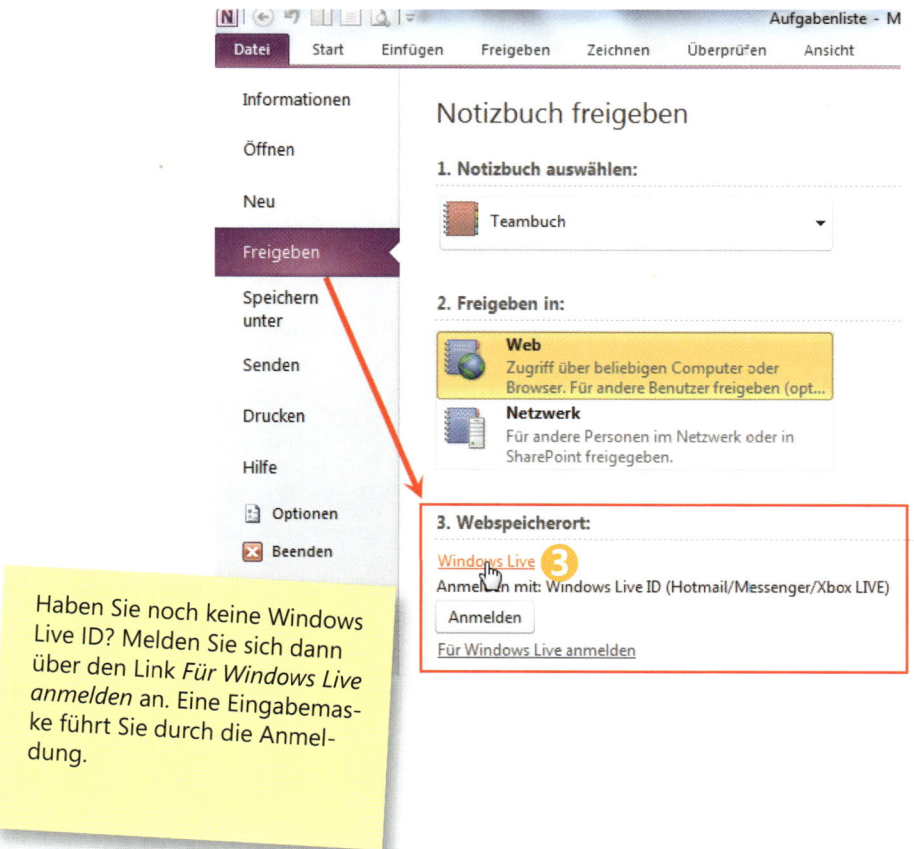

Haben Sie noch keine Windows Live ID? Melden Sie sich dann über den Link *Für Windows Live anmelden* an. Eine Eingabemaske führt Sie durch die Anmeldung.

4. Geben Sie Ihre Live ID und Ihr Kennwort ein.

5. Die anschließende Sicherheitsmitteilung bestätigen Sie mit *OK*, um auf Ihre Windows Live-Seite zu gelangen.

6. Klicken Sie in der linken Navigationsleiste auf *Dokumente*.

7. Laden Sie das freizugebende Notizbuch hoch.

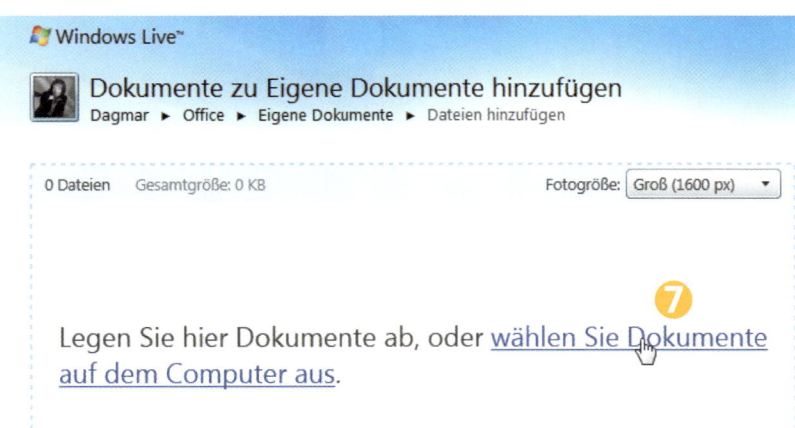

8. Geben Sie nun das hochgeladene Dokument frei.

Teamkollegen können nun in den Notizbüchern arbeiten, Ergänzungen vornehmen und Informationen nachlesen.

Ein neues OneNote-Onlinedokument erstellen

Petra Schatz entdeckt, dass sie auch in Windows Live direkt ein neues Onlinedokument erstellen kann.

Gesagt, getan.

1. Öffnen Sie in Windows Live den Office-Bereich und klicken Sie auf *OneNote*.

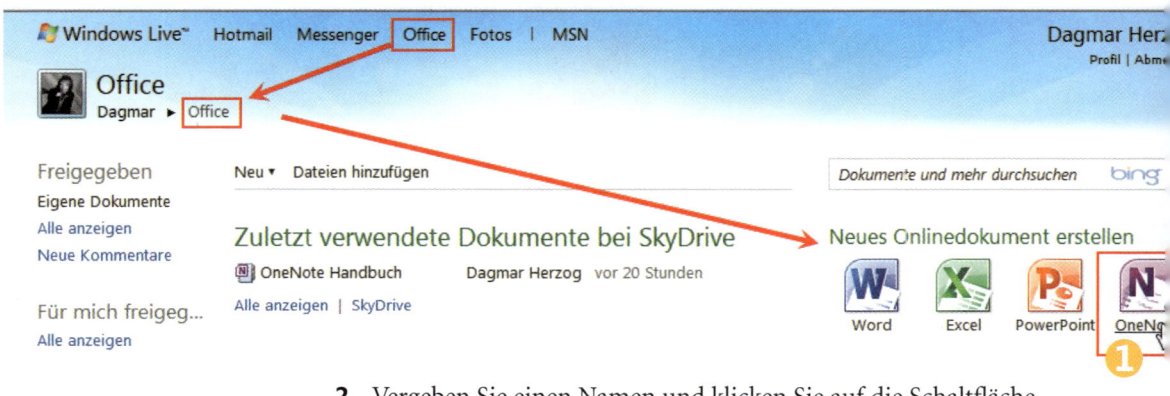

2. Vergeben Sie einen Namen und klicken Sie auf die Schaltfläche *Speichern*.

Mithilfe der OneNote Web App in Windows Live das Notizbuch aufbauen

3. Sie können nun Ihr Notizbuch aufbauen und mit Informationen füllen.

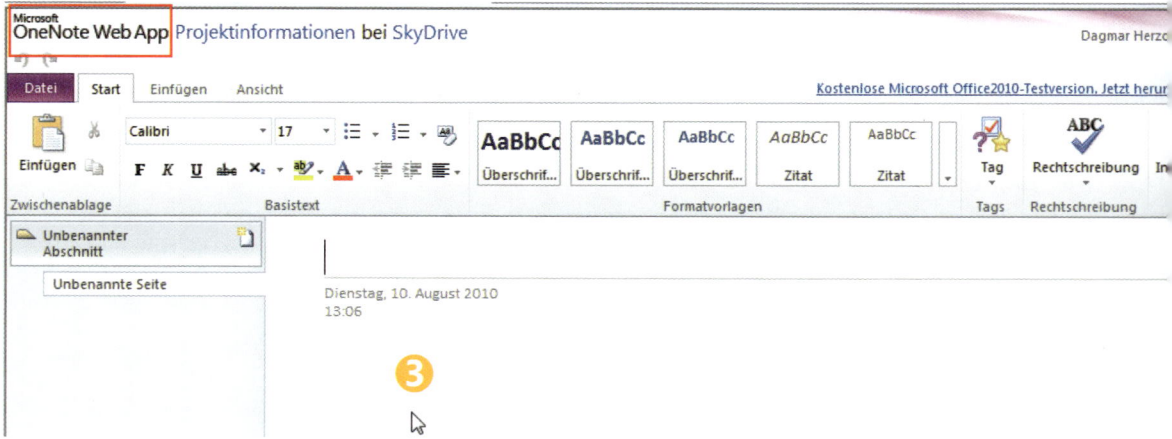

4. Geben Sie dann das Notizbuch an Ihre Kollegen frei.

Nur noch freigeben und Link senden, dann können Ihre Kollegen Ihre Notizen lesen und ergänzen

In Windows Live arbeiten Sie und Ihre Kollegen so auf einfache Art und Weise mithilfe der Web App gemeinsam in einem OneNote-Notizbuch.

Fazit

Wir haben gesehen, dass OneNote nicht nur ein Desktopwerkzeug für den Einzelanwender ist, sondern effektiv in Gruppenabstimmungsprozessen eingesetzt werden kann.

Über den Webspeicherort Windows Live ist echte, zeitnahe Teamarbeit und das digitale Festhalten der Ergebnisse möglich.

Ein derartiges Notizbuch kann als Grundlage für weitere Dokumentation und Präsentation dienen.

Mein Schreibtisch ist immer dabei

Was passiert, wenn Sie Ihren Arbeitsplatz verlassen? Egal wohin die Reise geht, ob zum nächsten Projektmeeting, auf eine Geschäftsreise, ins Wochenende oder in den wohlverdienten Urlaub. Wie schnell haben Sie die wichtigsten Materialien bereit? Haben Sie einen stationären PC? Dann müssen Sie jetzt möglicherweise Dateien umspeichern oder auf ein portables Medium (z.B. USB-Stick) kopieren. Wenn Sie einen portablen PC besitzen, brauchen Sie jetzt nur alle Kabel zu lösen und das Gerät unter dem Arm mitnehmen. Achtung: Netzteil nicht vergessen! Dabei hat der Kollege im Nebenraum ja auch einen PC und im Besprechungsraum steht sowieso immer ein netzwerkfähiger PC.

Am Wochenende bzw. auf der Urlaubsreise steht dann wieder nur der eigene PC bzw. ein öffentliches Gerät in der Hotellobby oder in einem Internetcafé zur Verfügung. Da nutzt dann auch der USB-Stick nichts mehr.

Wohin also auch die Reise führt, es fehlt an wirklicher Mobilität. Schließlich holen wir doch wieder Papier und Stift aus der Tasche, um dann nach der Rückkehr an den Arbeitsplatz vielleicht alles wieder abzutippen.

In diesem Szenario wollen wir uns die Vorteile anschauen, die der mobile und »vernetzte« Einsatz von OneNote bietet.

Notizbücher für den individuellen Gebrauch orts-unabhängig verfügbar machen – die Verwendung auf mehreren Computern

Petra Schatz steht vor ihrem Schreibtisch und lässt die Regeln des vor Kurzem besuchten Zeit- und Selbstmanagementseminars nochmals vor ihrem geistigen Auge ablaufen: Eisenhower-Prinzip, ABCD-Prioritäten, 4-Stapel-Methode, 2-Minuten-Regel, viele andere gute Tipps und nicht zuletzt das viel gerühmte Simplify-Prinzip. Und trotzdem bleibt das Problem, dass sie am besten Rollen unter ihren Schreibtisch machen müsste, um auch ja nichts zu vergessen, wenn sie jetzt mit dem Abteilungsnotebook auf Reisen geht.

Das Abteilungsnotebook mit seinen Office-Standardanwendungen ist eine zugegeben nachvollziehbare Sparmaßnahme, da ja alle über Outlook Web Access Zugang zu ihren E-Mails und Terminen haben, und auf die Projektdokumente und Präsentationen kann man auch über das Netzwerk und eine VPN-Verbindung zugreifen.

Aber was ist mit den guten und wichtigen Notizen, den Ideen, die während Meetings in irgendeinem Word-Dokument erfasst wurden? Die vielen Themen und situationsbezogenen Internetrecherchen, die viel Zeit gekostet haben?

Früher hat Petra Schatz alles schnell gespeichert, dann ausgedruckt und zum späteren Gebrauch auf dem Schreibtisch in verschiedenen Stapeln sortiert und abgelegt. Seit einiger Zeit nutzt sie hierfür OneNote und hat nun alles an einem Ort. Petra Schatz weiß, dass da viele tolle Materialien drinstecken. Aber wie kann sie auf dieses Material zugreifen, wenn sie nicht an ihrem Arbeitsplatz sitzt? Zudem sollte es möglich sein, alle Änderungen per Knopfdruck zu synchronisieren, wenn sie ihre Arbeit von einem anderen Ort aus abschließt.

Hintergrundinformationen

Die Freiheiten, die uns die neue Office-Welt mit all ihrer Technik bietet, scheint an ihre Grenzen zu stoßen, sobald man den Arbeitsplatz verlassen muss.

Zugegeben, die verbale Kommunikation hat dank der kabellosen Telefone und PDAs, den Personal Desktop Assistants, einiges erleichtert. Aber wer trägt einem schon die vielen wichtigen, auf verschiedenen Papieren handschriftlich niedergeschriebenen Notizen nach? Auch wer gut organisiert ist, muss in der Regel mit einer dicken, aus vielen Einzelblättern bestehenden Kladde herumlaufen. Und schließlich wird die vielleicht aktuellste und wichtigste Notiz doch als Blatt der Sonnenblume vergessen, zu der sich unser Computerbildschirm dank der beliebten gelben selbstklebenden Zettel verwandelt hat, ohne die wir gar nicht leben könnten.

Schwierig wird es also, wenn wir unsere gut organisierte Kommandozentrale verlassen.

Die Umsetzung

Folgende Funktionen kommen in diesem Abschnitt zum Einsatz:

- Freigegebene Notizbücher erstellen
- Zugriff auf das Notizbuch per E-Mail versenden
- Freigegebene Notizbücher synchronisieren

Notizbücher ortsunabhängig nutzen

In unserem Szenario haben wir eine denkbar gute Ausgangssituation: Unsere Protagonistin hat sich mit den Prinzipien und Methoden einer effizienten Selbstorganisation und den vielen Möglichkeiten von OneNote als einem effizienten Jäger-und-Sammler-Werkzeug ja schon vertraut gemacht. Nun geht es darum, das richtige Werkzeug – nämlich OneNote – gewissermaßen für die Mobilmachung des individuellen Ideenpools anzulegen.

Grundsätzlich ist es dabei möglich, ein neues Notizbuch »ortsunabhängig« anzulegen oder ein bereits bestehendes Notizbuch »ortsunabhängig« zu machen.

Beide Möglichkeiten werden nachfolgend beschrieben.

Ein neues Notizbuch anlegen oder ein bestehendes Notizbuch verwenden und freigeben

Um ein neues oder ein bestehendes OneNote-Notizbuch für den individuellen Gebrauch ortsunabhängig verfügbar zu machen und aktuell zu halten, d.h. das Notizbuch auf mehreren Computern zu nutzen, gehen Sie wie folgt vor:

1. Legen Sie ein neues Notizbuch an oder öffnen Sie ein bestehendes Notizbuch.

2. Öffnen Sie die Registerkarte *Freigeben* und klicken Sie auf die Schaltfläche *Dieses Notizbuch freigeben*.

Freigeben im Netzwerk und den Speicherort auswählen

131

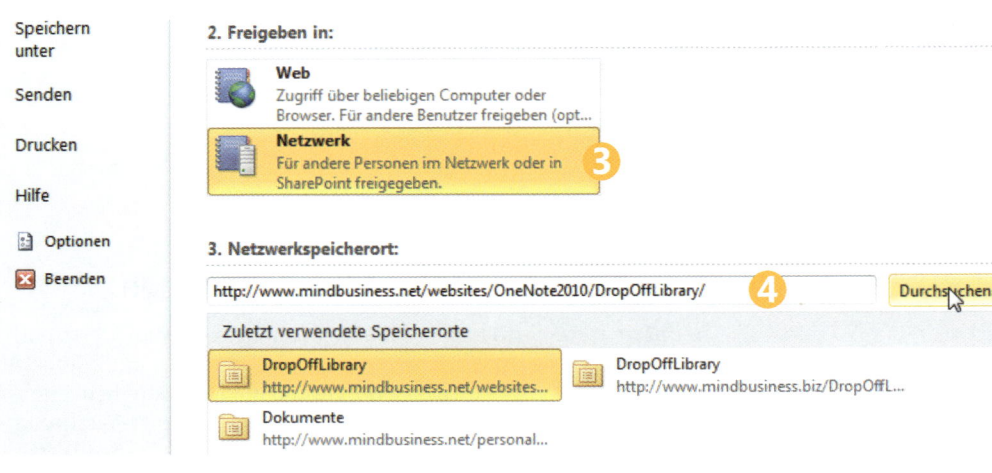

3. Da von verschiedenen Standorten, d.h. Computern aus auf das OneNote-Notizbuch zugegriffen werden soll, aktivieren Sie unter *Freigeben in* die Option *Netzwerk*.

4. Im nächsten Schritt geben Sie den Pfad bzw. Speicherort, also den Ordner an, auf dem Sie das Notizbuch ablegen möchten.

> Beachten Sie bitte, dass dieser Speicherort für alle Computer, von denen aus Sie auf das Notizbuch zugreifen wollen, erreichbar sein muss. Grundsätzlich kann dies auch ein USB-Stick, eine mobile Festplatte oder eine SharePoint-Umgebung sein. Idealerweise steht Ihnen hier Speicherplatz auf einem permanent eingeschalteten Server zur Verfügung.

5. Klicken Sie anschließend auf die Schaltfläche *Notizbuch freigeben*.

6. Es öffnet sich ein Dialogfeld, das Ihnen anbietet, den Link zum Notizbuch zu versenden. Klicken Sie auf die Schaltfläche *Link per E-Mail versenden*.

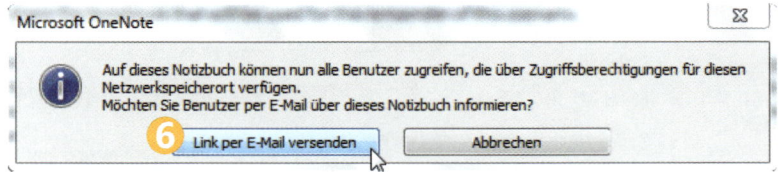

7. Die Angabe mit dem Link zum freigegebenen Notizbuch wird automatisch in der E-Mail angezeigt.

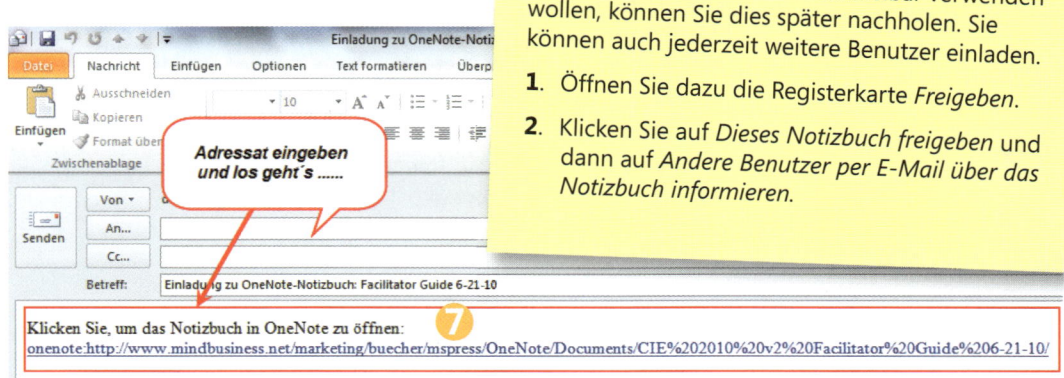

Wenn Sie die Option der Erstellung einer E-Mail-Nachricht mit einer Verknüpfung zu dem freigegebenen Notizbuch nicht unmittelbar verwenden wollen, können Sie dies später nachholen. Sie können auch jederzeit weitere Benutzer einladen.

1. Öffnen Sie dazu die Registerkarte *Freigeben*.

2. Klicken Sie auf *Dieses Notizbuch freigeben* und dann auf *Andere Benutzer per E-Mail über das Notizbuch informieren*.

Schicken Sie nun Ihre Einladung

Alle Bearbeiter, die später von einem anderen Computer auf das Notizbuch zugreifen wollen, können nun einfach auf den Link klicken. Voraussetzung ist natürlich, dass zumindest eine Testversion von OneNote auf dem Rechner installiert ist. Diese können Sie ggf. ebenfalls über einen Link in der E-Mail herunterladen.

Die Synchronisierungsfunktion

Nach der erfolgreichen Erstellung des Notizbuchs finden Sie in der Navigationsleiste neben dem Titel Ihres Notizbuchs ein neues Symbol, das über den Synchronisierungsstatus des Notizbuchs informiert (**1**).

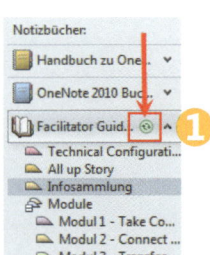

- Bewegen Sie die Maus über den Notizbuchtitel, erhalten Sie außerdem hierzu eine Information.

- Ein Klick mit der rechten Maustaste auf das neue Symbol öffnet das Kontextmenü mit dem Eintrag *Notizbuch-Synchronisierungsstatus* (**2**). Im zugehörigen Dialogfeld sehen Sie dann den aktuellen Status im Detail und können die Synchronisierung ggf. anpassen.

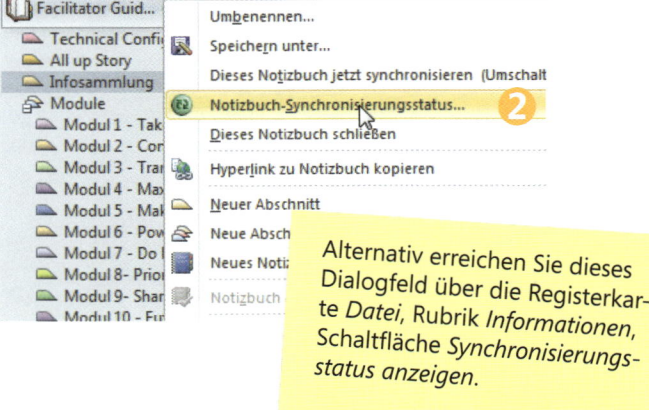

Alternativ erreichen Sie dieses Dialogfeld über die Registerkarte *Datei*, Rubrik *Informationen*, Schaltfläche *Synchronisierungsstatus anzeigen*.

In beiden Fällen sehen Sie die Möglichkeit, das Notizbuch offline zu bearbeiten.

Das bedeutet, dass beim Öffnen eines Notizbuchs von OneNote auf dem Computer eine Offlinekopie erstellt wird. Jedes Mal, wenn OneNote auf diesem Computer geöffnet und der Computer mit dem freigegebenen Speicherort verbunden wird, synchronisiert OneNote die auf den einzelnen Computern am Notizbuch vorgenommenen Änderungen und führt sie zusammen.

Grundsätzlich können Sie an dem Symbol neben dem Titel des Notizbuchs den jeweiligen Synchronisierungsstatus ablesen:

Die Synchronisierung läuft

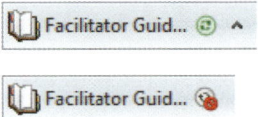

Offline-Status

Fazit

Das angestrebte Ziel, die übergreifenden Funktionalitäten von OneNote als Jäger-und-Sammler-Werkzeug auch ortsunabhängig nutzen zu können, ist über das Freigeben von Notizbüchern erreicht.

Die Möglichkeit, Informationen etc. offline zu sammeln und anschließend Änderungen und Ergänzungen zu synchronisieren, schafft bisher vorkommende doppelte Einträge und Redundanzen ab. Endlich eine Schatztruhe, die sich von überall her öffnen und füllen lässt.

Informationen griffbereit,
statt Schmierzettel!

Der Erfolgreichste im Lebe
ist der, der am besten informi
wird. B. Disraeli

Organisation Betriebsaus
- Termin   - Bus
- Location   - Catering
- Einladung   - Progr

Mit
Herrn Winter
abklären!

Infos für Katalog:
- Produkte
- Kurzinfos von
  Herrn Herbst!!!
- Bestell-Nr.
  Aktuell? Prüfen!
- Preise
- Produktshots:
  Grafiken von
  Frau Frühling

Herrn Sommer anrufen
Termin verschieben!
18.11.2008

Uschi
absagen!

Deadline
Katalog
16.10.2008
Anrufen!

Kennza
Präsentation:
- ROI
- Cash Flow
Balanced Scorecard!

Informationsmanagement mit OneNote

Die zunehmende Komplexität der globalen Wettbewerbssituation macht die Ressource Information zu einem zentralen Erfolgsfaktor eines Unternehmens. Man spricht auch vom vierten Produktionsfaktor, neben Arbeit, Boden und Kapital. Nutzen und Konsequenz des Speicherns bzw. Abrufens von Informationen sind in ihrem Ausmaß oftmals nicht bewusst.

»Information ist alles! Wir leben im Informationszeitalter, in einer Informationsgesellschaft, wir ersticken in der Informationsflut, Information – ein hohes Gut ...« Diese Aussagen hat jeder so oder so ähnlich schon mal gehört. Sie verdeutlichen uns sehr anschaulich, welche unternehmerische und gesellschaftliche Bedeutung Informationen heute haben.

Betriebswirtschaftlich betrachtet sind Informationen

- keine freien Güter. Informationen verursachen Kosten (beispielsweise durch Beschaffung, Bearbeitung, Speicherung, Weiterleitung etc.).

- knappe Güter, die nicht im Überfluss vorkommen. Dagegen existieren Daten im Überfluss. Daten stellen unselektierte Informationen dar.

- immaterielle Güter, die nicht verbraucht werden.

Informationen können in Papierform (Akte, Bericht usw.), als elektronische Daten (als gespeicherte Datei, in Datenbanken usw.) oder als Know-how in den Köpfen der Mitarbeiter zur Verfügung stehen.

Der wichtige Aspekt dabei ist, dass Informationen leicht transportierbar sein müssen, ob mündlich, schriftlich oder visuell.

Wir sind uns sicher alle einig, dass die Papierform sehr unkomfortabel in der Weiterverarbeitung und Lagerung sowie nur lokal abrufbar ist. Das Know-how in den Köpfen der Mitarbeiter steht damit nicht allen zur Verfügung und geht verloren, wenn der Mitarbeiter das Unternehmen verlässt.

Die Forderung muss lauten: Informationen müssen als elektronische Daten gespeichert werden.

Unternehmen führen daher immer öfter ein Informationsmanagement ein, da dieses einen erheblichen Wettbewerbsvorteil darstellt. Ziel sollte es dabei sein, eine übersichtliche, leicht handhabbare Informationsinfrastruktur aufzubauen, sodass eine optimale Unterstützung der Informationsfunktion ermöglicht und ein optimaler Beitrag zum Unternehmenserfolg geleistet wird.

Einer der wichtigsten Erfolgsfaktoren hierbei ist, die Mitarbeiter zu motivieren, an diesem Prozess teilzunehmen. Ein Baustein der Motivation liegt in der kurzen Einarbeitungszeit von eingesetzten Softwarewerkzeugen. Diese müssen es dem Mitarbeiter erleichtern, Informationen in digitaler, weiterzuverarbeitender Form zu erfassen.

Wir möchten Heinz Zemanek, österreichischer Computerpionier, zitieren, der einmal sagte: »Man hält die Erzeugung von Informationen für ein Zeichen von Intelligenz, während in Wirklichkeit das Gegenteil richtig ist: Die Reduktion, die Auswahl der Information ist die viel höhere Leistung.«

Microsoft OneNote kann als digitaler Notizblock, als Puzzleteil im Informationsmanagement integriert werden.

Informationen griffbereit, statt Schmierzettel

Es ist Montagmorgen 10 Uhr, in einem mittelständischen Unternehmen. Die ersten zwei Meetings liegen bereits hinter Sandra F.

Um 13 Uhr startet die erste Besprechung bei einem Neukunden. Sie hat noch eine Stunde Zeit, dann fährt ihr Zug. Das Telefon klingelt und sie erhält von ihrem Neukunden schon ein paar Hintergrundinformationen zu dem anstehenden Projekt.

Sandra F. wird gebeten, sich auf dem Weg bereits ein paar Gedanken bezüglich der Umsetzungsmöglichkeiten zu machen. Im Meeting hat sie Hintergrundinformationen zu einem neuen Produkt erhalten, das sie in dem Kundenprojekt gut einsetzen kann.

Des Weiteren hat ihr ein Kollege einen dieser gelben Haftnotizzettel mit Vorschlägen für das Abschiedsgeschenk ihres Chefs auf den Schreibtisch geklebt.

Wohin mit den ganzen Informationen? Ein klassisches Beispiel für den Einsatz von vielen Schmierzetteln, oder?

Hintergrundinformationen

Wer kennt sie nicht: die Schmierzettel, Klebezettel, Merkzettel, Memoblätter oder als Steigerung die Karteikarten? Zettel oder Karteikarten dienen uns als einfaches Medium zum schnellen, schriftlichen Speichern kurzer Informationen.

Besonders beliebt sind Klebezettel, die es mittlerweile in vielen verschiedenen Farben und Formen gibt. Sie haben sich heute zu einem allgegenwärtigen Büroutensil entwickelt, kleben an PCs, auf Schreibtischunterlagen oder an Memowänden. Leider verlieren solche Zettel mit der Zeit ihre Klebekraft und fallen zu Boden. Was mit den Informationen daraufhin geschieht, wissen wir alle nur zu gut.

Informationen aufgespießt

Schon in der Hanse waren Notizzettel neben Schiefertafeln gebräuchlich. Man schätzte ihre Flexibilität gegenüber den sperrigen gebundenen Büchern. Die Zettel wurden zur Aufbewahrung auf lange Holznadeln aufgespießt. Eine Grenze war erreicht, als die Quantität der Zettel überhand nahm.

Trotz der heutigen elektronischen Datenverarbeitung gibt es immer noch kein papierloses Büro. Der Papier- und Notizzettelverbrauch ist sogar weiter gestiegen. Wir brauchen im Alltag eine Möglichkeit, Informationen schnell mal irgendwo »hinzuschmieren«, ohne sie bereits datentechnisch gleich passend einzubinden. Wichtig sind jedoch die spätere Zuordnung und die leichte Wiederfindbarkeit.

Die Umsetzung

Wir setzen als Lösung für unser Beispiel OneNote als virtuellen Notizblock ein. Damit können wir einmal erstellte Notizen gut ordnen und vor allem auch wiederfinden. Der Text kann nicht nur eingetippt werden, sondern bei Verwendung eines Tablet-PCs auch direkt auf den Bildschirm gemalt werden. Zettelwirtschaft ade!

Diese Funktionen kommen zum Einsatz:

- Randnotiz
- Abschnitt *Nicht abgelegte Notizen*
- Skizzieren auf dem Tablet-PC
- Drag & Drop und das Einbinden in bestehende Notizbücher

Mit dem Feature Randnotiz arbeiten

»Mal wieder typisch«, denkt Sandra F. »Kaum war ich kurz in einem Meeting, schon kleben wieder Haftzettel auf meinem Schreibtisch.« Wohin damit? Nehmen wir den Zettel »Ideen für das Abschiedsgeschenk unseres Chefs«.

»Na ja, gut dass die ersten Ideen der Kollegen da sind«, sagt sich Sandra F., »doch es kommen ja noch mehr.« Ein Fall für den Einsatz von OneNote. Aber soll gleich ein Notizbuch angelegt werden? Passt das Thema in ein bestehendes Notizbuch?

Wenn Sie gerade in einem anderen Programm arbeiten, aber Ihre Gedanken festhalten oder bestimmte Informationen nach OneNote kopieren möchten, bietet sich das Feature *Randnotiz* an.

Wir gehen in unserem Beispiel davon aus, dass Sandra F. OneNote nicht geöffnet hat. Sie nutzt das Feature Randnotiz, indem sie in der Windows-Taskleiste auf das OneNote-Symbol (**1**) klickt.

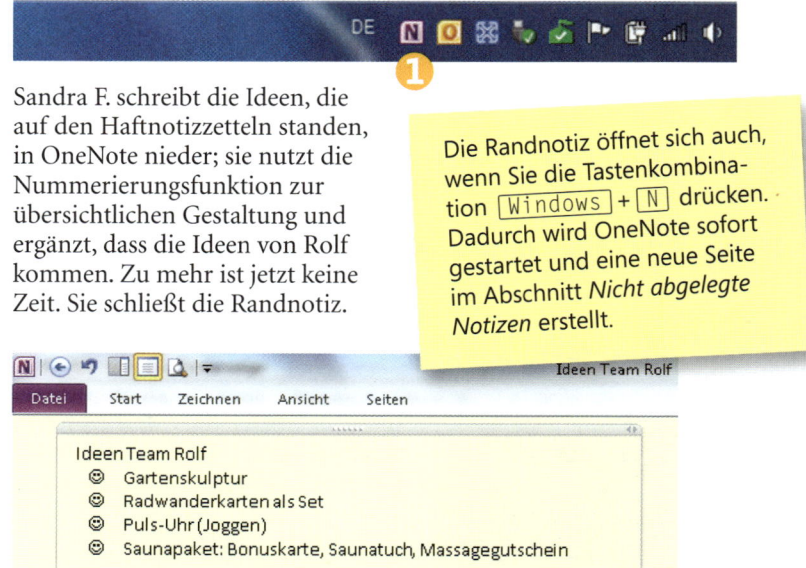

Sandra F. schreibt die Ideen, die auf den Haftnotizzetteln standen, in OneNote nieder; sie nutzt die Nummerierungsfunktion zur übersichtlichen Gestaltung und ergänzt, dass die Ideen von Rolf kommen. Zu mehr ist jetzt keine Zeit. Sie schließt die Randnotiz.

> Die Randnotiz öffnet sich auch, wenn Sie die Tastenkombination Windows + N drücken. Dadurch wird OneNote sofort gestartet und eine neue Seite im Abschnitt *Nicht abgelegte Notizen* erstellt.

Ohne viel Aufwand sind die Ideen erfasst und gehen nicht mehr verloren

Die erfassten Notizen finden Sie in OneNote im Abschnitt *Nicht abgelegte Notizen*. Diese Seite kann später in andere Abschnitte gezogen werden.

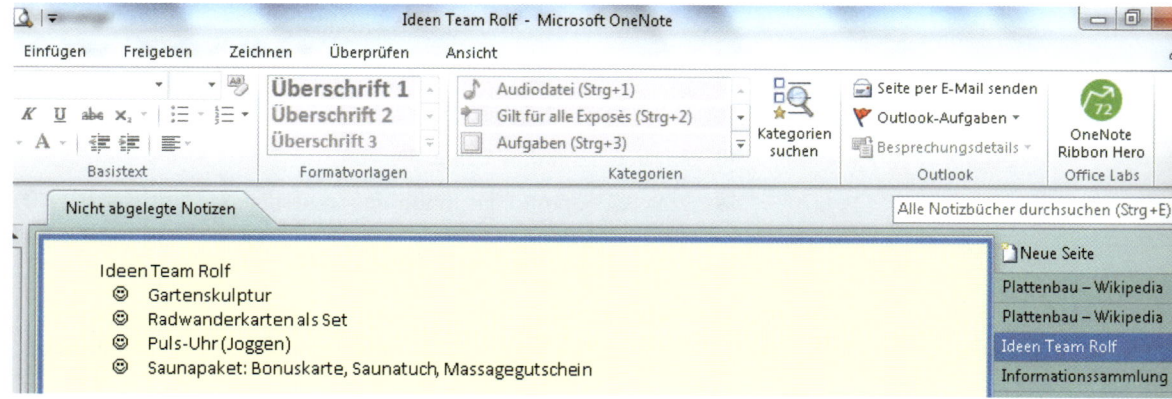

Als Nächstes notiert sich Sandra F. die Hintergrundinformationen zu dem neuen Produkt. Auch hier nutzt sie das Feature Randnotiz, denn die Zeit drängt. Wichtig ist die Erfassung.

Beispiele für den sinnvollen Einsatz der Randnotizfunktion:

- Zeichnen Sie kurze Notizen beim Telefonat oder im Gespräch auf (wie kleine Haftnotizen).

- Notieren Sie beim Lesen von Dokumenten, Webseiten oder E-Mail-Nachrichten Ihre Ideen.

- Kopieren Sie Referenzdaten in OneNote beim Durchblättern von Präsentationsfolien.

Mit dem Tablet-PC und dem Abschnitt »Nicht abgelegte Notizen« arbeiten

Nun schnell zum Bahnhof und rein in den Zug. Geschafft! Sandra F. hat jetzt eine Stunde Zeit, um sich Gedanken über die telefonisch mitgeteilten Hintergrundinformationen zu machen. Nun heißt es erst einmal sich zu sammeln. Was weiß sie vom Kunden?

Es geht um die Einführung von Office 2010 und um das passende Lernkonzept. Sie hat dazu bereits ein Grundkonzept und eine PowerPoint-Präsentation vorbereitet. Nun kam telefonisch nachträglich noch die Information, Zielgruppe neben den »Key Usern« seien auch firmeninterne Trainer. Welcher Wissenstransfer wird nun benötigt? Das schmeißt das erarbeitete Konzept etwas durcheinander. Sandra F. hat jedoch schon ein paar Ideen, die sie zusätzlich zu der bestehenden PowerPoint-Präsentation skizzieren möchte.

Sie hat für den Neukunden noch kein Notizbuch angelegt, weiß aber, dass sie nach dem Termin dieses anlegen wird. So soll auch die Skizze später hinzugefügt werden. In diesem Fall hilft der Abschnitt *Nicht abgelegte Notizen*. Dieser Abschnitt kann in OneNote geöffnet werden und darf ruhig umfangreich sein. Sandra F. kann die Seiten später in andere Abschnitte, beispielsweise in ein erstelltes Kundennotizbuch, ziehen. Ihr Tablet-PC, auf dem OneNote zur Verfügung steht, kommt zum Einsatz.

Sie öffnet im Abschnitt *Nicht abgelegte Notizen* eine neue Seite (**1**), skizziert ihre Ideen und versieht diese mit handschriftlichen Notizen.

Nun kann sie ihrem Kunden während des Termins nicht nur ihr erarbeitetes Grundkonzept in Form einer Präsentation, sondern die Änderung auch anhand der Skizzierung in OneNote vorstellen, getreu einem deutschen Sprichwort: »Einmal sehen ist besser als zehnmal hören.«

Ein liniertes OneNote-Blatt mit farbigem Hintergrund

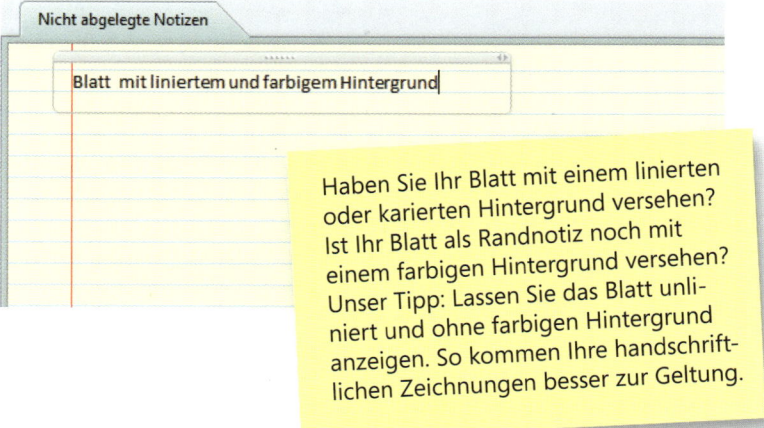

Haben Sie Ihr Blatt mit einem linierten oder karierten Hintergrund versehen? Ist Ihr Blatt als Randnotiz noch mit einem farbigen Hintergrund versehen? Unser Tipp: Lassen Sie das Blatt unliniert und ohne farbigen Hintergrund anzeigen. So kommen Ihre handschriftlichen Zeichnungen besser zur Geltung.

Das OneNote-Blatt ohne Lineatur – Ihre Inhalte kommen so besser zur Geltung

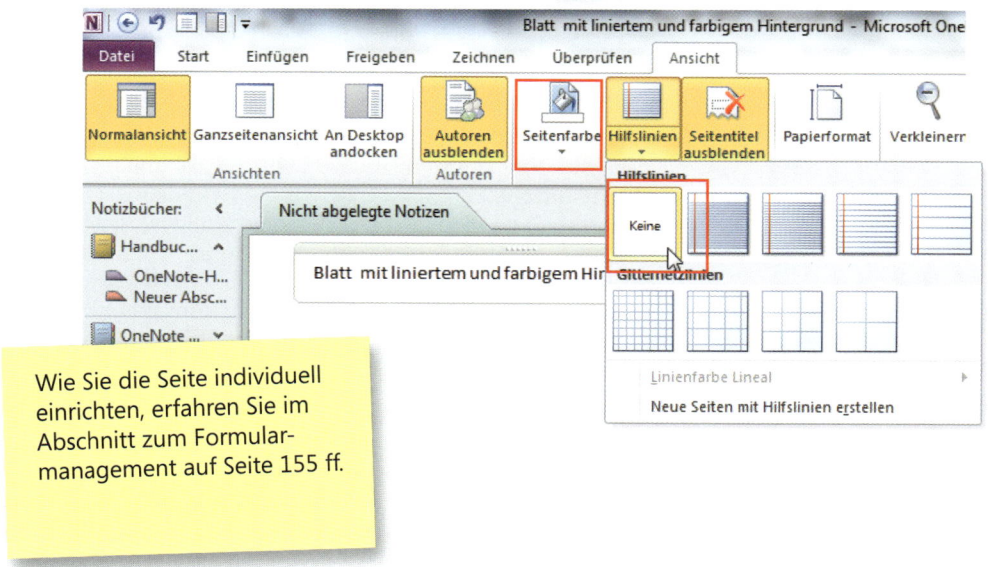

Wie Sie die Seite individuell einrichten, erfahren Sie im Abschnitt zum Formularmanagement auf Seite 155 ff.

Drag & Drop und das Einbinden in bestehende Notizbücher

Sandra F. ist wieder zurück im Büro. Der Termin ist sehr positiv verlaufen und der Kunde gewonnen. Das Konzept hat überzeugt. Während der Zugfahrt hat sie bereits ein Kundennotizbuch angelegt. Morgen wird sie an dem Konzept weiterarbeiten. Damit ihre Notizen an der richtigen Stelle wieder auftauchen, möchte sie alles, was sie während des Termins notiert hat, gleich dem Kunden zuordnen.

Per »Drag & Drop« von Seiten, Abschnitten und Notizbüchern können Notizen schnell anders angeordnet werden.

Sandra F. öffnet den Bereich *Nicht abgelegte Notizen* und zieht die geöffnete Notiz per Drag & Drop in den gewünschten Bereich.

1. Klicken Sie dazu auf die Registerkarte der betreffenden Seite und ziehen Sie mit gedrückter Maustaste leicht nach links, bis ein kleiner, durchgestrichener Kreis angezeigt wird (das Zeichen, dass dieses Element hier nicht abgelegt werden kann).

2. Nun ziehen Sie die Seitenregisterkarte in der Navigationsleiste auf das gewünschte Notizbuch und dann an die gewünschte Stelle in diesem Notizbuch.

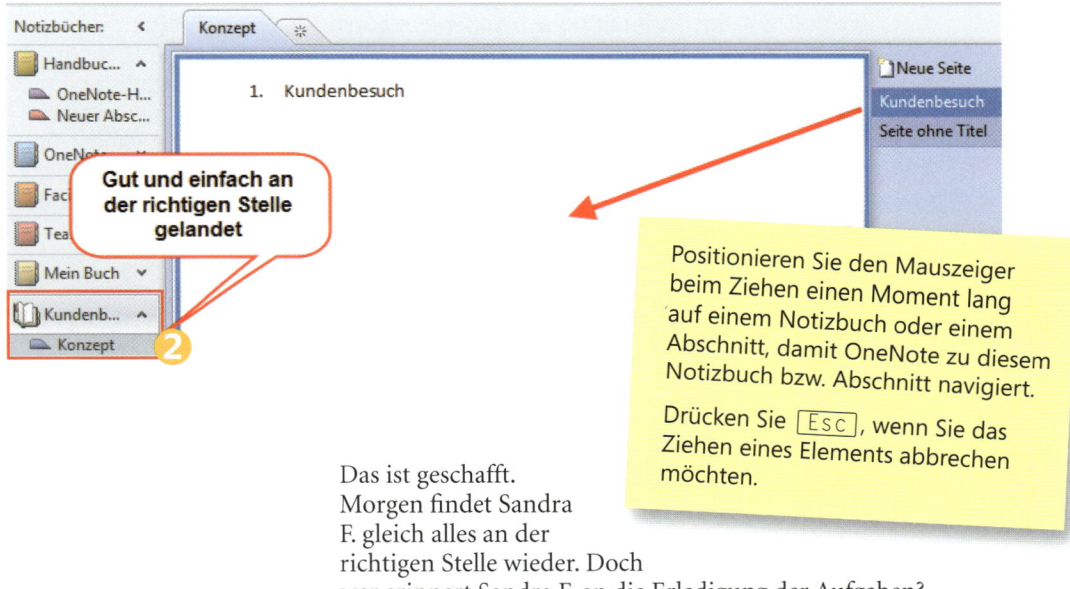

Das ist geschafft. Morgen findet Sandra F. gleich alles an der richtigen Stelle wieder. Doch wer erinnert Sandra F. an die Erledigung der Aufgaben?

Die Aufgabenverwaltung einfach mal als Erinnerung nutzen

Über die Registerkarte Start *auf die Aufgabenverwaltung zugreifen*

Damit Sandra F. morgen auch an die Erledigung ihrer Aufgaben erinnert wird, erstellt sie innerhalb des Kundennotizbuchs eine Aufgabe. So wird morgen automatisch die Erinnerung daran erfolgen und der OneNote-Bereich ist sofort griffbereit.

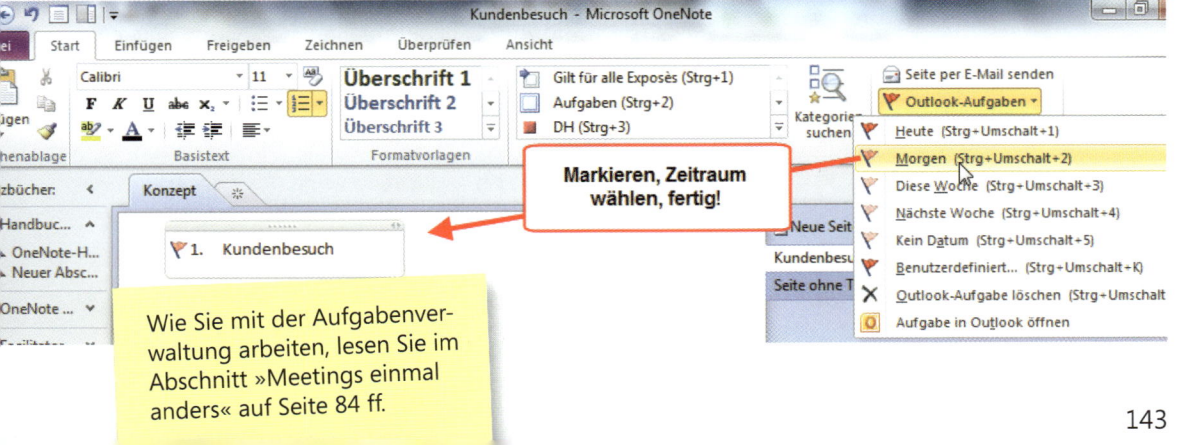

Recherche im Internet und schnelle Dokumentation der Ergebnisse

Berlin, 2010. Sie kommen nachmittags am Bahnhof an und fahren mit einem Taxi zum Hotel. Auf dem Weg dorthin gibt Ihnen der Taxifahrer interessante Informationen zu Straßennamen, Hausanordnungen etc. Neu ist für Sie, dass an der Torstraße zwei Plattenbauten in Form von einem S und einem U gebaut wurden. Sollte für Sowjetunion stehen. Außerdem hören Sie, dass die Plattenbauten aus Würfeln bestehen, die einfach zusammengesetzt wurden. Im Hotel angekommen erzählen Sie noch alles einem Berliner Kollegen. Auch ihm sind einige dieser Informationen neu und er zweifelt ein paar der Punkte an. Stimmt das alles, was Sie da gehört haben? Ihr Ehrgeiz ist entfacht – Sie recherchieren im Internet. Morgen möchten Sie dem Kollegen das Ergebnis kompakt und übersichtlich zur Verfügung stellen.

Hintergrundinformationen

Recherchen im Internet sollten gut vorbereitet und nachbereitet werden. Auf diese Weise bietet die Internetrecherche einen Informationsgewinn.

Zunächst sollten Sie genau wissen, was Sie recherchieren möchten. Notieren Sie sich zu einem bestimmten Themenbereich Fragen oder Stichpunkte. Dabei ist es wichtig, die Recherche nicht auf zu wenige Detailinteressen einzugrenzen, da es sonst schwierig werden kann, adäquate Informationen zu finden. Bei einer Vielzahl von Webseiten ist mit Fehlern zu rechnen. Wenn man auf Fehler oder nicht eindeutige Ergebnisse stößt, sollten Ergebnisse festgehalten und später verglichen werden.

Die Nachbereitung einer Internetrecherche ist genauso wichtig wie die Sammlung der Informationen. Rechercheergebnisse sollten dokumentiert und die Datenquellen eindeutig nachvollzogen werden. Dabei können auch spontane Eindrücke und Erlebnisse sinnvoll sein sowie Bilder und Texte der Webseite eingebunden werden. Das Datum der Recherche bitte nicht vergessen. Jeder möchte die Aktualität der Information bewerten können.

OneNote bietet sich sowohl zur Vorbereitung und zum Sammeln von Informationen aus dem Internet an als auch zum Ablegen dieser Informationen:

- Informationen befinden sich an einem zentralen Ort.

- Informationen gehen nicht verloren, auch wenn die Websites verschwinden oder geändert werden.

- Sie können die Seiten nach Ihren eigenen Vorlieben organisieren.

- Sie können eigene Notizen auf den Seiten hinzufügen (eigene Anmerkungen, warum die Informationen wichtig sind, für wen die Informationen wichtig sind usw.).

Die Umsetzung

Diese Funktionen kommen zum Einsatz:

- ■ Gesamte Webseiten in den Notizen
- ■ Ausgewählte Bereiche von Webseiten in den Notizen
- ■ Bildschirmausschnitte sammeln
- ■ Informationen zusammenführen und gestalten
- ■ Mit Kategorien arbeiten

Recherche starten

Da Sie noch nicht wissen, wohin mit den Informationen, haben Sie in OneNote weder Vorbereitungen getroffen noch OneNote überhaupt geöffnet. Die Recherche kann starten. Na, dann lassen Sie sich von dem Ergebnis überraschen. Mal schauen, was Sie später vorzeigen können.

- ■ Geben Sie im Internet Explorer im Suchfeld einen Suchbegriff ein und klicken Sie dann auf die Schaltfläche *Suchen* (die Lupe).

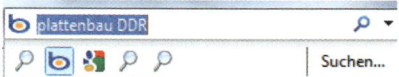

Als Erstes heißt es, Informationen durchzulesen und Interessantes zu sammeln. Im Detail kann man später noch mal sondieren und Wichtiges von Unwichtigem trennen.

In der Auflistung der Suchergebnisse finden Sie den Begriff »Sanitärraumzelle«. Das hört sich gut an.

Alles ist wichtig – die gesamte Webseite in Notizen

Na also, der erste Würfel ist gefunden. Diese Seite möchten Sie schon mal festhalten.

1. Öffnen Sie die Webseite, die Sie in Ihre Notizen kopieren möchten, im Internet Explorer.

2. Wählen Sie im Menü der Schaltfläche *Extras* den Befehl *An OneNote senden*.

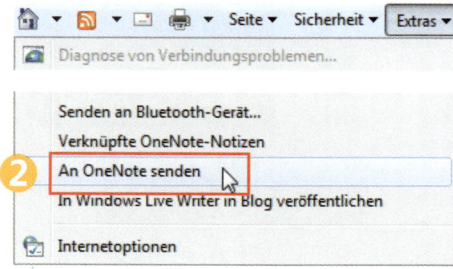

3. Sie werden daraufhin von OneNote nach dem gewünschten Speicherort gefragt.

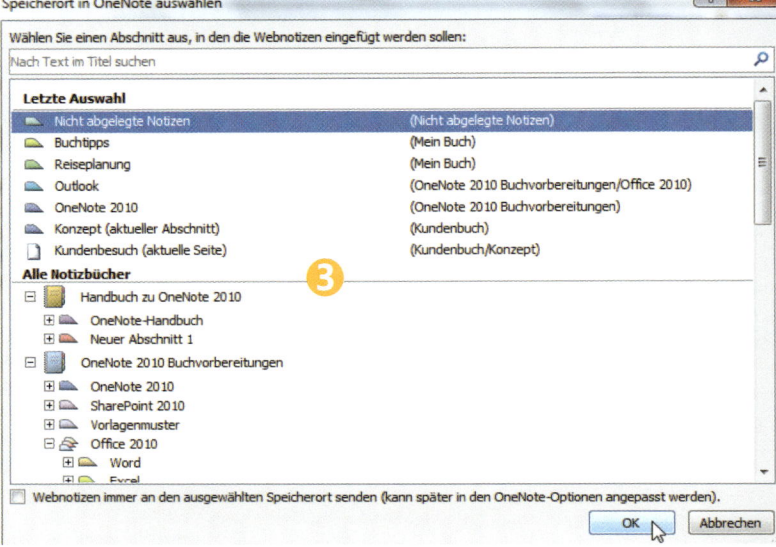

Wählen Sie den gewünschten Speicherort

Wenn Sie noch keine Struktur aufgebaut haben, wählen Sie als Speicherort einfach *Nicht abgelegte Notizen*. Wie einfach es ist, Seiten zu verschieben, haben Sie ja schon erfahren.

4. Nach dem Bestätigen über *OK* wird die Webseite mit seinen Inhalten in OneNote übernommen. Alle Verlinkungen sind integriert und aktiv.

Die Webseite ist mit ihren Inhalten und Verlinkungen gut in OneNote gelandet

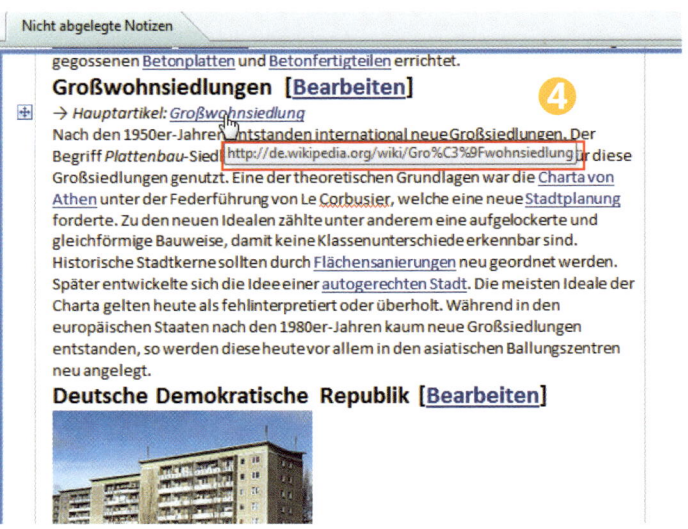

So, weiter geht's mit Ihrer Recherche. Die gesamte Seite werden Sie später nicht benötigen, doch im Moment beschäftigen Sie sich ausschließlich mit dem Sammeln von Informationen. Details und Gestaltung sind später dran.

Warum alles, wenn nur ein Teil wichtig ist – ausgewählte Inhalte einer Webseite in den Notizen

Zurück zu den Suchergebnissen. Eine weitere Seite erscheint Ihnen interessant und Sie öffnen diese. Sie stöbern und lesen interessiert die Ausführungen. Da ist einiges dabei, das den Kollegen sicherlich auch interessieren wird oder für das er Ihnen vielleicht noch mehr Beispiele in Berlin zeigen kann.

Von dieser Seite möchten Sie gezielt das Wichtigste festhalten.

1. Markieren Sie auf der Seite den Text oder die Bilder, die Sie kopieren möchten.

2. Klicken Sie mit der rechten Maustaste auf den markierten Text und wählen Sie im Kontextmenü den Befehl *An OneNote senden*.

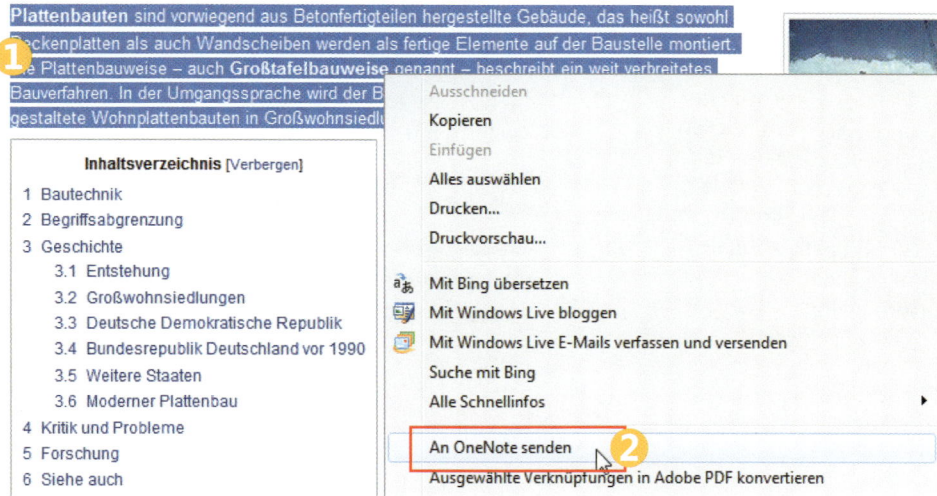

Die Inhalte werden in Ihre Notizen eingefügt. Als besonderer Zusatz wird der Pfad zur Webseite, von der die Informationen eingefügt wurden, mit angegeben (**3**).

Das Ergebnis in OneNote – der markierte Text mit einem Hinweis auf die Quellseite

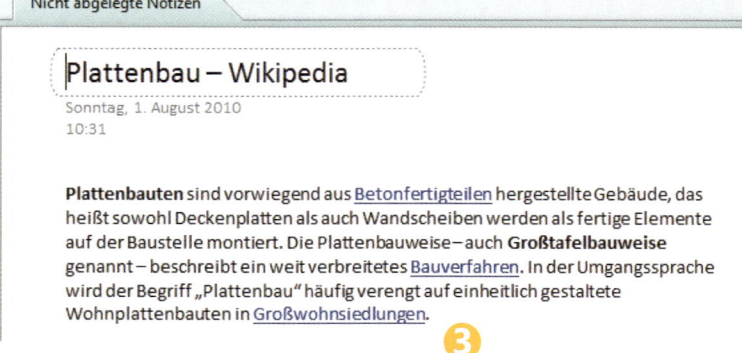

Bildschirmausschnitte sammeln

Sie überfliegen den Text und lesen einige Passagen genauer nach. Im Abschnitt *DDR* finden Sie interessante Verlinkungen und Bilder.

Wie nur bekommen Sie diesen einen kleinen Bildschirmausschnitt nach OneNote?

Mit OneNote 2010 können Sie ein Bild von einem beliebigen Teil Ihres Computerbildschirms machen und dieses Bild in Ihre Notizen einfügen. Man spricht hierbei von Bildschirmausschnitten.

Bildschirmausschnitte werden gezielt beim Erfassen von Momentaufnahmen von Informationen, die sich ändern oder ihre Aktualität verlieren könnten, eingesetzt (z.B. aktuelle Nachrichtenartikel, zeitkritische Listen verfügbarer Flüge und Tarife auf einer Reisewebsite etc.).

Bildschirmausschnitte über das OneNote-Symbol in der Taskleiste erstellen

1. Klicken Sie mit der rechten Maustaste im Infobereich der Taskleiste auf das OneNote-Symbol.

2. Wählen Sie im Kontextmenü den Eintrag *Bildschirmausschnitt erstellen*.

> Wenn das OneNote-Symbol nicht im Infobereich der Taskleiste angezeigt wird, klicken Sie in OneNote auf der Registerkarte *Datei* auf *Optionen*. Wählen Sie dann die Kategorie *Anzeige* und aktivieren Sie das Kontrollkästchen *Symbol für OneNote im Infobereich der Taskleiste anzeigen*.

Neue Randnotiz öffnen	**(Windows-Taste+N)**
OneNote öffnen	(Windows-Taste+ Umschalt+ N)
Audioaufnahme starten	
Bildschirmausschnitt erstellen	(Windows-Taste+ S)
Standardwerte für OneNote-Symbol	▸
Schließen	

3. Erfassen Sie durch Ziehen mit gedrückter linker Maustaste den gewünschten Bildschirmbereich.

4. Wenn Sie die Maustaste loslassen, erfasst OneNote Ihre Auswahl als Bild und fragt Sie nach dem Speicherort. Wählen Sie diesen aus, um den Bildschirmausschnitt dort abzulegen.

Das Ergebnis in OneNote

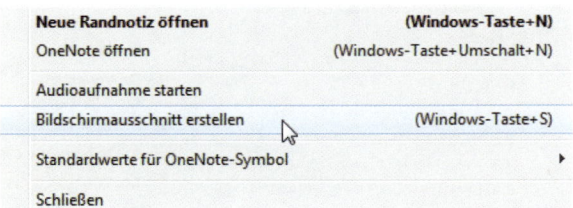

Deutsche Demokratische Republik [Bearbeiten]

Starke Verbreitung fanden Plattenbauten in der Deutschen Demokratischen Republik. Nach den Zerstörungen der Kriegsjahre und dem Zustrom von Vertriebenen bestand ein ausgeprägter Wohnungsmangel im Nachkriegsdeutschland. In der DDR wurden in den ersten Jahren klassische Bauverfahren verwendet wie Mauerwerksbauten, diese konnten aber den Wohnungsmangel nicht schnell genug beheben. In den 1950er-Jahren wurde nach rationelleren Baumethoden gesucht. Ein erster Großplattenversuchsbau entstand 1953 in Berlin-Johannisthal. Der Ausbau der Stadt Hoyerswerda wurde zu einem „Experimentierfeld" in diesem Bereich. Der industrielle Wohnungsbau in Plattenbauweise w... großem Umfang realisiert. Das Bauverfahren mi... an die Ideen der modernen Architektur, die scho...

Plattenbau – Wikipedia
http://de.wikipedia.org/wiki/Plattenbau#Gro.C3.9Fwohn
Erfasster Bildschirmausschnitt: 01.08.2010 10:38

6-Etagen-Plattent
Ilmenau

> Wird der Bildschirmausschnitt einer Webseite in OneNote erfasst, wird der Link auf die Quelle mitgenommen. Bildschirmausschnitte sind ansonsten nicht mit ihrer Quelle verknüpft.

Die Standardoptionen für Bildschirmausschnitte festlegen

Haben Sie sich auch schon gefragt, warum OneNote immer den Speicherort abfragt? Möchten Sie vielleicht einen Standardpfad angeben? Kein Problem – das Geheimnis ist schnell gelüftet.

1. Wählen Sie auf der Registerkarte *Datei* den Eintrag *Optionen*.

2. Nehmen Sie in der Kategorie *An OneNote senden* die gewünschten Einstellungen vor und bestätigen Sie mit *OK*.

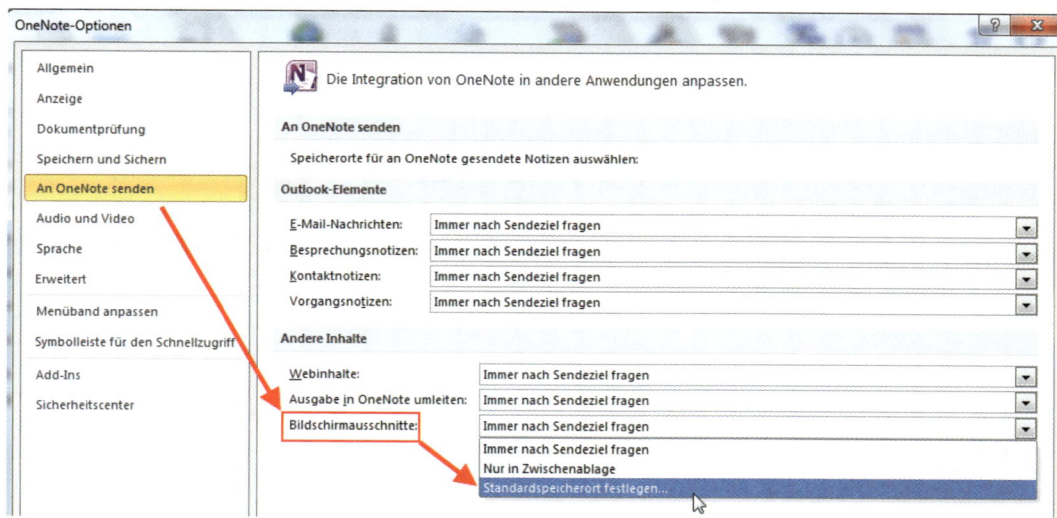

Einstellungsoptionen – nicht nur die der Bildschirmausschnitte

Die Bedeutung im Einzelnen:

- *Nur in Zwischenablage:* Diese Einstellung speichert den Bildschirmausschnitt vorübergehend im Arbeitsspeicher des Computers, ohne ihn automatisch in Ihre Notizen einzufügen. Sie können das erfasste Bild manuell einfügen, indem Sie die Tastenkombination Strg + V drücken.

- *Standardspeicherort festlegen:* Diese Einstellung speichert den Bildschirmausschnitt in dem Abschnitt oder auf der Seite, die Sie als Standard angeben.

Einen Bildschirmausschnitt über das Menüband in OneNote erstellen

Auf der Webseite war noch das Bild eines imposanten Plattenbaus. Das passt genau zum letzten Bildschirmausschnitt.

1. Öffnen Sie die Registerkarte *Einfügen* und klicken Sie auf *Bildschirmausschnitt*.

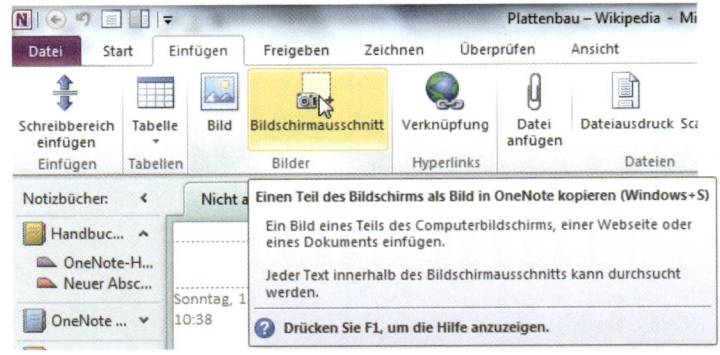

Die Funktion Einen Teil
des Bildschirms als Bild in
OneNote kopieren

*Das Ergebnis in der
geöffneten OneNote-Notiz*

2. Erstellen Sie nun den gewünschten Bildschirmausschnitt.

der Bildschirmausschnitt landet
dort wo Sie vorher den Cursor
gesetzt haben

Es öffnet sich immer der
zuletzt angezeigte Bildschirm!

Von einer Webseite zur nächsten und dabei einfach Links sammeln

Nachdem Sie nun im Suchfieber sind, entdecken Sie natürlich
immer mehr interessante Seiten. Alles kann man gar nicht erfassen,
aber festhalten möchten Sie die Webseiten.

Hier steht Ihnen eine neue Funktion in OneNote 2010 zur Verfügung: an Desktop andocken.

*OneNote an der Seite des
Desktops andocken und
Informationen sammeln*

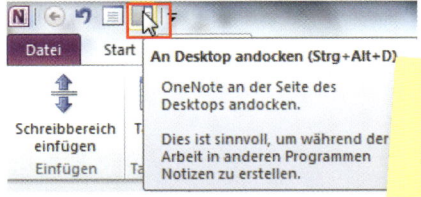

Diese Funktion steht nur für
OneNote-Notizbücher im
2010er-Format zur Verfügung.

Sie klicken sich von einer Webseite zur nächsten.

Sobald Sie die Funktion aktiviert haben, können Sie Webseiten oder Dateien öffnen und kurze Informationen in Ihr Notizbuch schreiben. Der Link wird automatisch hinzugefügt. Eine tolle Sache, um schnell Informationen zusammenzustellen und mit der Quelldatei zu verknüpfen.

Die Funktion in der Praxis

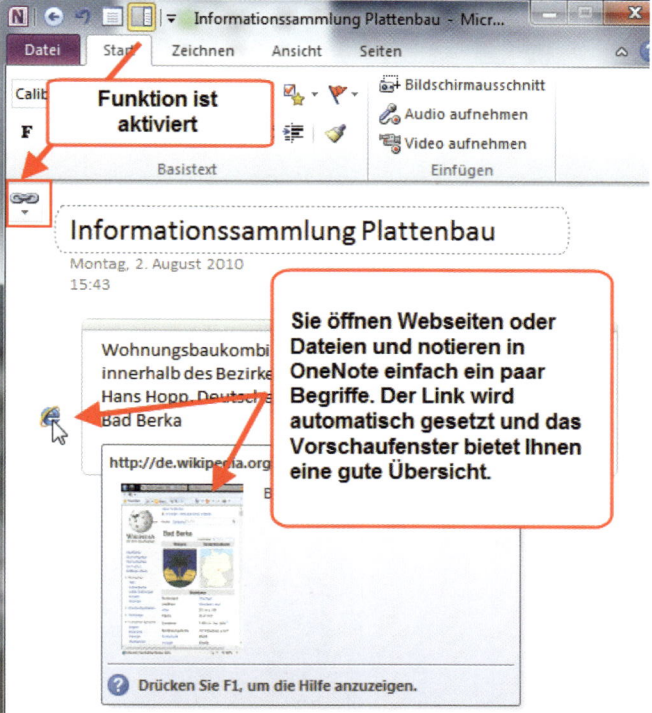

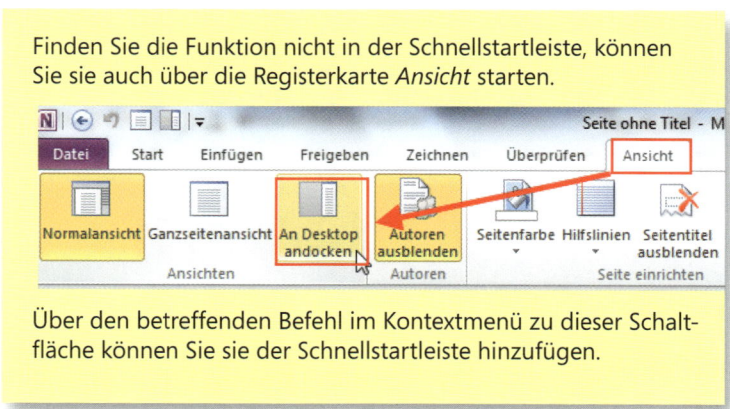

Finden Sie die Funktion nicht in der Schnellstartleiste, können Sie sie auch über die Registerkarte *Ansicht* starten.

Über den betreffenden Befehl im Kontextmenü zu dieser Schaltfläche können Sie sie der Schnellstartleiste hinzufügen.

Informationen zusammenführen und gestalten

Die Recherche ist abgeschlossen. Doch so können Sie Ihrem Kollegen unmöglich die gesammelten Informationen zeigen. Das ist Chaos pur! Aufräumen ist angesagt.

Sie haben bereits ein persönliches Notizbuch, in dem sich ein Abschnitt *Reisen* befindet. Sie legen in unserem Beispiel eine neue Seite *Berlin* an und ziehen per Drag & Drop alle dazugehörigen Notizblätter in den gewünschten Bereich.

> Nutzen Sie die Funktion der Mehrfachmarkierung über Strg +Anklicken, damit anschließend die entsprechenden Seiten gleichzeitig verschoben werden. Das spart Zeit.

Nun nehmen Sie sich Zeit für das Zusammenführen und das Gestalten der Informationen.

Folgende Schritte empfehlen wir:

- Unterseite passend benennen (Umbenennung)

- Seite einrichten (z.B. ohne Hintergrundlinien)

- Bildschirmausschnitte zusammenführen

- Notiztypen bearbeiten und Unnötiges löschen

So könnte das Ergebnis aussehen

Mit Kategorien arbeiten

Die Zeitdauer für den Aufbau einer Wohnung in den Bauten war am überraschendsten. Ob der Kollege das weiß? Sie werden ihn morgen einfach danach fragen. Damit Sie die Zeitangabe auch schnell wiederfinden, markieren Sie die entsprechende Stelle mit einer *Kategorie* (auch *Tag* genannt).

Kategorien werden zum schnellen Aufspüren von Notizen verwendet. Markieren Sie Besprechungsentscheidungen, Ideen, Definitionen, wichtige Punkte, abzurechnende Stunden, Fragen, die Namen von Personen, zu lesende Bücher usw.

Kategorien in OneNote

1. Markieren Sie die gewünschte Stelle.

2. Wählen Sie auf der Registerkarte *Start* im Menü zur Schaltfläche *Kategorien* eine passende Kategorie.

Das schnelle Aufspüren der Informationen ist sichergestellt

Sie sitzen mit Ihrem Kollegen zusammen und zeigen ihm das Ergebnis Ihrer Recherche. Er ist überrascht, wie viel Hintergrundinformation auf dem kleinen Blatt zusammengekommen ist.

Sie fragen ihn natürlich, ob er weiß, wie lange der Aufbau dauert. »Nur 18 Stunden, das kann nicht sein. Wo hast du denn diese Info her?«

Kein Problem, das Wiederfinden ist einfach und die Informationsquelle als Hyperlink hinterlegt.

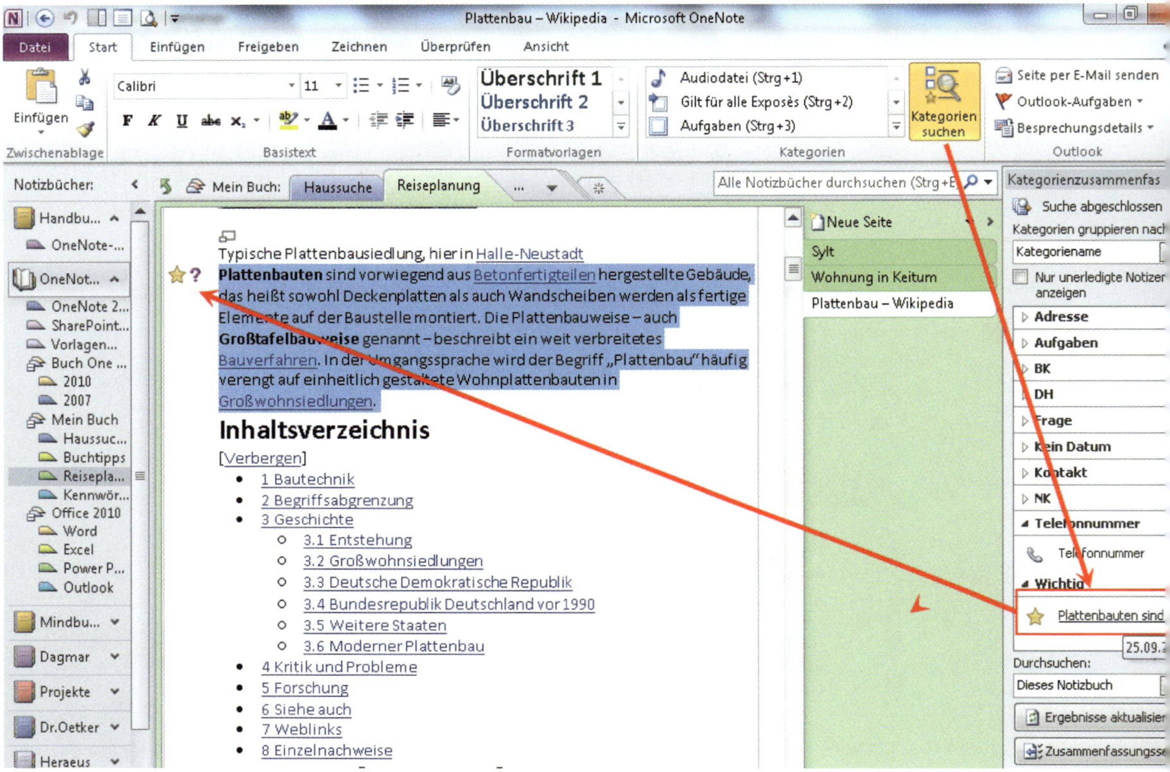

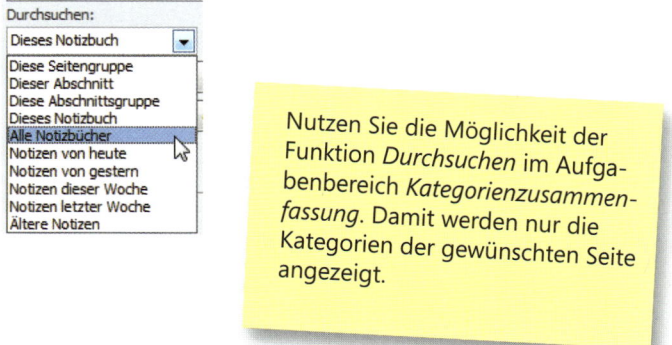

*Die Kategorien schnell
im Zugriff*

3. Klicken Sie auf der Registerkarte *Start* auf *Kategorien suchen*,
um die Kategorien aus allen Notizbüchern anzeigen zu lassen.

*Nur sehen, was gerade
interessant ist*

Nutzen Sie die Möglichkeit der Funktion *Durchsuchen* im Aufgabenbereich *Kategorienzusammen-
fassung*. Damit werden nur die Kategorien der gewünschten Seite angezeigt.

Für jeden Kunden eine Vorlage – Formularvorlagenmanagement in OneNote

11:40 Uhr, die erste Besprechung mit dem Kunden ist beendet. Mario R. hat sich die wichtigsten Dinge nebenbei auf einem Zettel notiert. Nun geht es zum nächsten Kundentermin und damit in die nächste Besprechung. Wieder viele Informationen, die er aufnehmen und verarbeiten muss.

Am Abend hat Mario R. leicht drei, vier Kundenbesprechungen hinter sich gebracht und nicht überall ist es erwünscht, mit dem Laptop zu arbeiten. Die Mitschriften sind bald nicht mehr zu lesen und spätestens übermorgen hat er Informationen aus den drei Terminen vermischt.

Am Abend heißt es daher oftmals noch Protokoll schreiben. Das leere weiße Blatt liegt vor ihm und er beginnt mit der »Reinschrift«. Datum, Ort, Grund der Besprechung, Kundenname, Teilnehmer, Tagungsordnungspunkte, Aufgaben, Ergebnisse, die weiteren Schritte etc. Jedes Mal der gleiche Aufbau, jedes Mal aufs Neue schreiben, passend formatieren etc. – oder?

Hintergrundinformationen

Das Szenario kommt den meisten sicherlich bekannt vor. Immer wieder tippen wir monoton die gleichen Daten in verschiedene Dokumente. Das kostet nicht nur Zeit, sondern auch Nerven. Solche Routinearbeiten lösen wir in Word durch Format- und Dokumentvorlagen.

Auch in OneNote gibt es die Möglichkeit, mit eigenen Vorlagen zu arbeiten und wiederkehrende Darstellungen, Inhalte etc. zu integrieren. Man kann für jeden Kunden eine eigene Vorlage entwickeln und dabei die CI (Corporate Identity) des Kunden und Besonderheiten berücksichtigen. Das erleichtert das Arbeiten im Alltag und spart neben Nerven auch viel Zeit.

Die Umsetzung

Diese Funktionen kommen zur Anwendung:

- Bestehende Vorlagen nutzen und anpassen
- Neue Vorlagen erstellen

Die CI-Vorgaben berücksichtigen – eine Vorlage anpassen

Mit dem Kunden MindBusiness wird Mario R. die nächsten Monate weiter eng zusammenarbeiten. Daher möchte er sich Vorlagen für den Kunden erstellen, damit wiederkehrende Arbeiten erleichtert werden. Als Erstes soll eine Firmenvorlage nach der CI erstellt werden.

Wir möchten keine vollständig neue Vorlage erstellen, sondern den Inhalt und das Erscheinungsbild einer vorhandenen Vorlage ändern und sie als benutzerdefinierte Vorlage speichern. Das spart Zeit und Arbeit – warum das Rad immer neu erfinden, wenn schon ein anpassbares vorhanden ist?

Folgende Schritte sind durchzuführen:

1. Der Abschnitt des Kunden ist geöffnet. Wählen Sie im Dropdownmenü *Neue Seite* den Befehl *Seitenvorlagen.*

2. Wählen Sie eine bestehende Designvorlage aus.

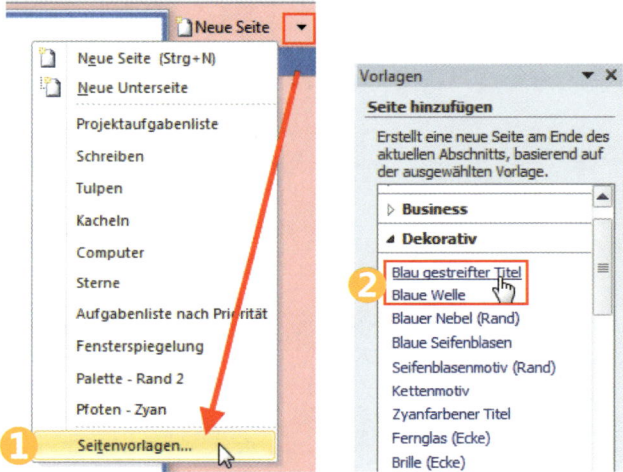

3. Gestalten Sie nun die Seite inhaltlich.

Richten Sie die Seite individuell ein – berücksichtigen Sie Firmenfarben, Logo etc.

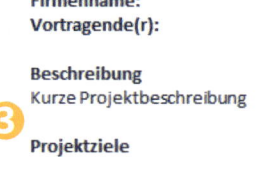

Projektname:
Firmenname:
Vortragende(r):

Beschreibung
Kurze Projektbeschreibung

Projektziele

- Projektziel
- Beziehung zu anderen Projekten
- Terminplan-Kerndaten

Beschreibung

- Kurze Projektbeschreibung

Team/Ressourcen

- Vorgaben über die für dieses Projekt verfügbaren Ressourcen

4. Speichern Sie diese Seite nun als Vorlage ab. Klicken Sie dazu unten im Aufgabenbereich auf den Befehl *Aktuelle Seite als Vorlage speichern* und füllen Sie dann das Dialogfeld aus.

5. Klicken Sie abschließend auf *Speichern*.

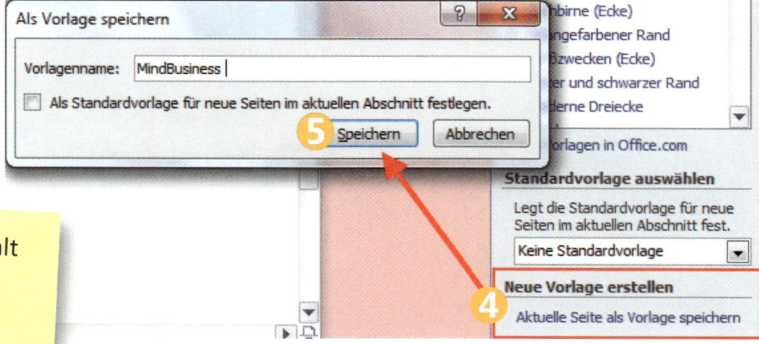

Beachten Sie, dass Sie den Inhalt der Seite so ändern, dass neue Seiten, die anhand der geänderten Vorlage erstellt werden, Ihren Vorstellungen entsprechend angezeigt werden. Löschen Sie dementsprechend jeden Inhalt, den Sie nicht beibehalten möchten.

Sie können u.a. auch folgende Änderungen vornehmen:

- Formatierung
- Einfügen des Firmenlogos
- Hintergrundfarben

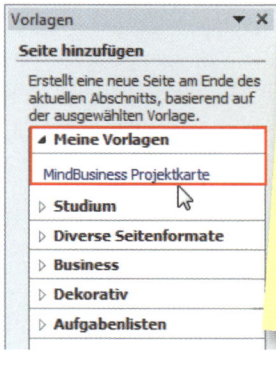

Sie haben nun einen eigenen Vorlagenbereich, auf den Sie jederzeit zugreifen können

Aktivieren Sie im Dialogfeld *Als Vorlage speichern* das Kontrollkästchen *Als Standardvorlage für neue Seiten im aktuellen Abschnitt festlegen*, wird diese Vorlage auf jede neue Seite angewendet, die Sie dem aktuellen Abschnitt im Notizbuch hinzufügen.

Neue Standards einrichten

Die neu erstellte Vorlage ist im Vorlagenordner in der Kategorie *Eigene Vorlagen* zu finden und kann nun jederzeit genutzt werden.

OneNote stellt neben dekorativen vor allem auch funktionelle Seitenvorlagen bereit, um Ihnen den Einstieg zu erleichtern. Stöbern lohnt sich!

Schnell auf gerade verwendete Vorlagen zugreifen

Um kürzlich verwendete Vorlagen schnell auf eine neue Seite anzuwenden, gehen Sie wie folgt vor:

1. Klicken Sie in der Seitenregisterleiste auf den Dropdownpfeil neben der Schaltfläche *Neue Seite*.

2. Klicken Sie auf den Namen der gewünschten Vorlage.

Der Schnellzugriff auf kürzlich verwendete Vorlagen

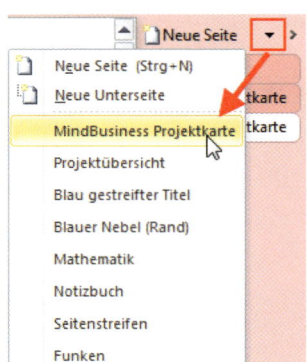

Das CRM des chaotischen Außendienstlers

Helmut R., der altgediente, erfahrene Außendienstmitarbeiter – heute Sales Manager genannt –, besucht nach wie vor seine regional verteilten Kunden in regelmäßigem Turnus.

Die EDV-Abteilung seiner Firma hat beschlossen, ein CRM (Customer Relationship Management) aufzubauen, um dem Vertrieb an jedem Ort und zu jeder Zeit die Informationen zum Kunden zentral zur Verfügung zu stellen.

Tja, eigentlich eine gute Idee, denkt unser Außendienstmitarbeiter. Allerdings sitzen seine Kunden oft in Gebieten, in denen er keinen Onlinezugriff hat. Zudem ist ihm das viele »Hin- und Hergeklicke« auch zuwider.

Er sehnt sich nach seinen alten Karteikarten, auf denen er alle Kundendaten eingetragen hatte. Egal ob es sich um eine kurze Anfahrtsbeschreibung oder um die ein oder andere persönliche Information von bzw. zu dem Kunden handelte. Er wusste beispielsweise, dass der Kunde Meier großer Fußballfan von Bayern München ist, dass er gerne in die Oper geht etc.

Der Außendienstmitarbeiter notierte auch Informationen von »informellen« Mitarbeitern beim Kunden, wie z.B. die des Hausmeisters, der in einem Plausch erzählte, welche Veränderungen in der Firma die kommenden Monate anstehen etc.

Doch er will sich dem Zeitalter der digitalen Informationswelt nicht verschließen. Er hat OneNote 2010 für sich entdeckt. Die Handhabung ist einfach, übersichtlich und zusätzlich arbeitet OneNote hervorragend mit dem CRM zusammen. Die bewährte Arbeitsweise kann er außerdem weiter ausbauen.

Auf seinen Karteikarten hatte er immer folgende Informationen zu den einzelnen Kunden erfasst:

- Kundenbesuche

- Themen

- Die Umsätze des laufenden Jahres und Vorjahres

- Informationen über den besuchten Kunden (Mitarbeiterzahl, Standorterweiterungen, neue Geschäftsführung, neue Produkte etc.)

Hintergrundinformationen

Ein Außendienstmitarbeiter betreut je nach Branche schon mal 700 Kunden. Die wichtigsten Kunden wird man in der Regel einmal wöchentlich besuchen oder zumindest telefonisch betreuen. Protokolle, Konzepte, Vorbereitungen sind an der Tagesordnung.

Was ist eigentlich ein Kunde?

Stellen Sie sich eine alltägliche Situation vor. Mutter und Tochter gehen einkaufen. Die Tochter braucht neue Sommerkleidung, Schuhe und diverse passende Accessoires. Zwei Musik-CDs kommen noch dazu. Die Mutter bezahlt – mit der Kreditkarte ihres Mannes.

Wer ist Kunde: Vater, Mutter oder Tochter?

Wie fällt Ihre Beurteilung aus, wenn Sie als Softwarehändler eine Firma beliefern? Wer ist beteiligt und wer spielt welche Rolle? Juristisch gesehen ist die Firma Ihr Kunde. Was ist mit dem Anwender, der sich an Ihren Support wendet? Ist der Einkäufer, der bei Ihnen die Bestellung ausgelöst hat, Ihr Kunde? Sitzt Ihr Kunde im Management, weil dort die strategische Entscheidung für die Einführung der Software gefällt wurde? Ist es der Multiplikator, der von der Messe zurückkommt und Stimmung für Ihr Produkt macht? Ist es die Geschäftsführungsassistentin, die graue Eminenz, die im Hintergrund die Fäden zieht?

Egal wie – eine Definition des Begriffs Kunde ist nicht ausschlaggebend. Wenn Sie alle mittelbar und unmittelbar am Kauf beteiligten Personen sowie deren Rolle und Gruppenbezüge kennen und im Blick haben, sind Sie auf der sicheren Seite.

Fazit: Die Rolle der Vertriebsmitarbeiter im Innen- wie im Außendienst muss sich immer stärker darauf ausrichten, alle wichtigen Informationen zusammenzutragen.

Wie sieht der typische Arbeitsalltag eines Außendienstmitarbeiters aus? Welche Aufgaben sind zu lösen?

- Administrative Aufgaben, die vom Home Office bearbeitet werden. ISDN-Anlage, Fax und Drucker sind vorhanden.

- Der aktuelle Umsatz muss im Blick sein und die wöchentliche Routen- und Strategieplanung ausgearbeitet werden.

- Mindestens 50 % der Zeit werden mit Kundenterminen verbracht. Zudem kommen häufig unterwegs Anrufe von Kunden oder dem Backoffice, dass ein weiterer Kunde vor Ort eine Beratung, Produkteinweisung etc. benötigt.

- Kundengewinnung und -pflege. Dazu gehört die Bedarfsanalyse und Konzepterstellung.

- Produkte des Wettbewerbs analysieren, das eigene Produkt damit vergleichen und eine Nutzenargumentation aufbauen.

- Ist das Produkt schlechter oder teurer?

- Welchen Zusatznutzen kann dem Kunden geboten werden?

- Gibt es einen kompetenten Service und technische Unterstützung durch einen Außen- und Innendienst?

- Wie ist die persönliche Beziehung zu den Kunden?

- Die Auftragsabwicklung wird per Laptop entweder direkt von unterwegs oder abends zu Hause erledigt.

Fazit: Das Spektrum der Aufgaben ist breit gefächert. Es ist sehr wichtig, dass sie ein Außendienstmitarbeiter selbstständig managen kann. Im Rahmen der unternehmensspezifischen Vorgaben müssen von jedem zusätzlich eigene Arbeits- und Umsetzungsstrategien entwickelt werden.

Umsetzung

Diese Funktionen kommen zum Einsatz:

- Die eigene Vorlage nutzen

- Einbindung von MapPoint-Karten (Bildschirmausschnitt)

- Einbinden von Outlook-Kontaktdaten

- Audionotizen

- Einbindung von Excel-Dateien

Jeder Kunde hat ein eigenes Gesicht

Am Mittwochnachmittag hat Helmut R. das nächste Treffen mit seinem Kunden. Er legt einen Abschnitt für den Kunden im Kundennotizbuch an.

Natürlich bekommt jeder Kunde eine eigene Vorlage, denn der erfahrene Außendienstmitarbeiter möchte mit einem Blick erkennen können, welche Kundenseite er gerade geöffnet hat.

Auf der ersten Seite (Ansichtsseite) werden die wesentlichen Kundendaten schnell zusammengefasst:

- Die Webseite als Gesamtüberblick verknüpfen
- Grundlegende Informationen wie Anzahl der Mitarbeiter, Standorte etc. übersichtlich in Tabellenform
- Der Lageplan als Bildausschnitt

> Wie Sie eine Vorlage erstellen, speichern und öffnen, erfahren Sie im Abschnitt »Für jeden Kunden eine Vorlage – Formularvorlagenmanagement in OneNote« ab Seite 155.

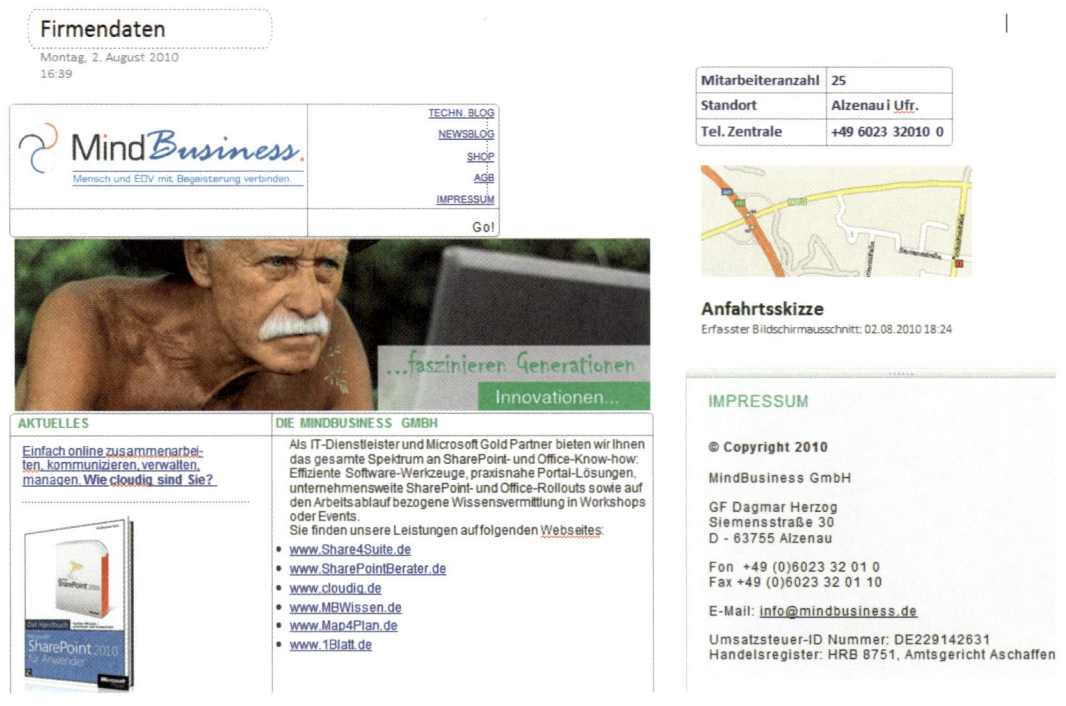

Die wichtigsten Daten zum Kunden im Überblick

Die eingesetzten Funktionen, wie das Einbinden von Webseiten, das Erstellen von Tabellen und das Einfügen von Bildausschnitten haben Sie in den vorangegangenen Anleitungen bereits kennengelernt.

Nun fehlen nur noch die Kontaktdaten des Hauptansprechpartners.

Outlook-Kontakte in OneNote verknüpfen

Alle Daten, die bereits vorhanden sind, sollten nicht noch einmal erstellt werden. Das kostet unnötig Zeit und bedeutet doppelte Arbeit. Daher verknüpft der pfiffige Außendienstmitarbeiter Helmut R. die bestehenden Kontaktdaten einfach per Mausklick mit der OneNote-Seite.

1. Öffnen Sie in Outlook den Ordner *Kontakte*.

2. Wählen Sie den gewünschten Kontakt aus und klicken Sie dann auf der Registerkarte *Kontakt* auf *OneNote*.

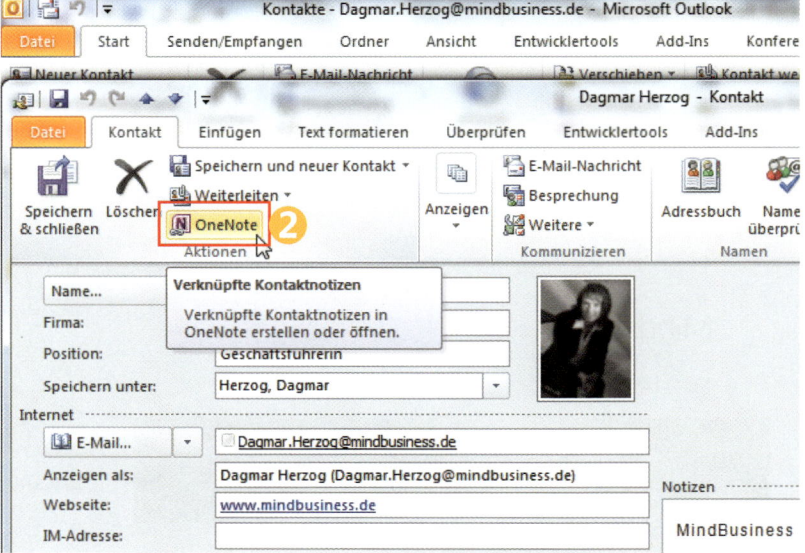

3. Wählen Sie den gewünschten Speicherort aus. Der Kontakt wird dann auf einer neuen, leeren Seite im ausgewählten Abschnitt angelegt.

Der Vorteil liegt in der direkten Verknüpfung zu dem Original-Outlook-Element »Kontakt«. Änderungen der Kontaktdaten kann unser Außendienstmitarbeiter einfach abfragen.

Sie haben nun die Ansprechpartner des Kunden in Ihrem Notizbuch integriert und können jederzeit Zusatzinformationen ergänzen.

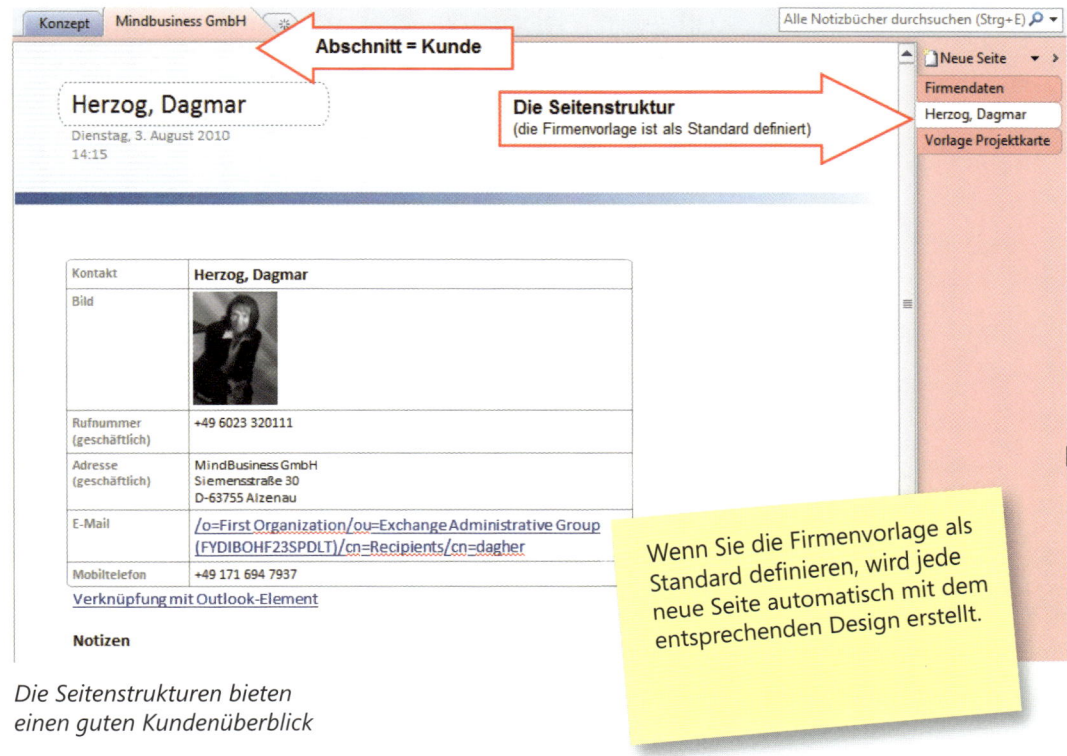

*Die Seitenstrukturen bieten
einen guten Kundenüberblick*

Weitere Ideen zur Verwendung eines Kundennotizbuchs

Helmut R. legt sorgfältig alle Besprechungsnotizen mit dem Kunden ab und bewahrt auch Telefonprotokolle der Gespräche mit einzelnen Kunden auf. Auch Entscheidungen, die für den Kunden oder bezüglich etwaiger Projekte getroffen werden, finden Platz in dem Notizbuch.

Sind zu einem Kunden neue umfassende Informationen vorhanden, kann Helmut R. ein neues Notizbuch für diesen Kunden erstellen. Vorhandene Abschnitte werden dann einfach per Drag & Drop in dieses neue Notizbuch verschoben.

Benötigt Helmut R. schnell Informationen zu einem bestimmten Kunden, klickt er auf die entsprechende Abschnittsregisterkarte, blättert durch die Seiten oder ermittelt Informationen komfortabel über die Suchfunktion.

Der vielfältige Arbeitsalltag unseres Außendienstmitarbeiters ist mit dem passenden Handwerkszeug effizienter geworden.

Zeit zum Zuhören – der Ton macht die Musik

Helmut R. ist nun bei seinem Kunden angekommen. Die Chemie stimmt zwischen den beiden und es findet ein lebhaftes Gespräch statt. Viele Informationen werden ausgetauscht. Die Mitschrift – ob am PC oder auf Papier – würde die Unterhaltung behindern.

Daher nutzt Helmut R. die Audiofunktion in OneNote. So kann er alles Besprochene mitschneiden und später in Ruhe das Protokoll erstellen.

Unterseite für das Protokoll mit »Tag« – Audionotizen sind damit leicht wiederzufinden

OneNote bietet die Möglichkeit, Audio- und Videoclips zu erstellen und als Teil Ihrer Notizen zu speichern, um Details wichtiger Besprechungen, Kurse, Interviews und auch Telefongespräche aufzuzeichnen. Mithilfe von Audionotizen können Sie dem Gespräch mehr Aufmerksamkeit schenken, als wenn Sie eigenhändig mitschreiben.

Videonotizen eignen sich besonders zum Aufzeichnen von Präsentationen bei geschäftlichen Besprechungen und Kursen.

> Für Audioaufzeichnungen benötigen Sie ein Mikrofon. Die meisten Laptops und Tablet-PCs verfügen über ein integriertes Mikrofon. Für Videoaufzeichnungen benötigen Sie ein Videoaufnahmegerät, z.B. eine Webcam.

Die Audioaufzeichnung

1. Öffnen Sie die Registerkarte *Einfügen*.

2. Klicken Sie auf die Schaltfläche *Audio aufnehmen*, um die Aufzeichnung zu starten.

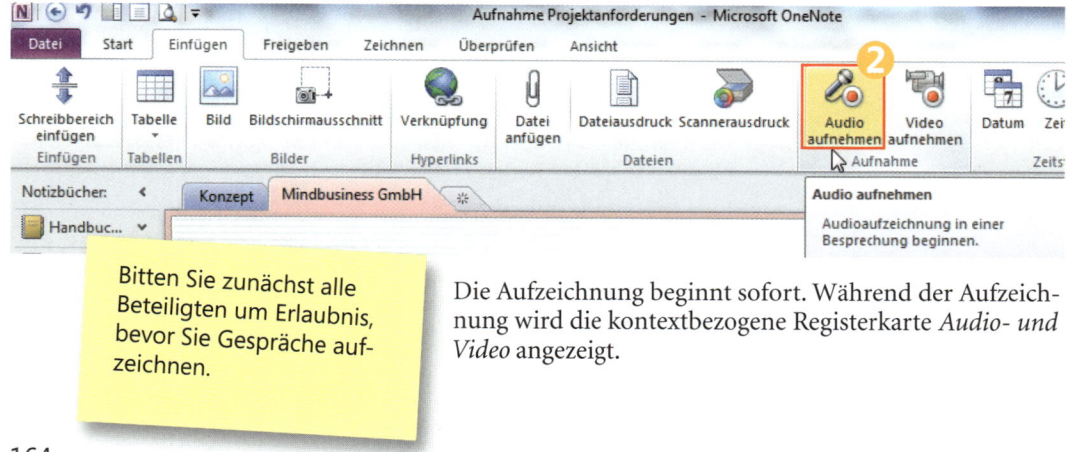

> Bitten Sie zunächst alle Beteiligten um Erlaubnis, bevor Sie Gespräche aufzeichnen.

Die Aufzeichnung beginnt sofort. Während der Aufzeichnung wird die kontextbezogene Registerkarte *Audio- und Video* angezeigt.

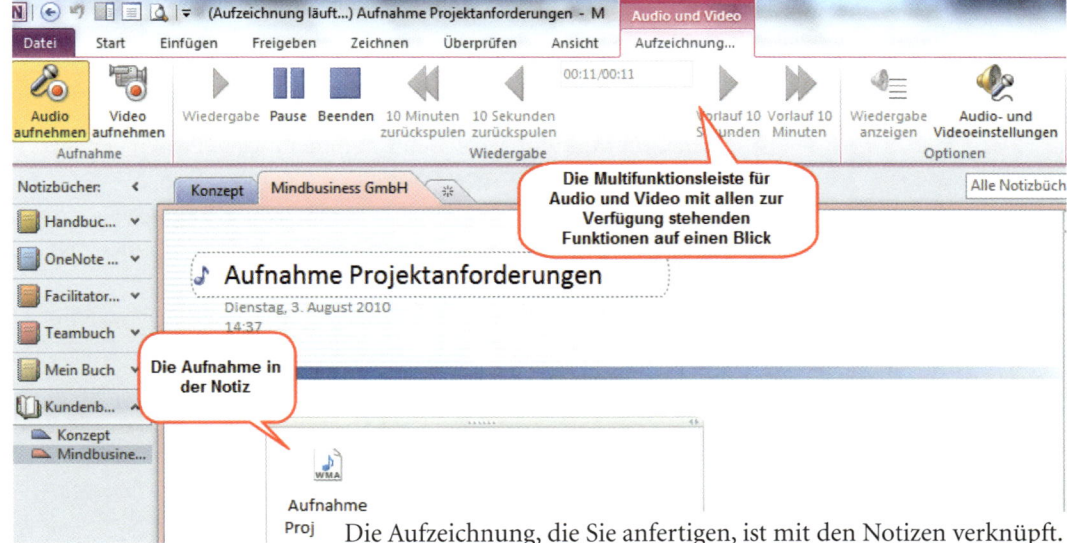

Die Aufzeichnung, die Sie anfertigen, ist mit den Notizen verknüpft. Dadurch können Sie die Notizen später nach Schlüsselwörtern oder Texten durchsuchen, die einer bestimmten Aufzeichnung zugeordnet sind.

Die Audiosuche ist automatisch deaktiviert. Sie können aber mit ein paar Klicks Einstellungen für Audio und Video vornehmen:

1. Klicken Sie auf der Registerkarte *Audio und Video* auf die Schaltfläche *Audio- und Videoeinstellungen.*

2. Nehmen Sie im Dialogfeld *OneNote-Optionen* in der Kategorie *Audio und Video* die gewünschten Einstellungen vor.

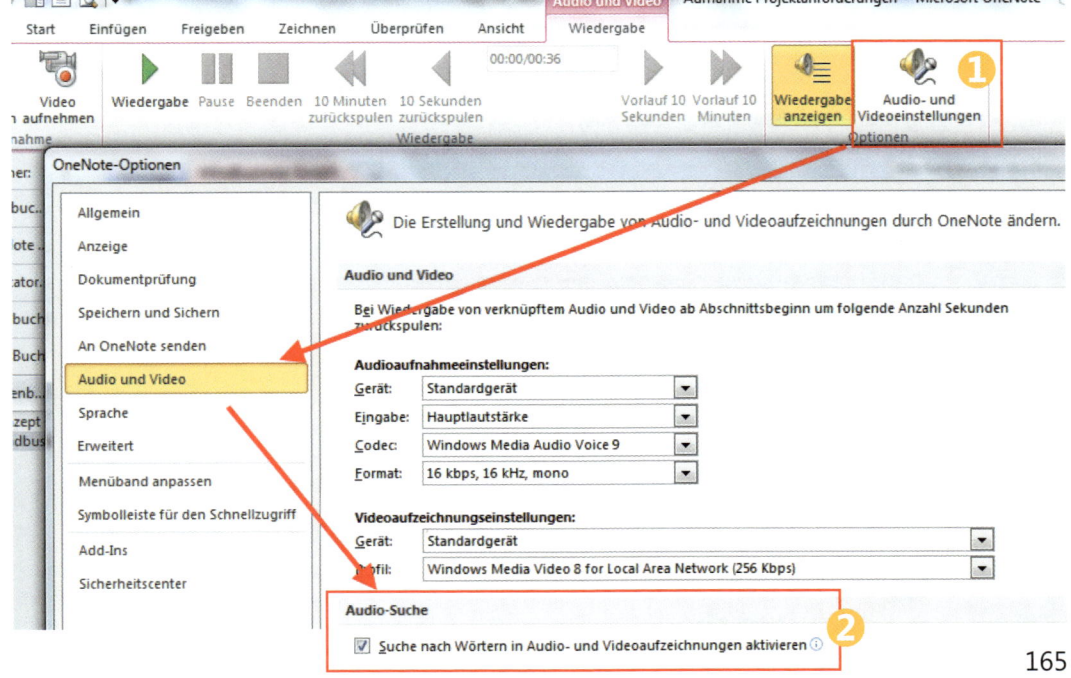

Wenn Sie Option *Nur Audio aufzeichnen* gewählt haben, zeichnet OneNote den Soundclip als .wma-Datei auf.

Haben Sie die Option *Video aufzeichnen* gewählt, kombiniert OneNote die Audio- und Videodaten in einer .wmv-Datei, vorausgesetzt, ein Mikrofon ist an den Computer angeschlossen oder als Bestandteil einer Kamera verfügbar.

Nachdem eine Videoaufzeichnung in OneNote erstellt wurde, können Sie den Audioanteil in den Notizen nicht vom Videoanteil trennen.

Sie können eine Audioaufnahme starten, auch wenn Sie OneNote nicht geöffnet haben:

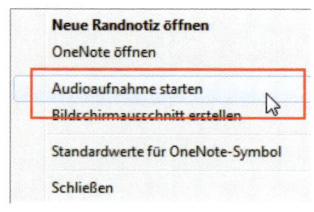

- Klicken Sie dazu mit der rechten Maustaste auf das OneNote-Symbol in der Windows-Taskleiste und wählen Sie den Befehl *Audioaufnahme starten.*

Noch einmal alles anhören

Zurück im Büro. Die Nacharbeit hält sich dank der guten Vorbereitung für Helmut R. in Grenzen und so hat er seinen Tag schnell protokolliert. Um jedoch das Angebot für den Kunden MindBusiness auszuarbeiten, möchte er sich das Gespräch mit dem Kunden noch einmal in Ruhe anhören.

Das ist zu tun:

- Klicken Sie auf das Audio-Symbol neben der Notiz (**1**), um den Teil der Aufzeichnung anzuhören.

- Es öffnet sich automatisch die kontextbezogene Registerkarte *Audio und Video* (**2**).

- Sie können die Wiedergabe jederzeit beenden oder vorübergehend anhalten, indem Sie auf die Schaltfläche *Beenden* (**3**) bzw. auf die Schaltfläche *Pause* (**4**) klicken.

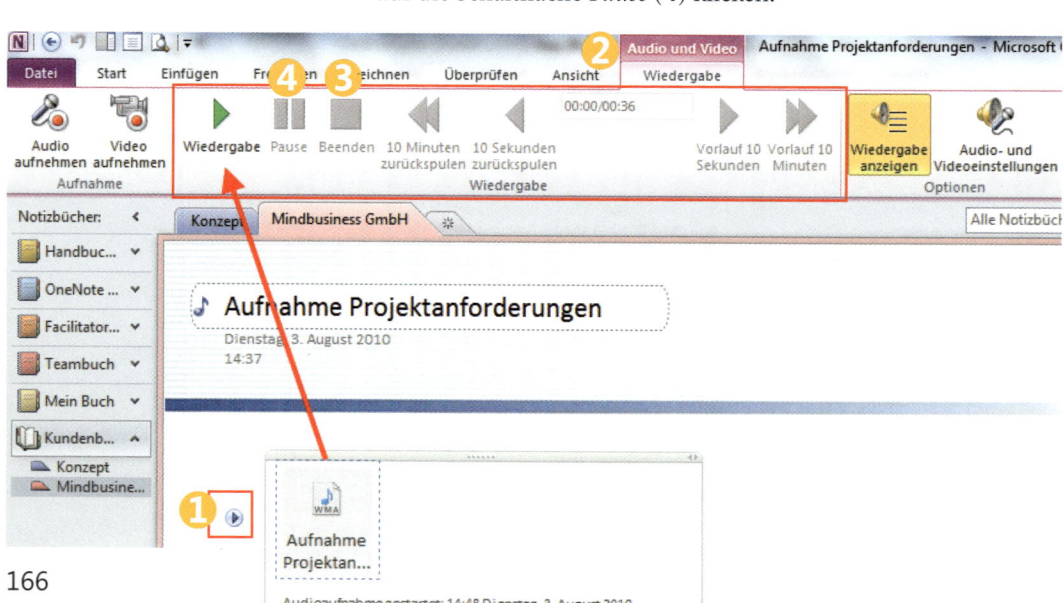

Den Kollegen mit ins Boot holen

Helmut R. zieht den Kollegen aus der Technik zurate. Der Kunde hat spezielle Wünsche, die nicht so ohne Weiteres zu lösen sind. Um das Konzept sauber auszuarbeiten, muss die Technik noch ein paar Informationen liefern.

Der Außendienstmitarbeiter telefoniert mit seinem Kollegen Thomas K. und erzählt ihm von den Anforderungen. Damit der Kollege sich selbst in Ruhe ein Bild machen kann, stellt Helmut R. ihm einfach die Audioaufzeichnung zur Verfügung. So kann er sicher sein, keine wichtigen Detailinformationen zu vergessen.

Da die beiden noch nicht in einem gemeinsamen Netzwerk arbeiten, möchte Helmut R. die Datei als Mail senden.

Das ist zu tun:

1. Öffnen Sie die Registerkarte *Datei* und klicken Sie auf *Optionen*.

2. Klicken Sie im Dialogfeld *OneNote-Optionen* auf *Erweitert* und scrollen Sie zum Abschnitt *Aus OneNote gesendete E-Mail Nachrichten*.

3. Stellen Sie sicher, dass das Kontrollkästchen *Eingebettete Dateien als separate Dateien an E-Mail-Nachricht anfügen* aktiviert ist.

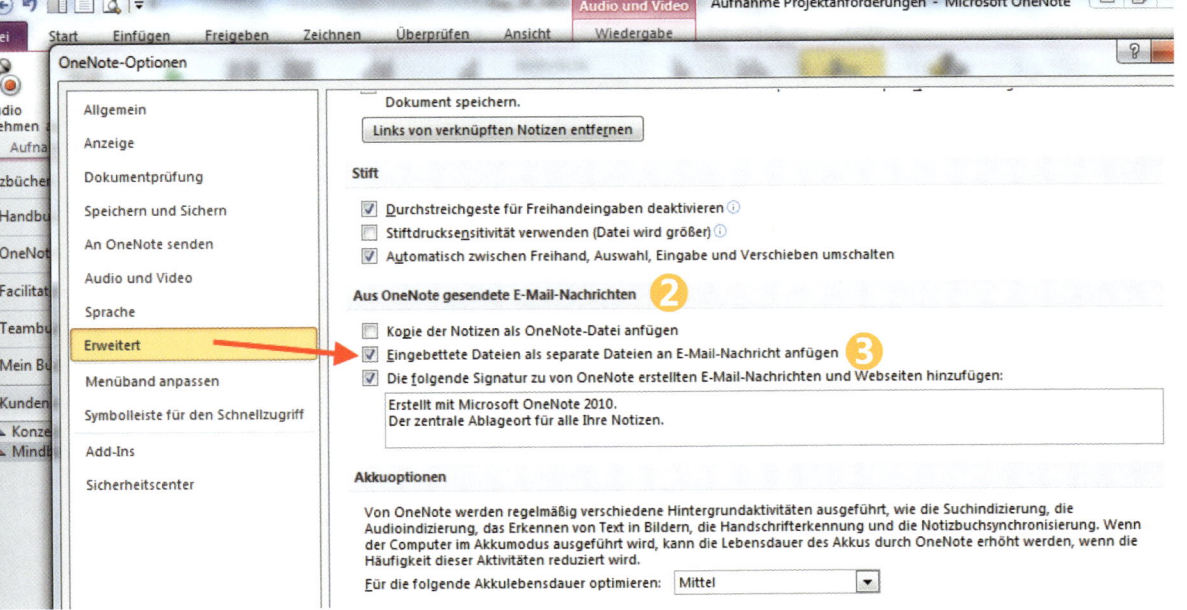

4. Klicken Sie auf *OK*.

5. Öffnen Sie die OneNote-Seite, die die zu sendende Audio- und Videodatei enthält.

6. Wählen Sie auf der Registerkarte *Datei* den Befehl *Senden*.

7. Klicken Sie auf den Eintrag *Seite als Anlage per E-Mail senden*.

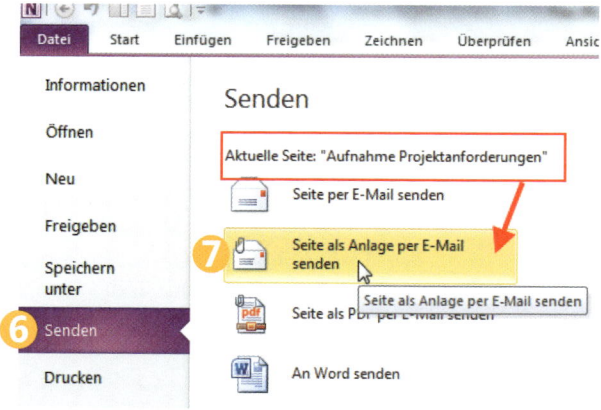

8. Geben Sie in dem sich öffnenden E-Mail-Formular, dem die Audiodatei als Anhang beigefügt ist, den Empfänger und einen Betreff an und klicken Sie dann auf die Schaltfläche *Senden*.

Die E-Mail mit Anhang – es kann losgehen

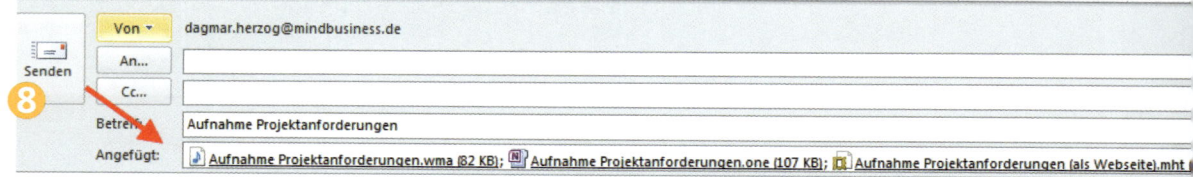

Klicken Sie auf die MHT-Anlage, um die Notizen als Webseite anzuzeigen

Thomas K. hört sich die Aufzeichnungen an.

Montagmorgen hat Helmut R. die noch fehlenden Informationen des Technikers. Das Konzept kann fertiggestellt und dem Kunden vorgestellt werden.

Das heißt, die Informationen konnten gut aufgenommen und gezielt verarbeitet werden.

Fazit

OneNote ist ein sehr gutes Werkzeug für das breite Spektrum der Aufgaben eines Außendienstmitarbeiters. Selbstständiges Managen von Informationen ist vielfältig möglich und jeder kann im Rahmen der unternehmensspezifischen Vorgaben eigene Arbeitsstrategien entwickeln.

Der Weg ins geordnete Chaos...

Alles Große in unserer We
geschieht nur, weil jemand
mehr tut, als er muß.   H. Gme

Konzeptionelles Arbeiten mit OneNote

Mit jeder Minute, die vergeht, nehmen wir neue Informationen wahr, die wir verarbeiten und auf die wir reagieren. Wir hören im Autoradio Nachrichten, verfolgen die Beschilderung der neuen Baustelle und verhalten uns entsprechend den Verkehrsregeln. Wir gehen ins Büro, merken beim Treppensteigen den Muskelkater vom gestrigen Laufen, sind in Gedanken beim Milchkaffee und tauschen uns mit dem Kollegen über die streikenden Bauern aus, die wir gestern vor dem Supermarkt beobachtet haben.

Wohin mit den Informationen, die wir registrieren, die wir sammeln und behalten wollen, auf die wir früher oder später noch mal zurückgreifen müssen?

Dieses Kapitel stellt Ihnen interessante Informationen sowie Tipps und Tricks für optimales und konzeptionelles Arbeiten mit One-Note bereit.

Der Aufbau eines Notizbuchs

Stellen Sie sich Ihre Pinnwand vor: Sie lesen einen lustigen Comic, den Sie ausschneiden, um auch die nächste Woche noch darüber schmunzeln zu können. Glückwunschkarten, Babyfotos der Kinder von Kollegen – Geburtsdatum und Name stehen auf der Rückseite. Telefonnummern, Veranstaltungsflyer, Ausschnitte zu Konzerten, neue Frisurentrends, Hoteladressen, Einkaufszettel und Kochrezepte. Die meisten Pinnwände sind eine einmalige Informationszentrale. Ein Fundus an spannenden, wichtigen, mal lustigen, kurz- oder langlebigen Informationen.

Ein befreundetes Ehepaar schwärmt von seinem letzten Urlaubsziel und gibt uns den Tipp, sich das Hotel für den nächsten Kurzurlaub zu merken. Da wir uns einen digitalen Bilderrahmen kaufen wollen, recherchieren wir im Internet über Herstellermodelle, Testergebnisse und Lieferzeiten. Und wenn wir schon mal dabei sind, speichern wir auch gleich die Leserberichte zu den neuesten digitalen Spiegelreflexkameras – denn irgendwie gehören die beiden Dinge doch zusammen.

Hintergrundinformationen

In der Philosophie steht »Chaos« für den ungeordneten Urzustand der Welt vor Beginn der Zeit. In der Schöpfung wurde das Chaos zurückgedrängt, wurden Form und Ordnung hergestellt.

Im allgemeinen Sprachgebrauch steht Chaos für Unbeherrschbares, Wirres, Ungeordnetes. Wir versuchen, Chaos zu vermeiden, es abzugrenzen und so gut wie möglich zu kontrollieren. Denn dem Chaos steht die geordnete, regelmäßige Welt gegenüber. Sie wird beherrscht durch eine Fülle von kausalen Mechanismen und Ursache-Wirkung-Beziehungen.

Wikipedia definiert Struktur als »den (inneren) Aufbau einer Sache oder eines Systems, also die Art und Weise, wie Teile eines Ganzen untereinander und zu diesem Ganzen verbunden sind. (Vom lat.: structura = ordentliche Zusammenfügung, Bau, Zusammenhang; bzw. lat.: struere = schichten, zusammenfügen).«

Immanuel Kant definierte Struktur als »Lage und Verbindung der Teile eines nach einheitlichem Zweck sich bildenden Organismus«.

Doch wie bekommen wir nun Struktur in die vielen Informationen, die wir tagtäglich aufnehmen? Und in welcher Form erfassen wir das Ergebnis von Erfahrungsprozessen, dem in der jeweiligen aktuellen Situation Bedeutung und Geltung beigemessen wird?

Microsoft OneNote stellt ein ideales Werkzeug zum Erfassen von Informationen aller Art dar. Doch natürlich ist auch hier ein durchdachter Aufbau und die Strukturierung der Informationen ein Muss – denn »OneNote schützt vor Chaos nicht«.

In diesem Abschnitt vermitteln wir Ihnen Möglichkeiten und Wege zum Aufbau eines Notizbuchs – wie die Struktur Ihres Notizbuchs aussehen könnte, was sich im täglichen Umgang mit OneNote bewährt hat und welche Möglichkeiten OneNote bei der Erfassung von Notizen, Hinweisen, Daten und Ideen bietet.

Umsetzung

Diese Bereiche und Funktionen kommen zum Einsatz:

- Aufbau eines Notizbuchs
- Seiten, Unterseiten und Abschnitte anlegen
- Vorlagen einbinden
- Hyperlinks innerhalb eines Notizbuchs setzen

Der Weg ins geordnete Chaos – den Aufbau verstehen

Sie haben sich für OneNote entschieden, um Ordnung und Struktur in Ihre Daten und Notizen zu bekommen. Entsprechend dieser Gesetzmäßigkeit beginnen Sie mit OneNote zu arbeiten. OneNote bietet unglaubliche Flexibilität – denn ebenso wie Schreibblöcke, selbstklebende Zettel, Schreibtischunterlagen, Pinnwände und Schnipsel passt sich OneNote Ihrem Bedarf an.

Die Ablagestruktur von OneNote teilt sich in fünf Bereiche:

- Notizbuch
- Abschnitt
- Seite
- Unterseite
- Abschnittsgruppe

Die Ablagestruktur von OneNote

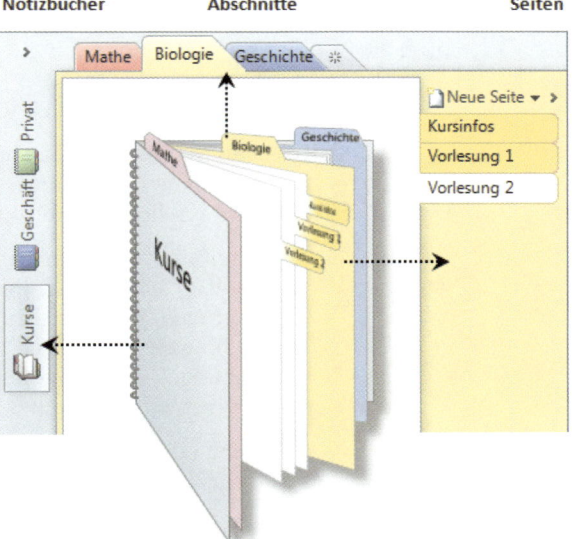

Dabei folgt die Systematik unserem gewohnten Arbeitsstil in übersichtlicher Logik:

OneNote-Bereich	... entspricht:
Seite	Blatt Papier
Unterseite	Selbstklebender Zettel auf einem Blatt Papier oder einer Schreibtischunterlage
Abschnitt	Ringbucheinlage (fachliche Abgrenzung)
Abschnittsgruppe	Kategorie mit Untergruppe einem (Fach-) Gebiet zugehörend
Notizbuch	Ringbuch

Wenn Sie sich entscheiden, bewusst keine Struktur anzulegen, übernimmt OneNote die Aufgabe, Ordnung zu schaffen. Automatisch werden alle Bildschirmausschnitte, Kopien von Webseiten/Dokumenten, Sprachnachrichten, E-Mails bei einer Weiterleitung an OneNote u.v.m. im Abschnitt *Nicht abgelegte Notizen* archiviert. Diese Standardeinstellung können Sie im Dialogfeld *OneNote-Optionen* in der Kategorie *Speichern und Sichern* anpassen.

Alle Informationen werden automatisch im Abschnitt Nicht abgelegte Notizen *gespeichert*

Durch die effektive Suche bleiben die Informationen auch in einem sehr umfassenden Abschnitt *Nicht abgelegte Notizen* jederzeit auffindbar.

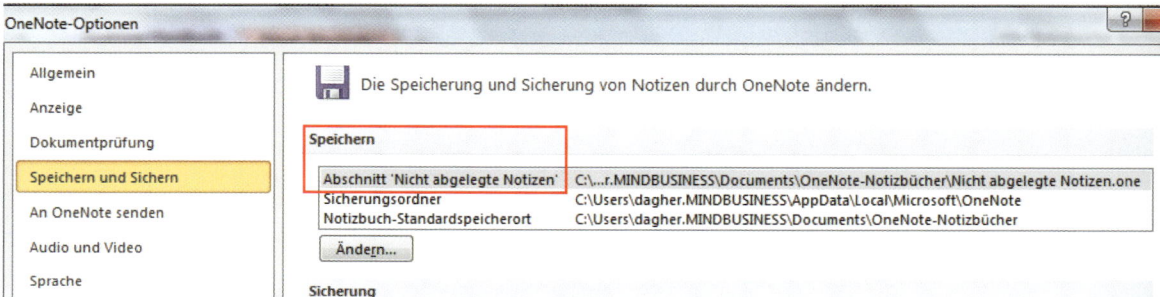

Informationen strukturieren in der Praxis

Ein Beispiel, das in seinem Aufbau auf geschäftliche wie private Angelegenheiten in mehr oder weniger gleichem Umfang übertragbar ist, soll den strukturellen Aufbau von OneNote erläutern.

Ein Schulungshandbuch für die englischsprachigen Kollegen soll erstellt werden – Sie haben sich dieser Aufgabe angenommen. Es gibt viel zu tun – packen wir es an. Mit der Übernahme der Aufgabe fällt der Startschuss für eine Zeit der Planung. Da das Handbuch in Englisch erstellt werden soll, nennen wir unser neues Projekt *Facilitator Guide*.

> Bleiben Sie Ihrem Ordnungssinn treu. Nehmen Sie Ihr persönliches Schema und bilden Sie genau diese Struktur auch in OneNote ab.

Nun stehen Ihnen verschiedene Strukturierungsmöglichkeiten zur Verfügung.

Eine erste Struktur vorgeben

Sie legen sich als Erstes ein neues Notizbuch mit dem Namen des Projekts an. Darunter integrieren Sie weitere neue Abschnitte.

Das neue Notizbuch mit zwei weiteren neuen Abschnitten

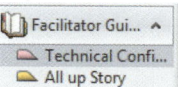

In welcher Form würden Sie Papierdokumente ablegen, wie übergreifende Fachbereichsthemen, Module mit verschiedenen Arbeitsthemen etc.?

Wie sieht diese Struktur in OneNote aus?

Legen Sie für Module per Rechtsklick auf Ihr Notizbuch einfach eine neue Abschnittsgruppe an und für jedes einzelne Modul (Arbeitsthema) einen neuen Abschnitt.

Hier sammeln Sie dann ausschließlich Informationen, die dieses Thema betreffen.

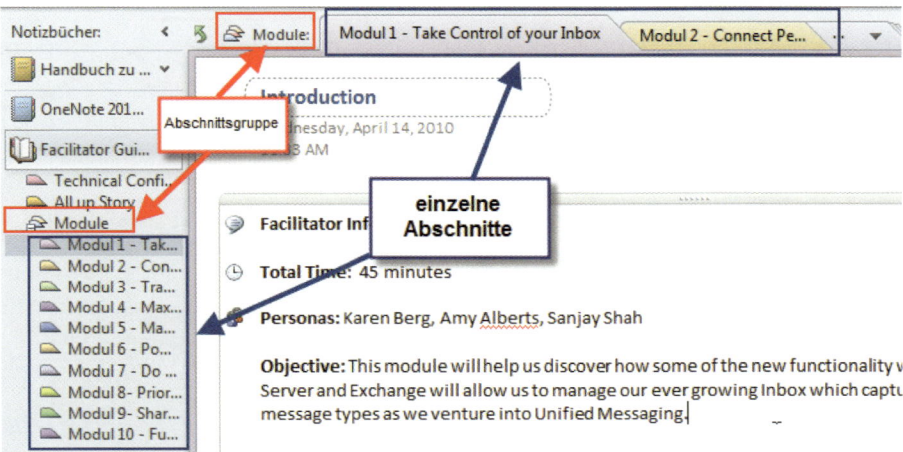

Darstellung der Abschnittsgruppe Module *und die darunter angeordneten Bereiche*

In einen physikalischen Ringbuchordner würden Sie verschiedene Trennblätter mit entsprechender Beschriftung (z.B. *Allgemein*, *Modul 1*, *Modul 2*, *Modul 3* usw.) einfügen.

Hinter dem Trennblatt *Allgemein* stünden anschließend alle (Recherche-) Ergebnisse und Vorschläge zum Thema »Allgemein«: Story, technische Tipps, Produkte, Vertrieb, Aufbau usw.

Entsprechend bilden Sie das auch in Ihrem OneNote-Notizbuch ab. Das heißt, Sie fügen über Rechtsklick auf einen bestehenden Abschnitt – entsprechend dem Bereich nach dem Trennblatt in einem Ringbuch – neue Abschnitte ein.

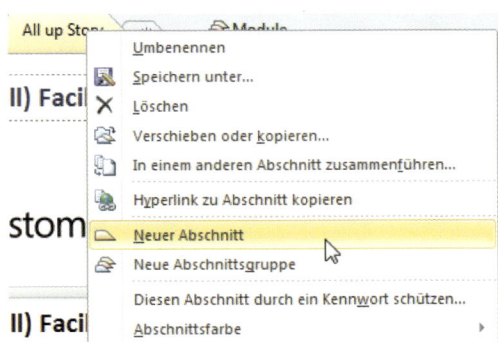

Ein neuer Abschnitt kann jederzeit eingefügt werden

Einige Informationen haben Sie schon gesammelt, andere von Kollegen zugeschickt bekommen. Entsprechend dem Bereich ordnen Sie die Informationen direkt den richtigen Kategorien zu.

Durch das Blättern in bestehenden Unterlagen kommen immer neue Aspekte hinzu. Um keinen Hinweis zu übersehen, legen Sie diese Informationen vorerst unsortiert in einem Abschnitt *Infosammlung* ab.

Ein Abschnitt, der bereits mit Informationen gefüllt ist

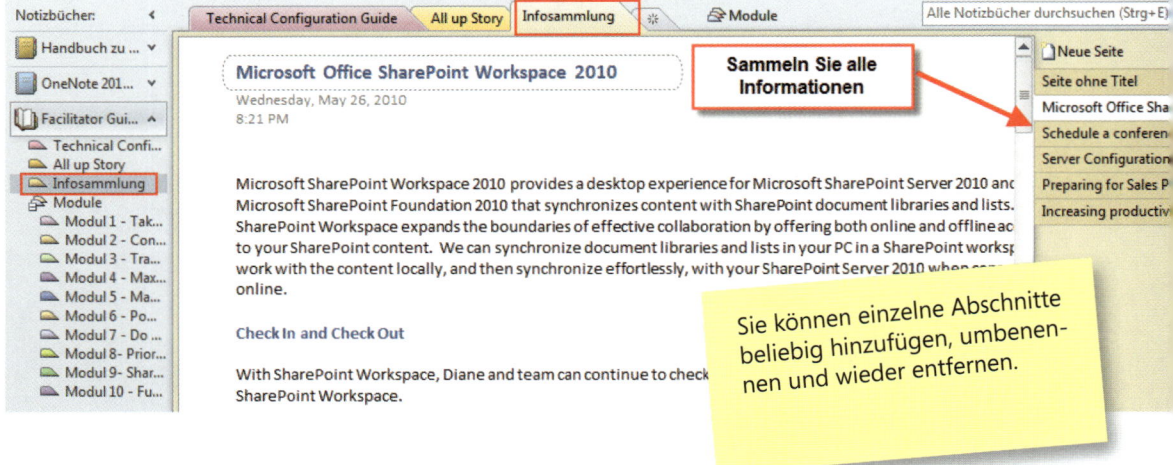

Unterseiten für mehr Übersichtlichkeit

Bei einigen Themen merken Sie schnell, dass weitere Kategorisierungen notwendig werden. Wie z.B. beim Bereich *Server Configuration*. Hier sind verschiedene Arbeitsschritte aufzuschlüsseln, die thematisch getrennt voneinander geordnet werden müssen, wie *Create Virtual Networks*, *Importing*, *Exporting* etc. Sie ergänzen daher die Seite *Server Configuration* mit diversen Unterseiten.

Gehen Sie dazu wie folgt vor:

1. Aktivieren Sie die gewünschte Seite und wählen Sie im Dropdownmenü zu *Neue Seite* die Option *Neue Unterseite*.

2. Definieren Sie den Titel der Unterseite.

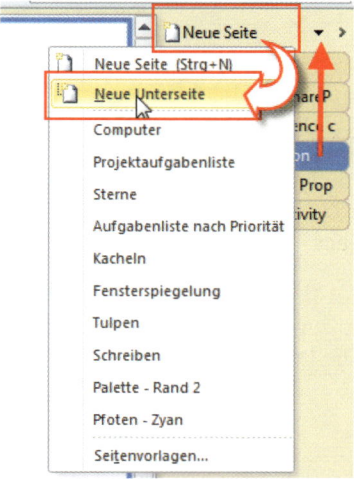

Nun können Sie die Detailinformationen, Bemerkungen, Bilder usw. auf der Unterseite einfügen.

Ordnen Sie einer Seite neue Unterseiten zu

Die Unterseite entspricht vom Aussehen her einer ganz normalen Seite und wird in der Übersicht am rechten Rand eingerückt dargestellt (**1**).

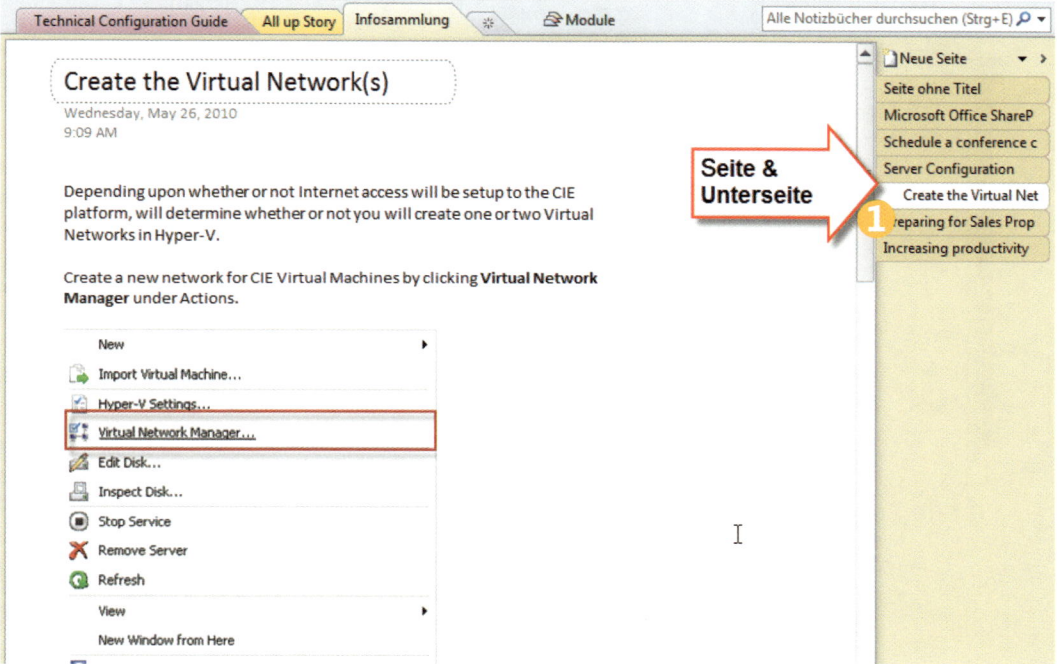

Wenn Sie ein privates oder kein offizielles Notizbuch erstellen und Freude an Farben und bunten Bildern haben, erstellen Sie neue Seiten basierend auf Vorlagen – ähnlich wie Briefpapier.

1. Öffnen Sie dazu das Dropdownmenü zu *Neue Seite* und wählen Sie *Seitenvorlagen.*

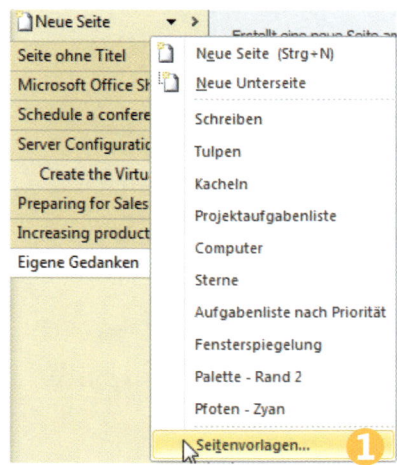

2. Blättern Sie in den verschiedenen Seitenlayoutkategorien, um das passende Layout zu finden. Das von Ihnen gewählte Layout wird beim nächsten Mal direkt als Favorit aufgeführt. Wir haben in unserem Beispiel die Vorlage *Schreiben* gewählt.

*Arbeiten
mit Seitenvorlagen*

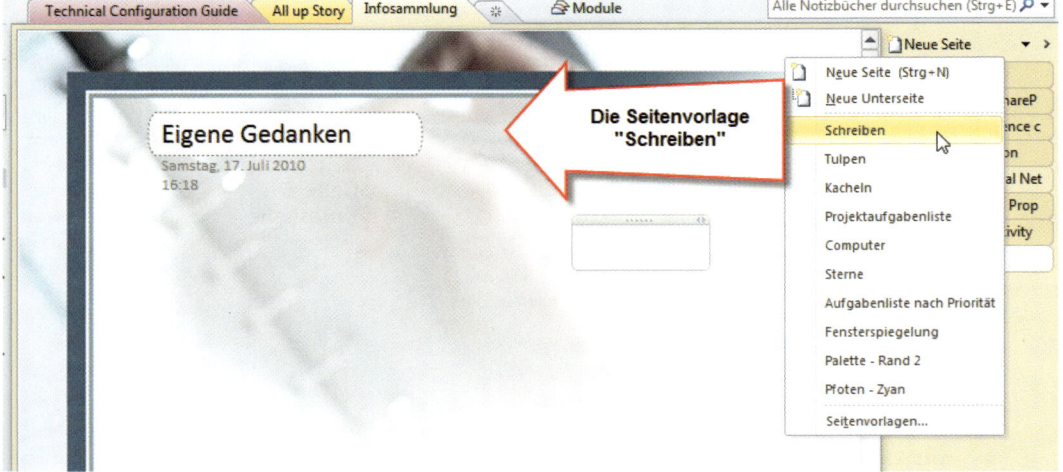

Einzelne Notizbuchseiten untereinander verlinken

In dem Handbuch wird auf das Thema »Server Configuration« in einer Zusammenfassung nochmals hingewiesen. Der Leser möchte später über die Linkliste auf das Thema zugreifen – doch auf welcher Seite, in welchem Abschnitt steckt es nur?

Möchten Sie das Handbuch für den Leser komfortabel zur Verfügung stellen, ist es empfehlenswert, die Themen untereinander zu verbinden.

So gehen Sie vor:

1. Klicken Sie mit der rechten Maustaste auf den Text, auf den Sie verlinken möchten, und wählen Sie den Befehl *Hyperlink zu Absatz kopieren.*

2. Öffnen Sie die Seite, zu der eine Verknüpfung erstellt werden soll, und fügen Sie dort an der passenden Stelle den Hyperlink ein. Drücken Sie dazu die Tastenkombination ⌑Strg⌑+⌑V⌑ oder klicken Sie mit der rechten Maustaste und wählen Sie im Kontextmenü die gewünschte Einfügeoption.

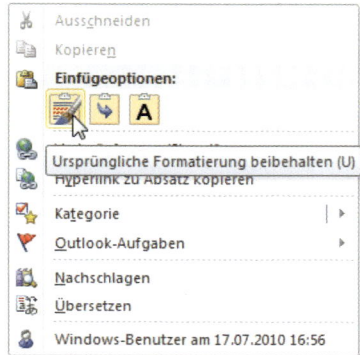

Der Hyperlink wurde nun entsprechend Ihren Angaben eingefügt:

Mit einem Klick ist der Leser auf der passenden Seite

Fazit

Der oben beschriebene Aufbau kann auf alle Bereiche, Projekte und Aufgaben übertragen werden.

Hier ein Teambuch, das dem gleichen Prinzip entspricht:

Aufbau eines Notizbuchs für Zusammenarbeit im Team

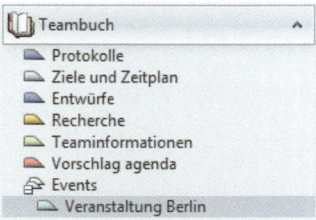

Die Struktur des Teambuchs setzt sich wie folgt zusammen:

Bereich in OneNote	Inhalte im Teambuch
Neues Notizbuch	Teambuch
Eingefügte Abschnitte	Protokoll, Entwürfe, Recherche
Erstellte Abschnittsgruppe	Events
Abschnitt in der Abschnitts-gruppe	Veranstaltung Berlin
Eingefügte Seiten	Aufgabenliste, Meeting-Mitschrift

Natürlich können Sie auch hier auf entsprechende Seitenlayouts zurückgreifen, die im geschäftlichen Zusammenhang passen. Die angebotenen Vorlagen unterstützen Sie dabei, strukturiert und ohne großen Zeitaufwand Aufgaben festzuhalten und gleichzeitig zu priorisieren.

Vorlagen für den Gebrauch im Business

Weitere hilfreiche Tipps und Tricks zur Verwendung und zum Aufbau von OneNote finden Sie auch auf Office Online unter *http://office.microsoft.com*.

Konzepte aufbauen und abrufen

Für Berater, Trainer, Coaches etc. ist es wichtig, Informationen auf effiziente Art zu speichern und bei Bedarf direkt abrufen zu können. Die Qualität der Informationsspeicherung hängt in erster Linie davon ab, wie einfach darauf zugegriffen werden kann. Da kommt OneNote genau richtig!

Hintergrundinformationen

Der Begriff »Konzeption« wird für einen gedanklichen Entwurf und klar umrissene Grundvorstellungen verwendet. Ein Konzept stellt die Strategie und die Rahmenbedingungen für ein ausführendes Handeln fest. Es beinhaltet die dazu notwendigen Informationen und Begründungszusammenhänge. Meist ist auch eine Chancen-Risiken-Abwägung und ein Zeit- und Maßnahmenplan integriert.

Im allgemeinen Sprachgebrauch werden Konzept und Konzeption häufig synonym verwendet. Wo liegen die Unterschiede?

Die Konzeption ist umfassender und detaillierter als ein Konzept:

- in Tiefe und Breite der Vorüberlegungen
- in der theoretischen Auseinandersetzung mit dem Planungsobjekt oder Thema

Die Konzeption wird daher oftmals auch als erster planerischer Entwurf oder Prototyp bezeichnet. Sie erfolgt in der Regel in schriftlicher Form und sollte regelmäßig auf Relevanz und Aktualität überprüft werden.

Die Phasen zur Erstellung eines Konzepts

Die Forderungen an ein Konzept sind heute wesentlich komplexer als noch vor einigen Jahren. Gefordert sind schöpferische Leistungen und die Entwicklung von Ideen.

Bevor Sie jedoch in blinden Aktionismus verfallen, sind eine saubere Problemanalyse und die Festlegung der Strategie notwendig.

Eine detaillierte Arbeitsgrundlage für den Aufbau, die Komponenten und die Umsetzung bilden die Basis zum Erfolg des Konzepts. Angefangen mit einer fundierten Analyse der Ausgangslage sind die Ziele festzulegen. Darauf aufbauend muss eine Strategie mit den passenden Maßnahmen entwickelt werden und es müssen die weiteren Schritte nach der Umsetzung geplant werden.

Ein Schritt nach dem anderen – in der Addition entsteht ein Ganzes

Die etwas andere Gleichung

Es gibt viel zu tun: auffassen, erfassen, begreifen, Informationen empfangen, vorstellen.

Daher ist OneNote ein ideales Werkzeug, um konzeptionell zu arbeiten. Packen wir es an!

Ziel dieses Abschnitts ist es, Ihnen Ideen für das konzeptionelle Arbeiten mit auf den Weg zu geben. Funktionen, die Sie bereits in den vorhergehenden Kapiteln kennengelernt haben, werden wir nicht mehr im Detail beschreiben.

Die Umsetzung

Folgende Funktionen kommen zum Einsatz:

- Während Präsentationen schnell auf OneNote zugreifen
- Mit Kategorien arbeiten
- Seitenregister sortieren
- Bildschirmausschnitte zur besseren Übersicht
- Mit der Stiftfunktion arbeiten
- Kategorien einsetzen

OneNote und die Heinzelmännchen

Stellen Sie sich vor, ein Kursteilnehmer stellt Ihnen während einer Bildschirmpräsentation eine Frage oder Sie möchten auf eine wenig bekannte Tatsache oder ein Diagramm verweisen, das nicht in den Schulungsunterlagen enthalten ist. Was tun?

1. Lassen Sie während einer Präsentation OneNote minimiert in der Taskleiste anzeigen.

Die Heinzelmännchen waren erfolgreich

2. Sobald eine Frage kommt, öffnen Sie OneNote, geben den Suchbegriff ein und drücken die ⏎-Taste.

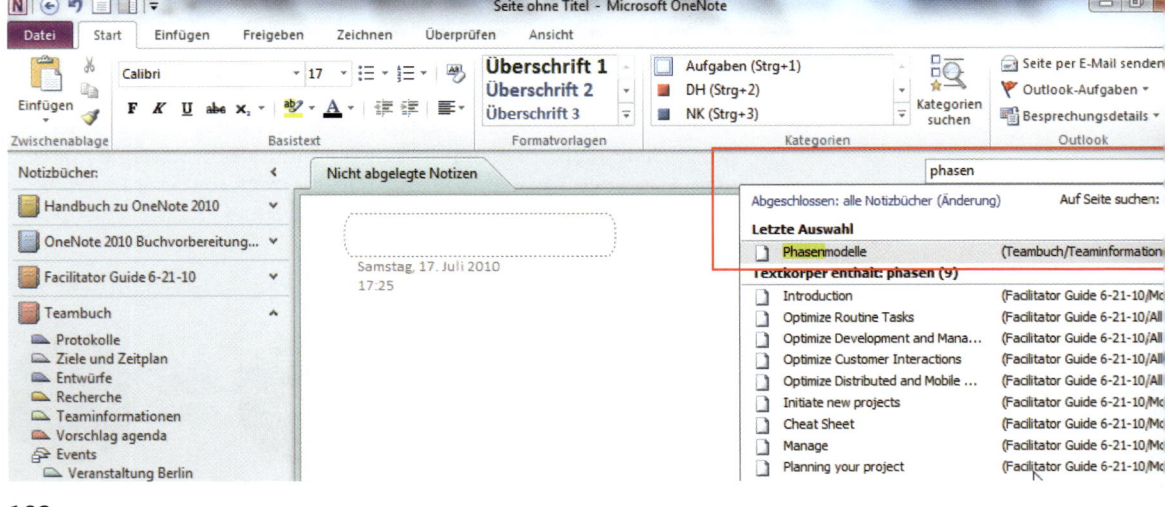

Nach dem Workshop ist vor dem Workshop – OneNote als Gedächtnisstütze für die Verfeinerung von Konzepten

OneNote können Sie einfach und schnell für den Einsatz in Workshops, Trainings oder Beratungsgesprächen einrichten. Sie werden sicherlich nicht nur einen Workshop, sondern mehrere dieser Art abhalten. Dabei achten Sie immer auf eine Aktualisierung und Verbesserung. Nutzen Sie OneNote als Gedächtnisstütze oder für die konzeptionelle Feinarbeit.

Die Umsetzung erfolgt in wenigen Schritten:

1. Erstellen Sie für jedes Workshop-Konzept einen speziellen Abschnitt.

2. Schreiben Sie Ihre Notizen nun direkt in den Notizencontainer oder kopieren Sie Material aus anderen Dateien und fügen Sie es an entsprechender Stelle wieder ein.

3. Ziehen Sie Verknüpfungen, Text oder Bilder von Webseiten in Ihre Notizen, während Sie nach Informationen im Web suchen.

4. Markieren Sie dabei Notizen, die Sie beispielsweise in weiteren Workshops integrieren wollen. Diese Notizen müssen rasch identifiziert werden können.

5. Nach dem Erstellen der Notiz können Sie sie einer Kategorie zuordnen, der Sie die Bezeichnung *Projektmanagement* geben.

Weisen Sie der Notiz eine Kategorie zu

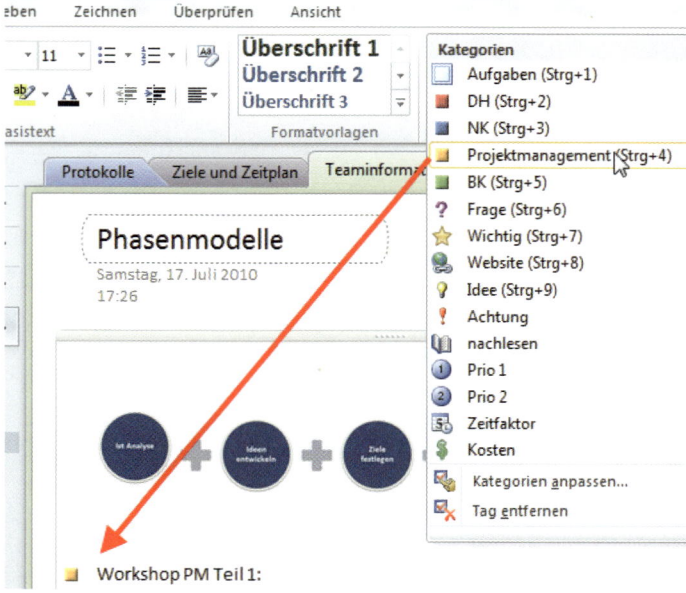

6. Wenn Sie später Ihren Workshop zum Thema Projektmanagement vorbereiten, können Sie nach allen Kennzeichnungen mit der Bezeichnung *Projektmanagement* suchen und diese Notizen in Ihre Pläne integrieren.

Passen Sie die Kategorien so an, dass Sie die Notizen rasch identifizieren und klassifizieren können

Anpassungen wirken sich nicht auf bereits kategorisierte Notizen aus.

Besonders nützlich ist die Option, dass Sie einer Notiz mehr als eine Kategorie zuweisen können. Denn wer kann sich immer an das genaue Schlüsselwort erinnern? So haben Sie die Möglichkeit, nach weiteren Klassifikationen zu suchen.

So suchen Sie nach Kategorien:

1. Klicken Sie auf der Registerkarte *Start* auf *Kategorien suchen.*

2. Wählen Sie aus, nach welcher Kategorie gesucht werden soll.

3. Klicken Sie die gewünschten Kategorien an.

4. Sie können die Suche verfeinern und eingrenzen, indem Sie den Ort angeben.

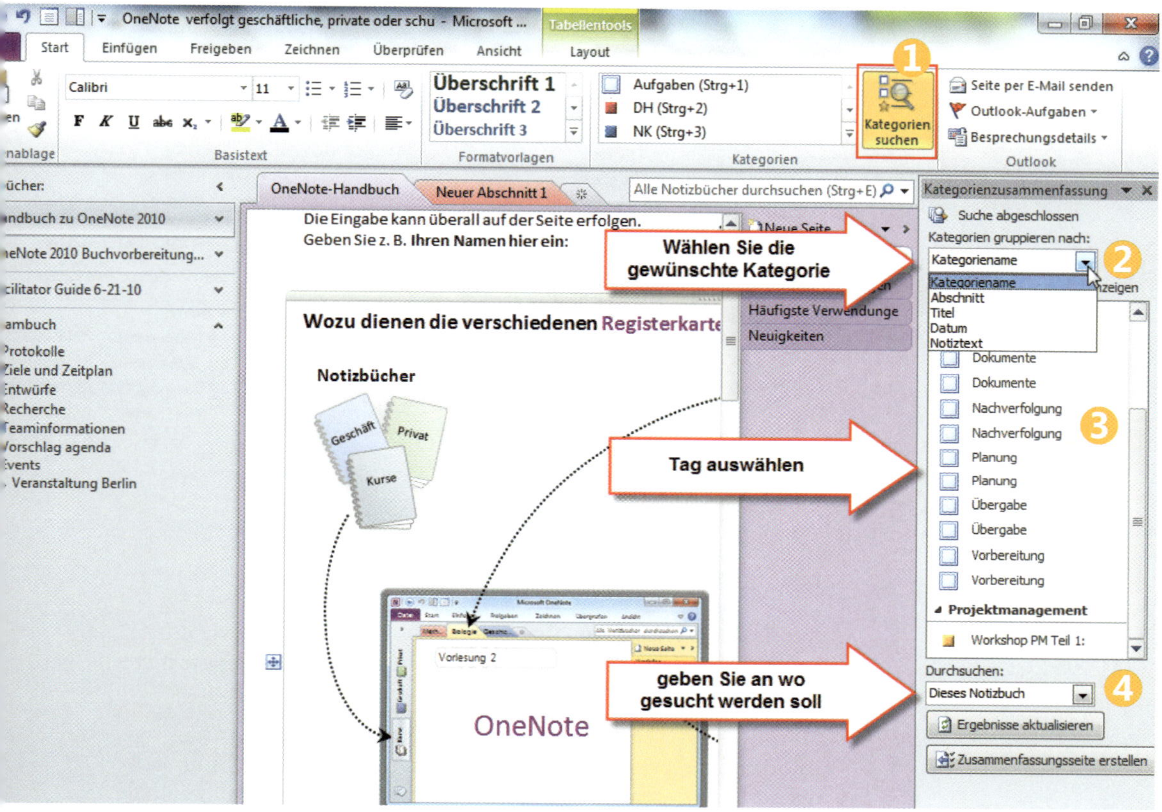

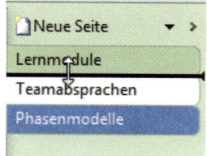

Um Ordnung in Ihre Notizen zu bringen, empfiehlt es sich, das Seitenregister alphabetisch zu sortieren. Die Seitenliste wird dabei ebenfalls in alphabetischer Reihenfolge sortiert.

So gehen Sie vor:

1. Klicken Sie auf eine Seitenregisterkarte.

   Wenn Sie mehr als eine Seite auswählen möchten, halten Sie die Strg-Taste gedrückt und klicken dann auf die Registerkarten der gewünschten Seiten.

2. Ziehen Sie mit gedrückter Maustaste die Seitenregisterkarte nach oben oder nach unten, bis das Liniensymbol sich an der Position befindet, an die die Seite verschoben werden soll.

Verrückt? In Ordnung!

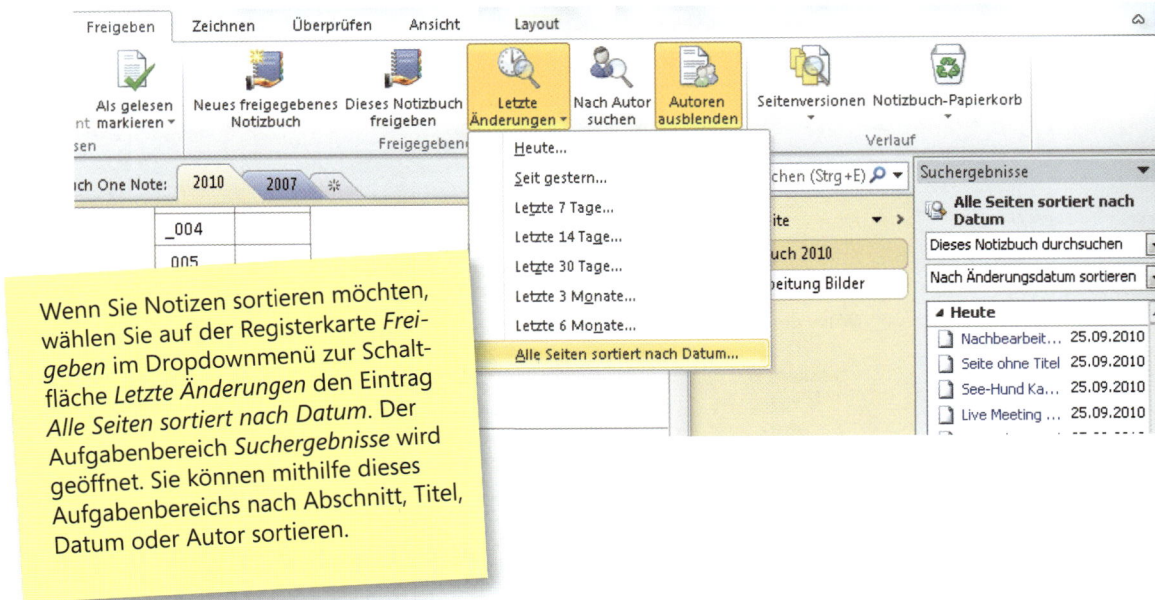

Wenn Sie Notizen sortieren möchten, wählen Sie auf der Registerkarte *Freigeben* im Dropdownmenü zur Schaltfläche *Letzte Änderungen* den Eintrag *Alle Seiten sortiert nach Datum*. Der Aufgabenbereich *Suchergebnisse* wird geöffnet. Sie können mithilfe dieses Aufgabenbereichs nach Abschnitt, Titel, Datum oder Autor sortieren.

Alle Trainer wissen, dass ihre Teilnehmer nicht nur Wissen aufnehmen, sondern auch unterhalten werden wollen. OneNote bietet Ihnen viele Möglichkeiten, alle Informationen zu notieren, mit denen Sie Ihre Workshops, Vorträge etc. unterhaltsam gestalten.

Informationen sind schließlich nur nützlich, wenn wir Sie im richtigen Moment schnell finden und dann auch rasch darauf zugreifen können!

Laptop und Desktopcomputer? Kein Problem!

Oftmals arbeiten Sie mit zwei Computern. Den Laptop nehmen Sie mit in den Workshop, der Desktopcomputer steht im Büro. Kein Problem, die Informationen zwischen Laptop und Desktopcomputer können synchronisiert werden. Dieses Thema wird im Kapitel »Teamarbeit« im Detail beschrieben.

Morgen noch wissen, was gewünscht ist

Termin beim Kunden. Fünf Personen sitzen am Tisch. Der Kunde möchte für seinen neuen Geschäftsbereich passende Office-Vorlagen ausgearbeitet bekommen. 25 Musterdateien haben Sie bereits per E-Mail zugeschickt bekommen.

Beim heutigen Termin sollen anhand der vorliegenden Musterdateien die Wünsche und Anforderungen aufgenommen werden, damit Ihr Team ein passendes Konzept ausarbeiten kann. Das Zeitfenster für die Aufnahme der Wünsche beträgt vier Stunden! Effizienz ist die oberste Priorität. Je weniger Energie für die Aufnahme der Grobinformationen aufgewendet werden muss, umso mehr können Sie sich auf das Gespräch mit dem Kunden konzentrieren, um die passenden Daten herauszuarbeiten.

Die bisherige Arbeitsweise

Wichtige Details und Pläne zu diesem oder ähnlichen Projekten aus Kundenbesprechungen werden häufig auf Papier festgehalten. Notizen werden abgetippt und in Aktenordnern oder in Ordnern auf den Computern der Mitarbeiter archiviert. Übernimmt keiner diese Aufgabe, kann nicht garantiert werden, dass wichtige Informationen in einem Format erfasst und gespeichert werden, das alle gemeinsam verwenden können.

Kommen dann während des Termins noch Hinweise wie »Das gilt übrigens für alle Vorlagen«, »Das sollten wir generell bei allen internen Vorlagen integrieren«, »Die automatische Abfrage aus Datenbanken möchte ich insbesondere bei den Projektvorlagen nutzen« etc., ist das Chaos perfekt.

Wildes Blättern zwischen den ausgedruckten Musterdateien ist die Folge. Das Übertragen dieser Notizen in die konzeptionelle Feinarbeit kostet Zeit, die Sie meist nicht haben.

Der größte Unsicherheitsfaktor ist aber die Erinnerung: Wer weiß nach zwei solcher Termine am nächsten Tag noch die Einzelheiten und kann dem Team zusammenfassend darlegen, was nun gefordert ist?

Hier ist eine effizientere Methode notwendig, um Projekte für Kunden zu konzeptionieren, zu organisieren und zu verfolgen und Ideen teamübergreifend zu nutzen. Benötigt wird eine flexible Arbeitsumgebung und die Möglichkeit, Kreativität zu fördern.

Wünsche aufnehmen und organisieren

Für Sie als Dienstleister und Berater ist eines der wichtigsten Ziele, kreative Lösungen für Kunden zu entwickeln. Dazu müssen Details und konkrete Vorhaben aus Besprechungen aufgenommen werden.

Sie haben die Musterdateien auf Ihrem Laptop dabei.

1. Sie öffnen über die Windows-Taskleiste eine neue Randnotiz.

2. Es geht im Moment um die »Musterdatei III«. Das wird von Ihnen notiert.

3. Der Kunde möchte die Kopfzeile etwas verändert haben. Kein Problem. Sie erstellen einen *Bildschirmausschnitt*.

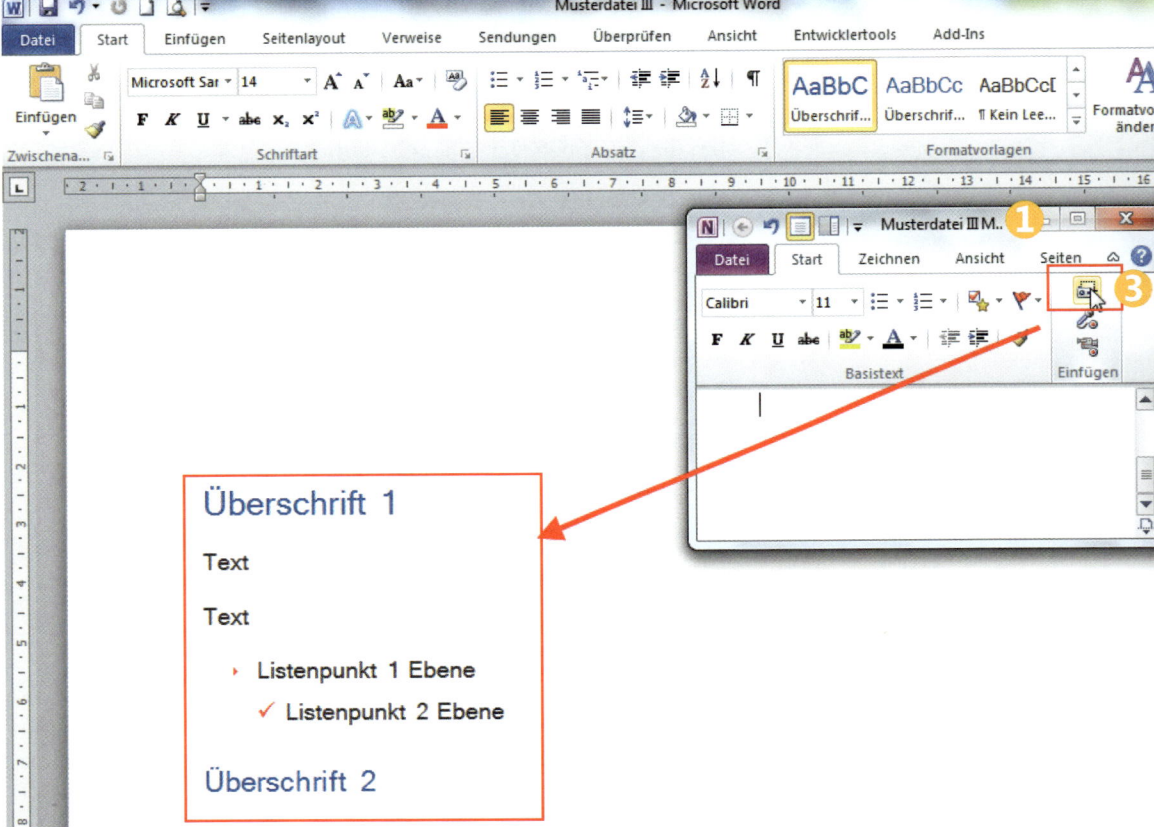

4. Sie wählen auf der Registerkarte *Zeichnen* die *Stiftfunktion*.

5. Nun können an der passenden Stelle Markierungen erfolgen und entsprechende Notizen gemacht werden.

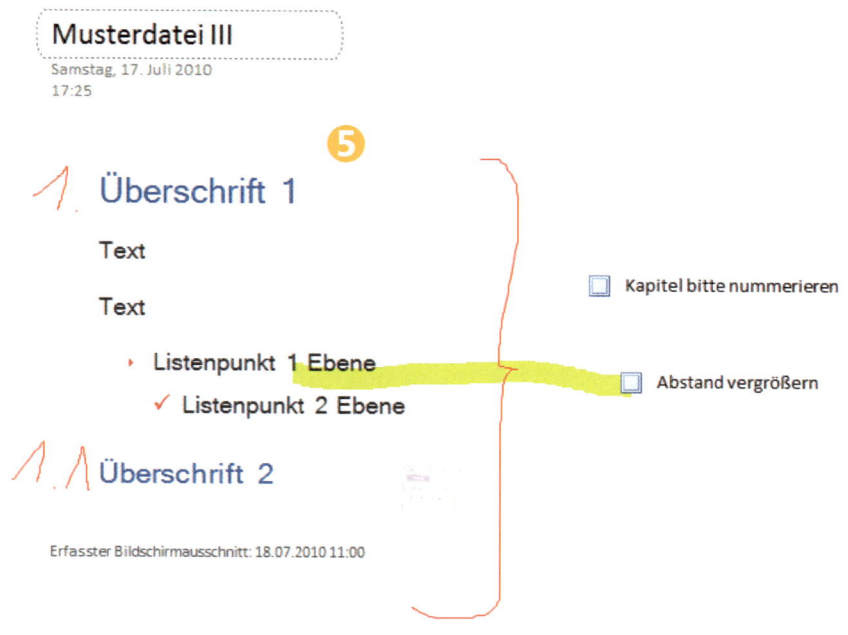

6. »Der größere Abstand gilt übrigens für alle Exposé-Dateien« – mit einer Kategorie macht Ihnen dieser Hinweis kein Problem! Sie passen Ihre Kategorien an und mit einem Klick ist die Notiz kategorisiert – sozusagen über Grenzen hinaus!

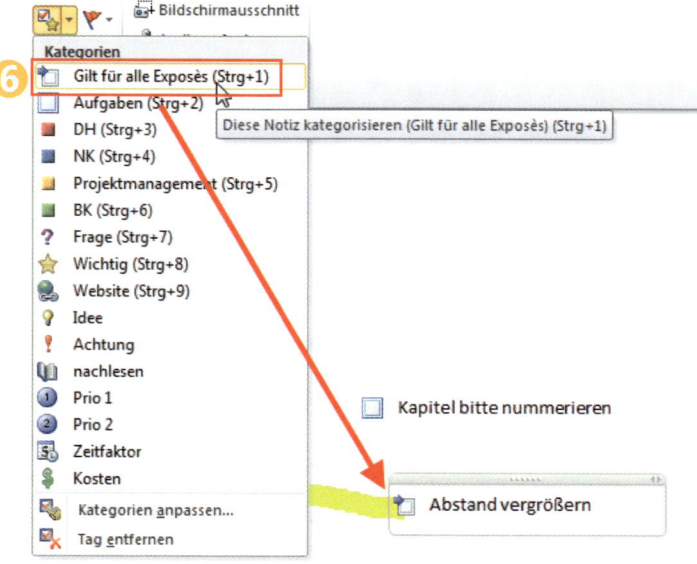

Der letzte Schritt ergibt sich fast von allein.

Fazit

Durch eine konzeptionelle Arbeitsweise gewährleisten Sie, dass – wie in diesem Beispiel – die verantwortlichen Personen im Team alle Informationen strukturiert weitergeleitet bekommen.

Skizzen und Notizen in Ringbüchern, auf DIN-A4-Zetteln oder Flipcharts können nur schwer zentralisiert und für andere verfügbar gemacht werden. Zumindest gehen sie oft verloren.

Mithilfe der OneNote-Funktionen können Sie Ihre Notizen so flexibel gestalten, wie es Ihrer Denkweise entspricht. Die Aufzeichnungen werden an einem zentralen Ort gespeichert. So besteht die Möglichkeit, dass Notizen, die zur weiteren Ausarbeitung eines Konzepts wichtig sind, gemeinsam genutzt werden.

Sprechen statt hören

Saßen Sie schon einmal in einer Vorlesung und haben sich gewünscht, Sie könnten einfach den Vortrag aufnehmen, anstatt sich die Finger wund zu tippen? Haben Sie schon einmal einer Sekretärin beim Abtippen einer Sprachnachricht oder einer Bandaufnahme zugesehen?

Im folgenden Abschnitt möchten wir erläutern, wie Sie mit der ausgereiften Audio- und Videofunktion von OneNote arbeiten können.

Die Audio- und Videofunktion aktivieren

So gehen Sie vor:

1. Öffnen Sie eine beliebige neue Seite in OneNote.

2. Um die Audioaufnahme zu starten, klicken Sie im Menüband auf der Registerkarte *Einfügen* auf *Audio aufnehmen*.

   Sofort beginnt die Aufnahme des Gesagten im Umfeld des Aufnahmegeräts.

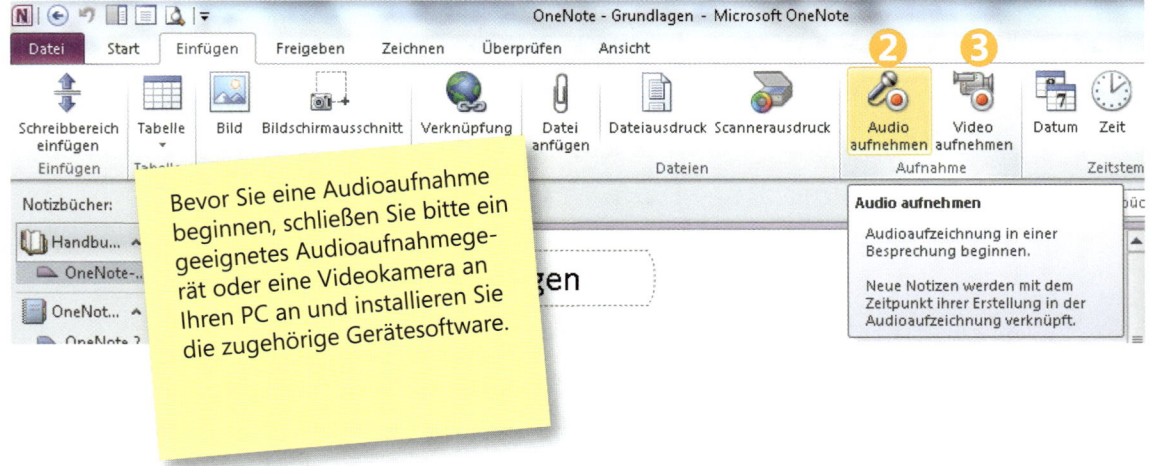

3. Ebenso können Sie auch ein Video aufnehmen. Wählen Sie hierzu auf der Registerkarte *Einfügen* den Befehl *Video aufnehmen*. Die Bildaufnahme startet ebenfalls sofort.

Audio- und Videoaufzeichnung können parallel, aber auch getrennt voneinander laufen. Entscheidend sind hierbei die Fähigkeiten des Geräts, das Sie an Ihren Computer angeschlossen haben, um diese Funktionen zu nutzen. Je nach Gerät können Einschränkungen bestehen.

Einstellungen zur Suchfunktion

Dass die Audioaufnahmen auch nach Beendigung des Aufnahmeprozesses auffindbar bleiben, garantiert die nahtlose Suche auch in Audioaufnahmen.

Um die Einstellung zu überprüfen, gehen Sie so vor:

1. Klicken Sie auf der Registerkarte *Datei* auf *Optionen*.

2. Klicken Sie die Kategorie *Audio und Video* an. Stellen Sie sicher, dass das Kontrollkästchen *Suche nach Wörtern in Audio- und Videoaufzeichnungen aktivieren* aktiviert ist.

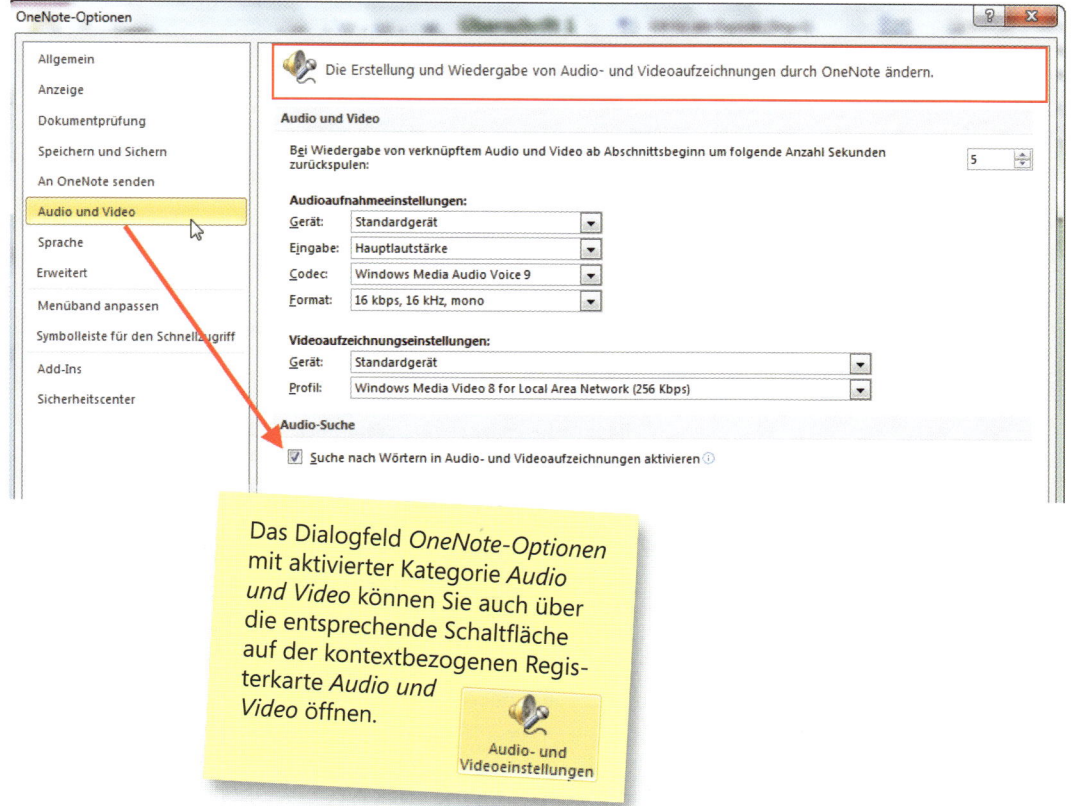

Das Dialogfeld *OneNote-Optionen* mit aktivierter Kategorie *Audio und Video* können Sie auch über die entsprechende Schaltfläche auf der kontextbezogenen Registerkarte *Audio und Video* öffnen.

Audio- und Videoaufzeichnungen abspielen

Wenn Sie eine Audioaufnahme oder eine Videoaufzeichnung erneut abspielen möchten, doppelklicken Sie auf das betreffende Audio-/Videosymbol auf der Notizenseite.

Die Wiedergabe der Aufnahme startet sofort.

■ Über die kontextbezogene Registerkarte *Audio und Video* können Sie das Starten (**1**) und das Beenden (**2**) der Wiedergabe manuell steuern sowie die Dauer beobachten (**3**).

■ Über die Pfeile links und rechts (**4**) neben der Zeitangabe haben Sie die Möglichkeit, innerhalb der Aufnahme in Zehn-Sekunden-Schritten vor- und zurückzuspringen.

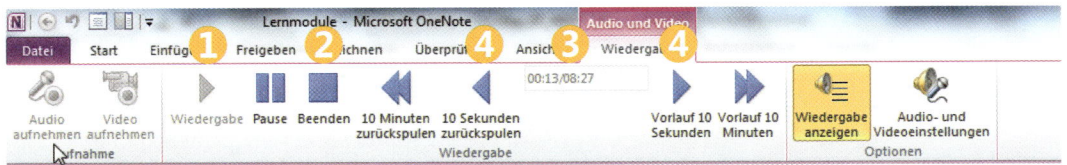

Aufnahmen durch Textabschnitte ergänzen

Textabschnitte, die Sie während einer Audioaufnahme als Ergänzung hinzufügen, werden entsprechend markiert (**5**).

Audioaufnahmen und Texteingaben sind für eine bessere Transparenz miteinander verknüpft

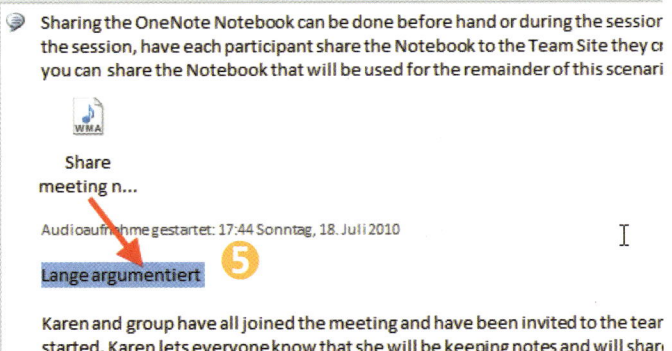

Beobachten Sie beim erneuten Abspielen der Audioaufnahme den Cursor. Dieser springt nun in Ihren Notizen hin und her – und zwar jeweils an die Stelle, an der Sie, während das Audiogerät aufgenommen hat, Anmerkungen und Hinweise auf Ihrem One-Note-Blatt notiert haben. Diese Eigenschaft hilft Ihnen z.B. bei langen Vorlesungen oder (Endlos-) Meetings, den Zusammenhang zwischen Ihren Notizen und der Audioaufnahme herzustellen.

Aufnahmen zeitlich zuordnen

Wenn Sie in Ihrem Notizbuch eine »alte« Aufnahme finden, jedoch keine weiteren Angaben zur Aufnahme erfasst sind, sind ihr dennoch Informationen zugewiesen.

1. Klicken Sie mit der rechten Maustaste auf die Audiodatei.

2. In dem sich öffnenden Kontextmenü können Sie Datum, Uhrzeit und Veränderungen ablesen. Damit bleiben Entstehung und Urheber immer erhalten.

Aufnahmen nacheinander starten

Starten Sie nacheinander mehrere Aufnahmen auf ein und derselben OneNote-Notizenseite, werden diese als eigene Audio- und Videodateien auch nacheinander auf der Seite hinterlegt.

Wenn Sie anschließend die erste Audioaufnahme starten, laufen alle danach folgenden Aufnahmen automatisch hintereinander ab. Das heißt, sobald die erste Aufnahme wiedergegeben wurde, startet das System automatisch die nächste Datei auf der Seite – und zwar so lange, bis alle Dateien, egal ob Audio oder Video, abgespielt wurden.

- Sie können die Wiedergabe unterbrechen oder überspringen, indem Sie auf die entsprechende *Pause-*, *Stopp-* oder *Fortfahren*-Schaltfläche auf der kontextbezogenen Registerkarte *Audio und Video* klicken.

Anhand der blauen Markierung erkennen Sie, welche Datei gerade wiedergegeben wird.

Die Unterscheidung zwischen einer Audioaufnahme (WMA-Datei) (**1**) und einer Videoaufzeichnung (WMV-Datei) (**2**) liegt dann in unterschiedlichen Symbolen.

Audioaufnahme gestartet: 17:44 Sonntag, 18. Juli 2010   Videoaufzeichnung gestartet: 17:52 Sonntag, 18. J

Fazit

Das Arbeiten mit der Audio- und Videofunktion in OneNote ist kinderleicht und hilft vor allem, Zeit zu sparen. Voraussetzung für ordentliche Ergebnisse ist aber auf jeden Fall ein gut funktionierendes Mikrofon bzw. eine ordentliche Kamera.

Alltagsszenarien

Es gibt tatsächlich Menschen, die sich fragen, wofür OneNote gebraucht wird. Und ich frage mich, wie man ohne OneNote überhaupt produktiv, effektiv und gut organisiert arbeiten kann.

Zugegeben, man kann sich rein theoretisch ohne OneNote Aufgaben merken, Protokolle schreiben, Teammitglieder über Änderungen informieren, Screenshots erstellen, Unterlagen ausdrucken, planen, kritzeln, Telefonnummern merken, Abflugzeiten abschreiben etc. – aber mal ehrlich, das ist alles viel anstrengender und aufwendiger.

Warum muss man sich das Leben schwer machen?

Nutzt man OneNote, erspart man sich schreckhafte Sekunden bei einem Kundenbesuch, beim Geschäftspartner, beim Einkaufen, auf dem Flughafen, langes Suchen zu Hause und im Büro.

Fragen Sie mich lieber nach Situationen, in denen OneNote weniger sinnvoll ist, dann würde die Antwort kürzer ausfallen.

In diesem Abschnitt werden verschiedene Szenarien, in denen OneNote Einsatz findet, kurz und bündig aufgezeigt.

Der OneNote-Praxistest

Bücherwurm

Welche Bücher wurden Ihnen von Freunden empfohlen? Welche Lektüre möchten Sie in den nächsten Sommerurlaub mitnehmen? Haben Sie Buchtipps in Zeitschriften gelesen, die Sie sich merken möchten?

Notieren Sie sich den Titel und eventuell eine Kurzbeschreibung zum Buch in Ihrem OneNote-Notizbuch. Fügen Sie gegebenenfalls Buchkritiken und Screenshots von Internetseiten hinzu.

Sushi statt Ente

Haben Sie auch einen Lieblingsessen-Bestellservice? Wie lautet die Adresse vom China-Imbiss, der Ihnen neulich empfohlen worden ist? Den Sie in der Tageszeitung gelesen haben? Welches Gericht bestellen Sie für gewöhnlich? Es gibt so viele unterschiedliche Nummern für Gerichte wie Inseln im indischen Ozean. Man hat schnell einen Zahlendreher in der Nummer des Wunschgerichts und bekommt anstelle der knusprigen Ente die Sushi-Platte für fünf Personen.

In OneNote können Sie auch solch vermeintlich banale Dinge festhalten – Sie werden feststellen: Wenn der Hunger erst mal da ist, ist die Frage nach dem wie, wo und was plötzlich nicht mehr so banal und Sie sind froh darüber, alle Informationen griffbereit zu haben.

Vergeudete Zeit beim Baumarkt

Haben Sie sich schon mal nach einem Baumarktbesuch geärgert, dass Sie die falschen Größen von Fliesen, Glühbirnen, Vorhangstangen oder Leisten gekauft haben? Oder schlimmer: Erinnern Sie sich noch an das Gefühl, als Ihnen bereits auf dem Heimweg einfällt, was Sie vergessen haben? Und peinlicherweise sind Sie genau deswegen unterwegs gewesen!

Wenn Sie z.B. eine neue Küche aussuchen. Notieren Sie sich die Küchenmaße in OneNote. Zeichnen Sie bestehende Anschlüsse, Fenster, Höhen und Tiefen in OneNote.

Die falschen Küchenmaße anzugeben, könnte ein fataler Fehler sein. Notieren Sie sich sukzessive alle zu erledigenden Kleinigkeiten für Baumärkte, Möbelhäuser o.Ä. in OneNote. Entweder fällt Ihnen unterwegs etwas ein, dann tippen Sie es direkt in Ihr OneNote Mobile auf dem Handy, oder Sie notieren am Computer in Ihrem OneNote, was Sie rechtzeitig besorgen müssen.

Haussuche

Sind Sie gerade dabei, ein Haus zu kaufen oder zu bauen? Sie können sich unmöglich alles merken oder ausdrucken. Subjektive Eindrücke von einem Haus verwischen spätestens nach dem vierten Objekt.

Das Objekt mit den entsprechenden Hinweisen – einfach mit der Funktion Bildschirmausschnitt

Muffiger Keller, lautes Glockengeläute, Straßenlärm, helles Wohnzimmer, Ankleidezimmer, Wäschewurfschacht, offener Kamin, schöne Außenfarbe, Fensterläden …

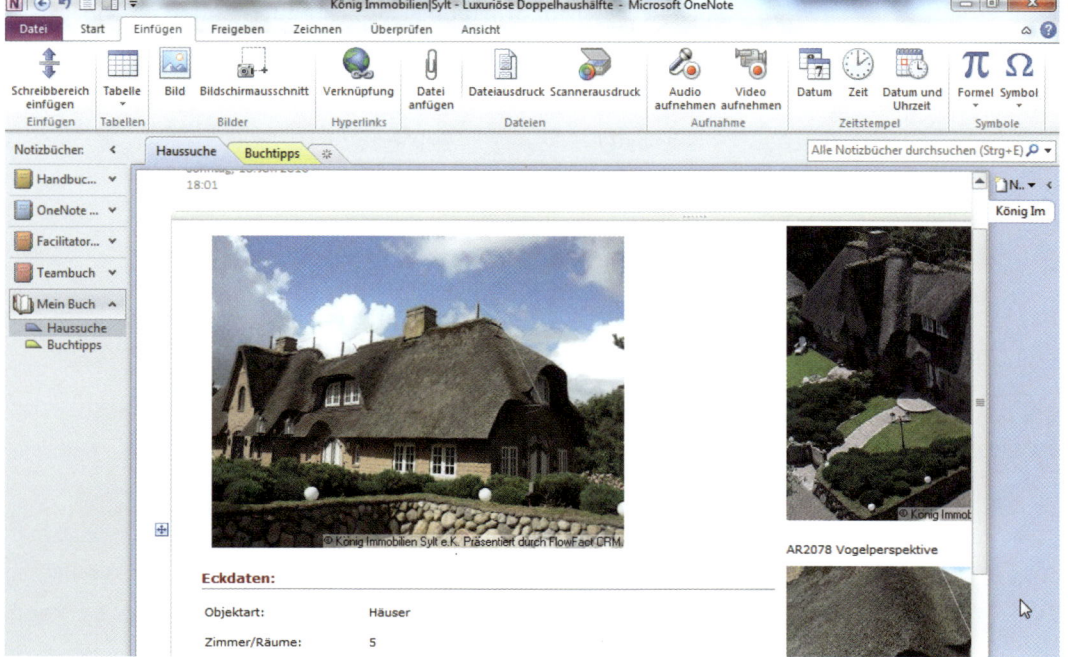

Notieren Sie sich zu den Angeboten aus Zeitungen, Internetportalen usw. Ihre Empfindungen und Eindrücke.

Welche Makler haben Sie kennengelernt? Wie war Ihr Eindruck? Notieren Sie sich Adressen und Objekte des Maklers.

Urlaubsplanung

Notieren Sie sich Urlaubstipps aus Zeitschriften lieber in einem OneNote-Notizbuch, als die Zeitungsausschnitte in Ordnern oder als vergilbte Zettel in ungeordneten Stapeln zu sammeln.

Verbinden Sie Internetrecherchen, Flugdaten, Bilder von Freunden und Empfehlungen von Kollegen in einem Notizbuch.

OneNote 2010 bietet die neue Funktion *An Desktop andocken*, mit der Sie spielend leicht Ihre Notizen mit Webseiten und Dokumenten verbinden können:

Notizen mit Dokumenten verknüpft

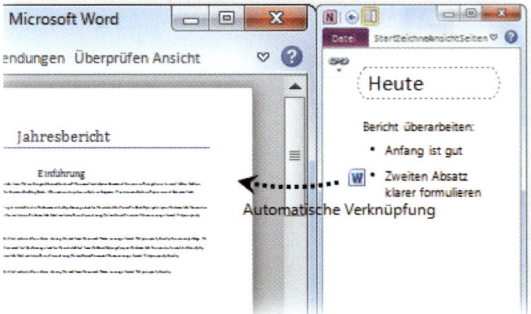

Auch Rechercheinformationen aus dem Internet sind mit einem Klick mit OneNote verknüpft und im Vorschaufenster sichtbar:

Alle Informationen auf einen Blick!

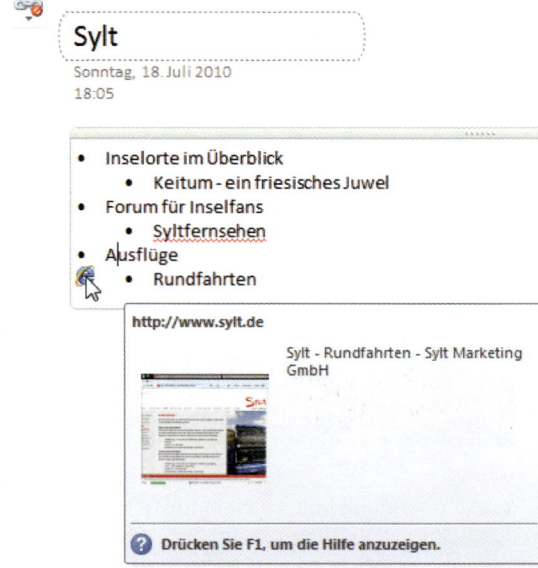

Oder »drucken« Sie Wohnungsexposés oder Buchungsbestätigungen »nach« OneNote:

*Informationen
an OneNote senden*

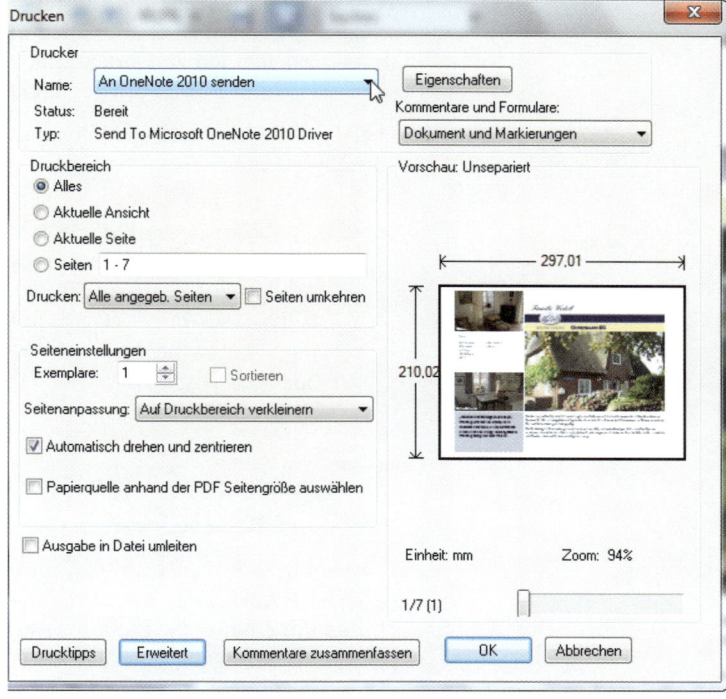

Sobald Sie den Druck mit *OK* bestätigt haben, werden Sie in OneNote aufgefordert, den Speicherort anzugeben.

Im Notizbuch an der passenden Stelle angekommen

Nach Angabe des passenden Notizbuchs geht die »Übertragung« los. Das Ergebnis könnte wie folgt aussehen:

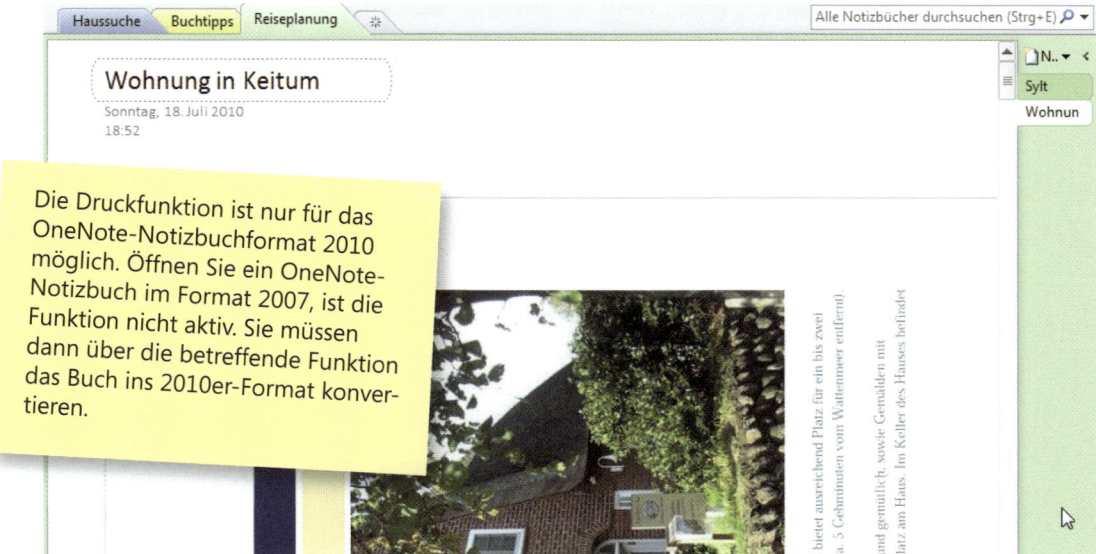

Die Druckfunktion ist nur für das OneNote-Notizbuchformat 2010 möglich. Öffnen Sie ein OneNote-Notizbuch im Format 2007, ist die Funktion nicht aktiv. Sie müssen dann über die betreffende Funktion das Buch ins 2010er-Format konvertieren.

Musikrecherche

Geht Ihnen ein Lied nicht mehr aus dem Kopf; Sie kennen aber den Titel nicht? Vielleicht ein Interpret, der sich so ungewöhnlich und seltsam schreibt, dass er aber auch nicht einfach zu merken ist? Hat Ihnen vielleicht jemand einen Link zu einem Ihrer Lieblingssongs per E-Mail zum Aufheitern geschickt?

Legen Sie die Infos in OneNote ab und Sie können jederzeit darauf zurückgreifen.

> Jeder Kollege, Freund und Nachbar hat Empfehlungen für Fliesenfachgeschäfte, Handwerker, Küchenausstatter, Möbelhäuser usw. Hören Sie aufmerksam zu und erfassen Sie die Ratschläge in Ihrem OneNote-Notizbuch – dann geht nichts mehr verloren.

Pass- und Kennwörter

Die Bank will eine PIN, Ihr Computer ein Kennwort, Ihre Live ID sichern Sie mit einem Passwort, die Kinokarten reservieren Sie Online mit einem Log-In, in Ihr Aktiendepot kommen Sie nur mit persönlichen Zugangsdaten, E-Mails rufen Sie bei Ihrem Provider mit Kennwortschutz ab, Sie sind registriert in Community-Foren im Internet …

Können Sie sich Ihre Kennwörter noch alle merken? Legen Sie sich eine Seite in Ihrem OneNote-Notizbuch an, auf der Sie alle Ihre Passwörter und Benutzernamen erfassen.

Zur Sicherheit versehen Sie den Abschnitt mit einem Kennwortschutz.

Anwenden eines Kennworts auf einen Abschnitt:

Sie haben die Möglichkeit, ein Kennwort auf bestimmte Abschnitte des Notizbuchs anzuwenden und dadurch den unberechtigten Zugriff auf Ihre Notizen zu verhindern.

1. Klicken Sie mit der rechten Maustaste auf die Registerkarte des Abschnitts, den Sie durch ein Kennwort schützen möchten.

2. Wählen Sie dann im Kontextmenü den Befehl *Diesen Abschnitt durch ein Kennwort schützen.*

3. Klicken Sie im Aufgabenbereich *Kennwortschutz* auf *Kennwort festlegen.*

*Sensible Daten durch Kenn-
wörter schützen*

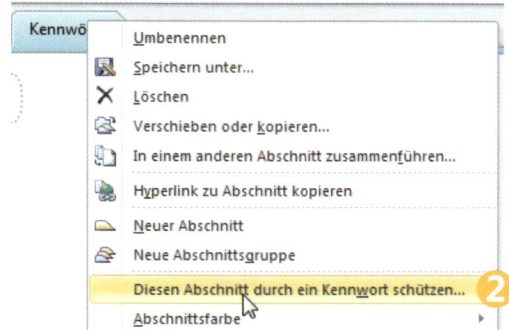

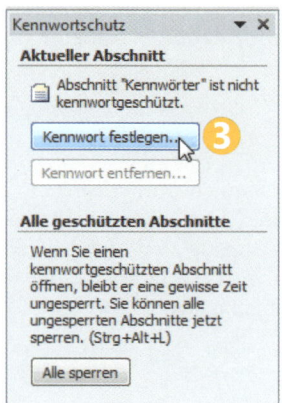

4. Geben Sie im Dialogfeld *Kennwortschutz* das gewünschte Kennwort im Feld *Kennwort eingeben* ein.

5. Bestätigen Sie das Kennwort, indem Sie es im Feld *Kennwort
bestätigen* eingeben, und klicken Sie dann auf *OK*.

Wenn Sie in einem kennwortgeschützten Abschnitt des Notizbuchs
arbeiten, bleibt dieser eine gewisse (von Ihnen angegebene) Zeit
ungesperrt. Zur Erhöhung der Sicherheit können Sie festlegen, dass
geschützte Abschnitte gesperrt werden, sobald Sie diese verlassen
oder OneNote schließen.

- Klicken Sie auf *Datei/Optionen/Erweitert* und nehmen Sie im
  Bereich *Kennwörter* die gewünschten Einstellungen vor.

Wenn ein geschützter Abschnitt gesperrt ist, muss das richtige
Kennwort eingegeben werden, um den Abschnitt anzuzeigen und zu
bearbeiten. Sie können das Kennwort für Abschnitte im Notizbuch
ganz einfach über den Aufgabenbereich *Kennwortschutz* ändern
oder entfernen.

*Einstellungen für den Kenn-
wortschutz*

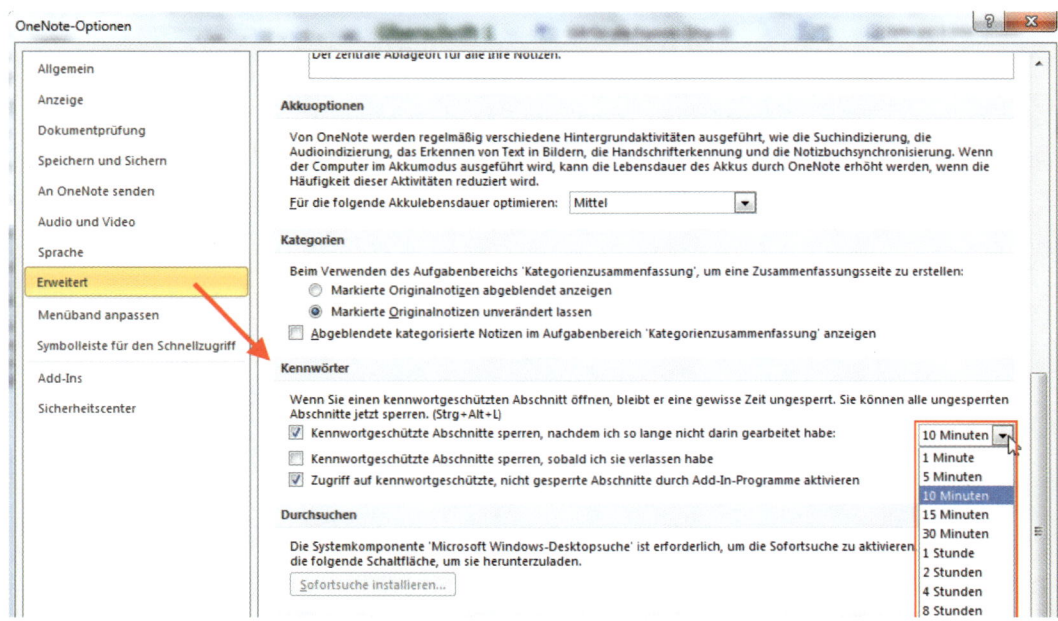

Verwenden Sie sichere Kennwörter, bei denen Groß- und Klein-
buchstaben, Zahlen und Symbole kombiniert sind. In unsicheren
Kennwörtern werden diese Elemente nicht miteinander kombiniert.

- Beispiel für ein sicheres Kennwort: **Y6dh!et5**

- Beispiel für ein unsicheres Kennwort: **Haus27**

Ein Kennwort sollte mindestens acht Zeichen umfassen; hat es 14
Zeichen, ist besser geeignet. Es ist wichtig, dass Sie sich das jeweilige
Kennwort merken. Wenn Sie das Kennwort vergessen, kann es nicht
von Microsoft für Sie abgerufen werden. Wenn Sie ein Kennwort
aufschreiben müssen, bewahren Sie diese Informationen unbedingt
an einem sicheren Ort auf.

Mitarbeitergespräche

Führen Sie Mitarbeitergespräche? Notieren Sie sich Anmerkungen,
Kommentare und Feedback zu den einzelnen Mitarbeitern in Ihrem
OneNote. Damit kein Dritter versehentlich Zugang zu diesen Daten
hat, versehen Sie diesen Abschnitt mit Kennwortschutz, sodass die
Informationen nur von Ihnen durch die Eingabe des zugehörigen
Passwortes gelesen werden können.

Telefonische Grüße

Hat Ihnen jemand auf dem Anrufbeantworter eine liebe Botschaft
hinterlassen? Haben Sie zum Geburtstag Gesangsgrüße auf Ihrer
Mailbox erhalten und möchten diese konservieren?

Leiten Sie Ihre Sprachnachrichten an OneNote weiter – so haben Sie
ewig etwas davon.

Fazit

Es gibt unendlich viele Beispiele, in denen OneNote zum Einsatz
kommen kann – im Grunde genommen überall. So könnten wir
die Liste hier ewig weiterführen, glauben aber, Ihnen mit diesen
Beispielen schon einige Ideen an die Hand gegeben zu haben.

Probieren Sie es aus!

Einfachheit ist die höchste
Stufe der Vollendung.

L. da Vinci

Kreativ organisiert mit
OneNote auf dem Table

OneNote auf dem Tablet-PC

Tablet-PCs bieten im Vergleich zu herkömmlichen Laptops eine Reihe von Vorteilen. So lassen sich neben textlichen auch grafische Informationen in Form von Skizzen und Zeichnungen schnell und einfach erfassen. Im Vergleich zur Papierzeichnung sind diese digital verfügbar und können damit etwa per E-Mail ohne zusätzlichen Aufwand weitergeleitet werden.

Darüber hinaus sind sie in Meeting- und Vortragssituationen weniger aufdringlich. Zum einen ist es nicht nötig, eine Barriere in Form des Bildschirms wie beim Standardlaptop aufzubauen, zum anderen lässt sich das Klicken der Tastatur beim Schreiben vermeiden. Auch auf eine Unterlage zum Abstellen des Geräts ist man nicht angewiesen. Viele der verfügbaren Tablet-PCs lassen sich bequem in einer Hand halten, während man Eingaben mit dem Stift vornimmt.

In besonders engen Sitzgelegenheiten etwa im Flugzeug oder im Zug kann das Aufklappen und Benutzen eines gewöhnlichen Laptops zur echten Herausforderung werden. Ein Tablet-PC beansprucht dagegen nur so viel Platz wie der Laptop im zusammengeklappten Zustand und ermöglicht so bequemeres Arbeiten.

Aus all diesen Punkten ergibt sich, dass der Tablet-PC ein idealer Reisebegleiter für unterschiedliche Lebenslagen und Arbeitssituationen ist. Was also liegt näher, als einen Tablet-PC und OneNote gemeinsam zu nutzen? So lassen sich neue Informationen auch unterwegs schnell erfassen und bei Bedarf jederzeit abrufen.

Um die Arbeit mit dem Tablet-PC effizienter zu gestalten, bietet OneNote eine Reihe Tablet-PC-spezifischer Funktionen, auf die wir im Folgenden eingehen werden.

Die hier vorgestellten Funktionen lassen sich auch bei der Benutzung eines Grafiktabletts oder ähnlichen stiftbasierten Eingabegeräten verwenden. Wir gehen hier allerdings nur auf das Beispiel Tablet-PC ein, da es aus unserer Sicht ein besonders lohnenswertes Szenario für den Einsatz der Stifteingabe für OneNote darstellt.

> Grafiktabletts werden zumeist in Umgebungen eingesetzt, in denen auch eine Tastatur vorhanden ist und problemlos benutzt werden kann. Aus unserer Sicht werden die meisten Benutzer dort für die Texteingabe aus Geschwindigkeitsgründen eher auf die Tastatur zurückgreifen. Das Hinzufügen von Skizzen ist wiederum ein anderes Thema und kann auch dort eine echte Bereicherung darstellen.

Eingabe per Tablet-PC

Das Haupteingabegerät des Tablet-PCs ist der Stift. Das ermöglicht Ihnen als Benutzer grundsätzlich zwei unterschiedliche Arten von Eingaben:

- Schreiben von Texten per Hand
- Skizzieren

Obwohl Sie beides mit demselben Eingabegerät erfassen, ist es für Sie als Mensch immer klar, welche Bedeutung Ihre Eingaben besitzen. Das gilt auch, wenn Sie im Nachhinein auf Freihandmaterial blicken. Sie können auf den ersten Blick bestimmen, was Handschrift und was Skizze ist.

Das ist für den Tablet-PC bzw. in diesem Fall OneNote nicht ganz so einfach. Hier stellen Ihre Eingaben zunächst nicht mehr als eine Folge von Strichen dar, die im ersten Moment keine übergeordnete Bedeutung haben. Erst ab einem gewissen Punkt ist es dem Programm möglich, eine verlässliche Einschätzung darüber zu treffen, ob Sie gerade etwas geschrieben oder gezeichnet haben.

Dabei ist die Erkennung in OneNote 2010 sehr leistungsfähig. Sie ist unter anderem in der Lage, Einschätzungen zu revidieren, wenn sie etwa zu dem Schluss kommt, dass Sie keinen Text verfasst, sondern vielmehr gezeichnet haben, und stuft den relevanten Freihandabschnitt entsprechend ein. OneNote nutzt hierzu zum Teil Pausen, die Sie in Ihrer Arbeit einlegen. Darüber hinaus wird auch schräg geschriebene Handschrift als Text erkannt.

Im Folgenden werden Sie sehen, welche Bedeutung die Unterscheidung zwischen Handschrift und Skizze für Ihre Arbeit haben kann. Außerdem werden Sie die wesentlichen Mittel kennenlernen, die Ihnen für das Erfassen von Informationen mit dem Tablet-PC zur Verfügung stehen.

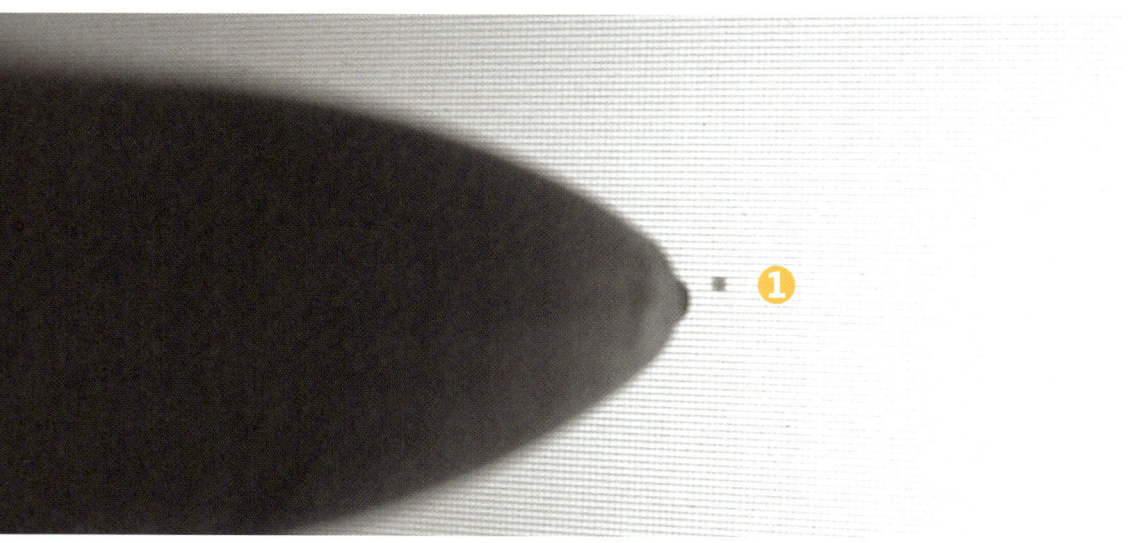

Die ersten Schritte

Die ersten Schritte mit dem Tablet-PC in OneNote 2010 sind sehr einfach. Bewegen Sie den Stift bis knapp über eine Seite und Sie werden erkennen, dass sich der Mauszeiger verändert. Er wird jetzt nur noch als kleiner schwarzer Punkt angezeigt (**1**; siehe Abbildung auf der vorhergehenden Seite), was bedeutet, dass der Stift erkannt wurde und Sie nun Freihandeingaben vornehmen können.

Gehen Sie nun wie folgt vor, um erste Informationen per Freihandeingabe zu erfassen:

1. Erstellen Sie eine neue Seite.

2. Tragen Sie in das Titelfeld handschriftlich einen Namen für die Seite ein.

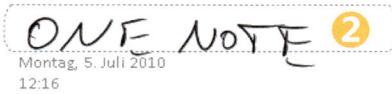

3. Schreiben Sie etwas in den Inhaltsbereich und ergänzen Sie zudem eine kleine Skizze.

Unterschiedliche Informationen lassen sich per Text und Zeichnung darstellen

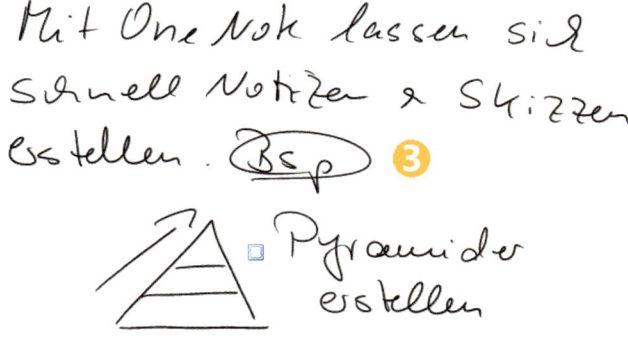

Wenn Sie nun zu einer anderen Seite wechseln oder zu einer anderen Anwendung umschalten, werden Sie sehen, dass OneNote den Text für den Titel der Seite automatisch erkennt und im Seitenregister erfasst (**4**).

Damit haben Sie bereits erste Informationen ohne großen Aufwand in OneNote festgehalten und können diese für die weitere Arbeit nutzen.

Im weiteren Verlauf dieses Kapitels werden wir uns mit den Möglichkeiten befassen, die Stifteingabe an Ihre Anforderung anzupassen. Einige dieser Möglichkeiten stehen Ihnen auch für das Erfassen von Randnotizen zur Verfügung, die im folgenden Abschnitt behandelt werden.

Randnotizen

Randnotizen sind eine effiziente Möglichkeit, um Informationen schnell zu erfassen und in OneNote abzulegen. Auch wenn Sie diese Informationen nicht direkt zu einem bestimmten Notizbuch oder Abschnitt zuordnen, sind sie über die OneNote-Suche schnell zu finden, da auch Handschriftliches durchsucht wird.

Gerade auf dem Tablet-PC lassen sich Randnotizen sehr gut verwenden, um Informationen unterwegs schnell zu erfassen.

Gehen Sie wie folgt vor, um eine Randnotiz mit dem Tablet-PC zu erstellen:

1. Klicken Sie in der Taskleiste auf das OneNote-Symbol.

2. Bewegen Sie den Stift über den Schreibbereich der Randnotiz. Der Stift wird erkannt, sodass sich der Mauszeiger verändert und Freihandeingaben möglich sind. Erfassen Sie Handschriftliches oder Skizzen.

Tragen Sie in die Randnotiz die gewünschten Informationen ein

3. Schließen Sie die Randnotiz, um die Information in OneNote abzulegen.

Werkzeuge für das Arbeiten mit dem Tablet-PC

Für die Arbeit mit dem Stift ist vor allen Dingen die Registerkarte *Zeichnen* von besonderer Bedeutung. Sie beinhaltet alle wesentlichen Werkzeuge für die Stifteingabe.

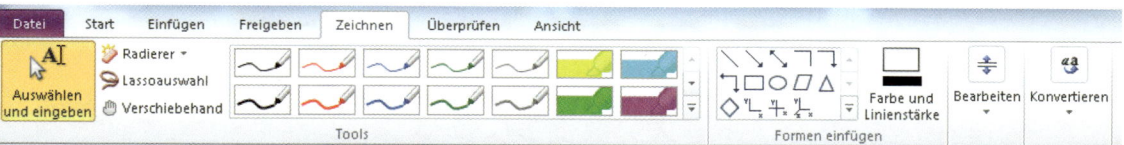

Sie können damit

- aus vorgegebenen Stiften mit unterschiedlicher Farbe und Stärke auswählen,
- Stifte dauerhaft oder nur für eine bestimmte Aufgabe anpassen (Farbe und Stärke),
- Bereiche mit dem Lasso auswählen,
- radieren,
- die Objektauswahl bzw. die Texteingabe aktivieren,
- ausgewählte Eingaben löschen,
- zusätzlichen Platz einfügen,
- Hilfslinien ein- oder ausblenden,
- Handschrift in Text umwandeln.

Mit Stiften arbeiten

Betrachten wir zunächst die Stifte, die für die Freihandeingabe zur Verfügung stehen. OneNote bietet eine Reihe vordefinierter Stifte mit unterschiedlichen Farben und Stärken an, die Sie aber nach Bedarf favorisieren und anpassen können.

Stifte auswählen und favorisieren

Gehen Sie wie folgt vor, um weitere Stifte in die Favoritenauswahl aufzunehmen:

1. Aktivieren Sie im Menüband die Registerkarte *Zeichnen*.

2. Wählen Sie den gewünschten Stift aus. Neben Filzstiften in verschiedenen Stärken stehen Ihnen auch Textmarker zur Verfügung, die sich insbesondere zum Hervorheben von Inhalten eignen.

Eine Auswahl von Stiftfarben

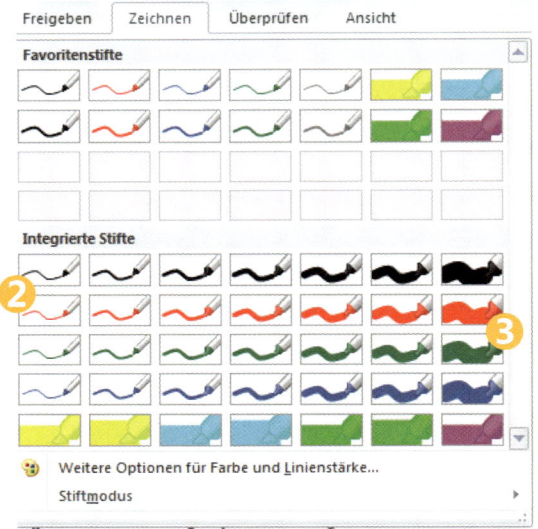

3. Klicken Sie mit der rechten Maustaste auf eine Linien- oder Markierungsfarbe.

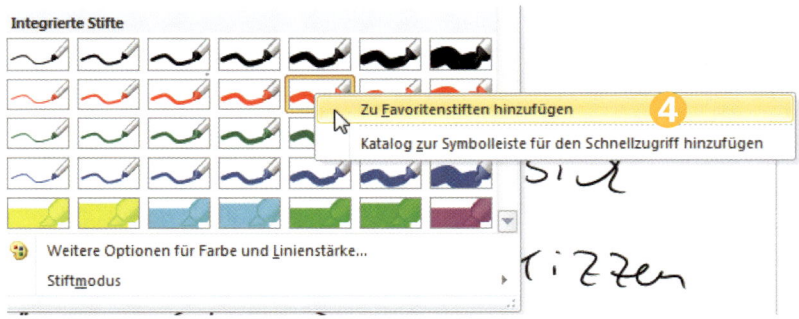

4. Klicken Sie auf den Befehl *Zu Favoritenstiften hinzufügen*.

Stift- und Markierungsfarben im Einsatz

Mit Freihandeingaben arbeiten

Mit Freihandeingaben können Sie wie mit anderen Objekten in OneNote arbeiten. Das bedeutet, Sie können sie auswählen, kopieren und einfügen und auch wieder löschen. Dennoch gibt es einige Besonderheiten, auf die wir im Folgenden eingehen.

Mit dem Stift auswählen

Für die Auswahl von Freihandeingaben gibt es grundsätzlich zwei Möglichkeiten. Sie können zum einen das Lasso-Tool benutzen, zum anderen die Objektauswahl. Das Lasso-Tool ist besonders für die Benutzung mit einem Stift geeignet, da es das Zeichnen freier Auswahlbereiche ermöglicht.

Gehen Sie wie folgt vor, um das Lasso zu benutzen:

1. Klicken Sie mit dem Stift auf das Lasso-Symbol.

2. Umfahren Sie mit dem Stift den Bereich, den Sie auswählen möchten. Die ausgewählten Bereiche werden hervorgehoben.

An der Umrandung und der Hervorhebung erkennen Sie, welche Teile ausgewählt wurden

3. Heben Sie den Stift vom Tablet-PC ab, um die Auswahl abzuschließen.

Den ausgewählten Teil können Sie nun nach Bedarf verschieben, löschen, kopieren etc.

Folgen Sie diesen Schritten, um die Objektauswahlfunktion zu verwenden:

1. Klicken Sie auf das Symbol für die Objektauswahl.

2. Bewegen Sie den Stift über den Bereich, in dem Sie eine Auswahl treffen möchten. Sie können nun entweder direkt eines der markierten Objekte durch einen Klick auf den Container auswählen oder in einem nächsten Schritt einen bestimmten Bereich wählen.

Diese Objekte können Sie direkt auswählen und zum Beispiel per Drag & Drop verschieben

3. Ziehen Sie einen Auswahlrahmen über dem Bereich auf, den Sie auswählen möchten.

Freihandeingaben löschen

Wenn Sie Freihandeingaben löschen möchten, ist das mithilfe einer Auswahl und der Löschfunktion möglich. Sie können aber auch den Radiergummi verwenden, um ausgewählte Teile handschriftlicher Eingaben oder Skizzen zu löschen.

Darüber hinaus können Sie von der sogenannten »Durchstreichgeste« Gebrauch machen, die in etwa dem vehementen Durchstreichen von Text auf einem Blatt Papier gleicht.

Zum Löschen einer Auswahl gehen Sie wie folgt vor:

1. Wählen Sie den gewünschten Bereich der Freihandeingaben auf der Seite aus.

2. Klicken Sie auf die Schaltfläche *Löschen*.

Wenn Sie mit dem Radierer arbeiten, löschen Sie gleichzeitig beim Auswählen.

Gehen Sie wie folgt vor, um den Radiergummi zu verwenden:

Sie können sich die ersten zwei Schritte der folgenden Anleitung sparen, wenn Sie mit einem Tablet-PC-Stift arbeiten, der am hinteren Ende einen Knopf besitzt, der als Radierer konfiguriert ist. In diesem Fall müssen Sie den Stift lediglich umdrehen, auf den Bildschirm drücken und so radieren, wie Sie es auch auf dem Papier tun würden.

1. Klicken Sie auf den Pfeil neben der Radierer-Schaltfläche. Wenn bereits der gewünschte Radierer ausgewählt ist, können Sie auch direkt auf die Schaltfläche klicken.

2. Wählen Sie im Dropdownmenü den gewünschten Radierer aus. Wichtig ist hierbei die Unterscheidung zwischen *Pinselstrichradierer* und den anderen drei Optionen. Wenn Sie *Pinselstrichradierer* ausgewählt haben, werden immer ganze Linie bzw. Freihandeingaben, die Sie ohne Absetzen vorgenommen haben, gelöscht. Mit den anderen drei Radierern können Sie hingegen ganz gezielt nur bestimmte Teile Ihrer Eingaben löschen.

3. Drücken Sie den Stift auf den Bildschirm und bewegen Sie ihn über die zu löschenden Bereiche, wie Sie es auch beim Radieren auf einem Blatt Papier tun würden. Alternativ können Sie auch gezielt auf ganz bestimmte Linien klicken.

Für die Durchstreichgeste müssen Sie keine Funktion aktivieren bzw. die Funktion wird anhand der Erkennung Ihrer Geste aktiviert. Gehen Sie wie folgt vor, um von dieser Funktion Gebrauch zu machen:

1. Bewegen Sie den Stift über den zu löschenden Bereich.

2. Drücken Sie den Stift auf den Bildschirm und führen Sie eine schnelle Durchstreich- oder »Kritzelbewegung« durch, indem Sie den Stift schnell auf kurzer Distanz mehrmals hin und her bewegen. Stellen Sie sich z.B. vor, Sie wollten etwas auf einem Blatt Papier durchstreichen, sodass es nicht mehr lesbar ist.

Die Durchstreichgeste ist gerade am Anfang nicht immer einfach zu benutzen, da OneNote eine Unterscheidung zwischen Gekritzel, das Sie tatsächlich digital zu Papier bringen möchten, und dem Durchstreichen unterscheiden muss. Gegebenenfalls ist ein wenig Übung erforderlich.

Sollten Sie feststellen, dass ab und zu ein vermeintliches Durchstreichen erkannt wird, obwohl Sie dies nicht beabsichtigt haben, können Sie diese Funktion auch deaktivieren (siehe weiter hinten in diesem Kapitel im Abschnitt »Durchstreichgeste für Freihandeingaben deaktivieren«).

Freihandeingaben kopieren und einfügen

Sie können Freihandeingaben in OneNote ohne Probleme kopieren und einfügen. Dazu müssen Sie grundsätzlich folgende Schritte durchführen:

1. Wählen Sie die zu kopierenden Eingaben aus.

   Anstelle der Schritte **2** und **3** können Sie alternativ auf der Registerkarte *Start* auf die Schaltfläche *Kopieren* klicken.

2. Führen Sie mit dem Stift einen Rechtsklick aus. Halten Sie hierfür z.B. den Knopf an der Seite des Stifts gedrückt

   Für das Einfügen gilt als Alternative: Klicken Sie auf der Registerkarte *Start* auf die Schaltfläche *Einfügen*.

   und klicken Sie dann auf die Auswahl. Je nach den Einstellungen bei Ihrem Tablet-PC kann ein Rechtsklick auch durch langes Drücken des Stifts (ohne Gedrückthalten des Knopfs) auf der Auswahl ausgelöst werden.

3. Wählen Sie im Kontextmenü den Befehl *Kopieren*.

4. Wechseln Sie gegebenenfalls zunächst zu der gewünschten Seite in OneNote, auf der Sie die Daten einfügen möchten.

5. Führen Sie an der Stelle, an der Sie die Daten auf der Seite einfügen möchten, einen Rechtsklick mit dem Stift aus.

6. Wählen Sie eine der verfügbaren Einfügeoptionen.

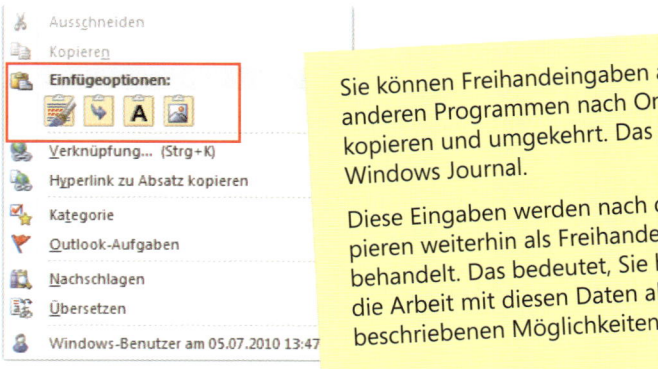

Sie können Freihandeingaben auch aus anderen Programmen nach OneNote kopieren und umgekehrt. Das gilt z.B. für Windows Journal.

Diese Eingaben werden nach dem Kopieren weiterhin als Freihandeingaben behandelt. Das bedeutet, Sie haben für die Arbeit mit diesen Daten alle hier beschriebenen Möglichkeiten.

Platz schaffen

Wenn Sie Informationen erfassen, kann es vorkommen, dass Sie feststellen, dass Ihnen an einer bestimmten Stelle der Platz ausgeht. Das kann z.B. der Fall sein, wenn Sie einen zusätzlichen Abschnitt innerhalb eines handschriftlichen Textes ergänzen wollen.

Sie können zwar die Elemente, die Sie verschieben möchten, zunächst auswählen und dann verschieben, werden aber feststellen, dass das nicht immer praktisch ist.

Wenn Sie beispielsweise eine sehr lange Seite haben, auf der Sie relativ weit oben etwas mehr Platz benötigen, wäre es sehr umständlich, den gesamten unteren Teil der Seite mit dem Lasso auszuwählen.

Einfacher geht das mit dem Werkzeug zum Einfügen von zusätzlichem Schreibraum. Gehen Sie wie folgt vor, um Platz zu schaffen:

1. Klicken Sie auf der Registerkarte *Zeichnen* oder auf der Registerkarte *Einfügen* auf *Schreibbereich einfügen*.

2. Drücken Sie mit dem Stift auf die Stelle, an der Sie zusätzlichen Platz einfügen möchten, und ziehen Sie ohne den Stift abzuheben in die gewünschte Richtung.

Verschaffen Sie sich Platz

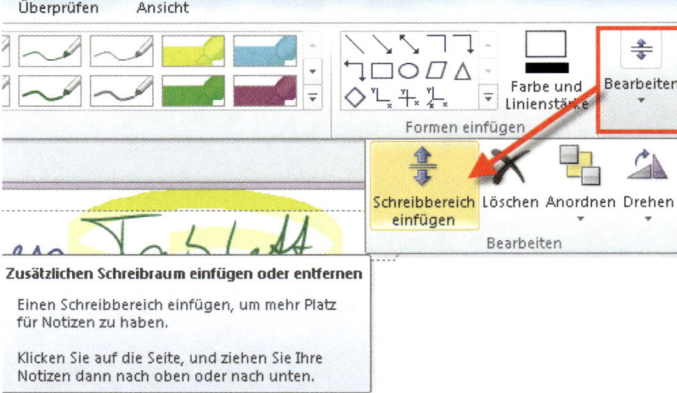

3. Heben Sie den Stift wieder vom Bildschirm ab, um den Vorgang abzuschließen.

Wenn Sie ein Bild in OneNote eingefügt und darauf geschrieben oder skizziert haben, werden Sie beim Einfügen von zusätzlichem Schreibraum feststellen, dass das Bild und die Freihandeingaben in etwa so behandelt werden, als wären sie gruppiert. Das heißt, OneNote geht davon aus, dass beides zusammengehört, und geht entsprechend damit um.

Hilfslinien ein- und ausblenden

Hilfslinien sind in vielen Fällen hilfreich, wenn es um die Arbeit mit dem Stift geht. Sie können beispielsweise dabei helfen, gleichmäßiger zu schreiben.

Doch nicht immer sind diese Linien erwünscht; sie können sich beispielsweise beim Erstellen einer Skizze als eher störend erweisen. Daher können Sie die Hilfslinien auf OneNote-Seiten sehr schnell ausblenden (und natürlich auch wieder einblenden).

◼ Klicken Sie im Menüband auf der Registerkarte *Ansicht* auf den Pfeil der Schaltfläche *Hilfslinien* und dann auf *Keine* (bzw. auf eine der Hilfslinienoptionen zum Einblenden der Linien).

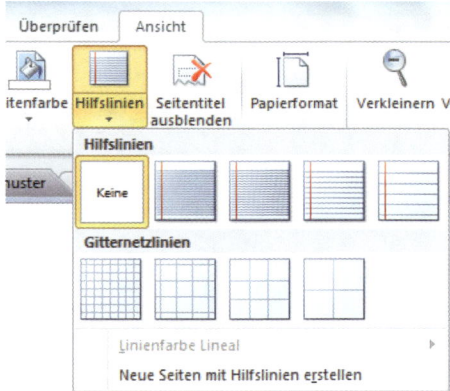

Handschriftliche Eingaben und Text

Wenn Sie mit dem Tablet-PC arbeiten, ist es naheliegend, handschriftliche Eingaben vorzunehmen. OneNote kann diese durchsuchen, wie wir im Folgenden sehen werden. Je nach Ihren Anforderungen kann es aber nachträglich erforderlich sein, diese Eingaben in Text umzuwandeln.

Zudem gibt es Fälle, in denen eine direkte Eingabe von Text sinnvoller sein kann. Auf dieses Thema gehen wir im Folgenden ein.

Handschriftliches durchsuchen

Für das Durchsuchen handschriftlicher Eingaben sind keine zusätzlichen Einstellungen erforderlich. Sie verwenden dafür einfach die Suche, wie Sie sie auch für das Durchsuchen von Text benutzen würden.

Wenn Sie gerade etwas Handschriftliches hinzugefügt haben und es nicht sofort über die Suche finden, kann das daran liegen, dass OneNote es noch zum Suchindex hinzufügen muss. Lassen Sie dem Programm also gegebenenfalls etwas Zeit, um alles im Index zu erfassen.

Gehen Sie wie folgt vor, um eine Suche durchzuführen:

1. Klicken Sie mit dem Stift in das *Suchfeld*.

2. Klicken Sie auf das eingeblendete Symbol für den Tablet-PC-Eingabebereich.

3. Erfassen Sie über den Tablet-PC-Eingabebereich den gewünschten Text und fügen Sie ihn in das Suchfeld ein.

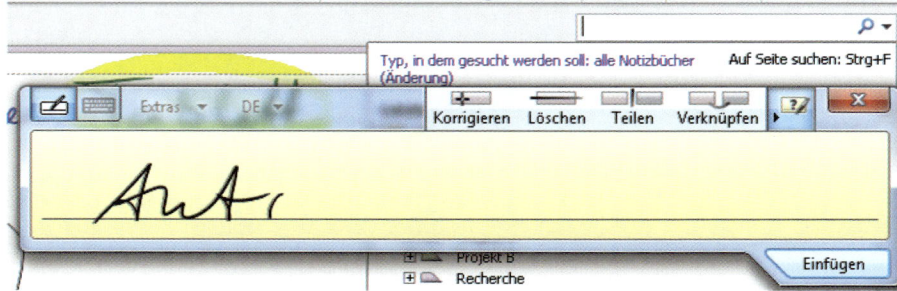

4. Klicken Sie auf die Schaltfläche *Suchen* neben dem Suchfeld (die Lupe) oder drücken Sie ⏎ im Tablet-PC-Eingabebereich.

5. Benutzen Sie gegebenenfalls die Pfeiltasten, um zur gewünschten Seite zu gelangen, oder klicken Sie auf *Liste ansehen*, um alle Suchergebnisse in einer Liste darzustellen.

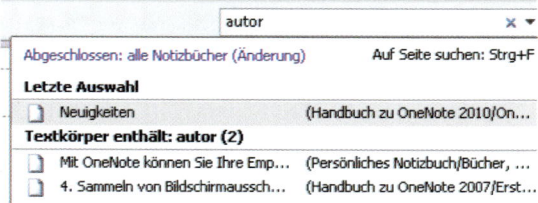

Auch unschöne Handschriften werden erkannt

Auf den entsprechenden Seiten werden die Suchergebnisse farblich hervorgehoben.

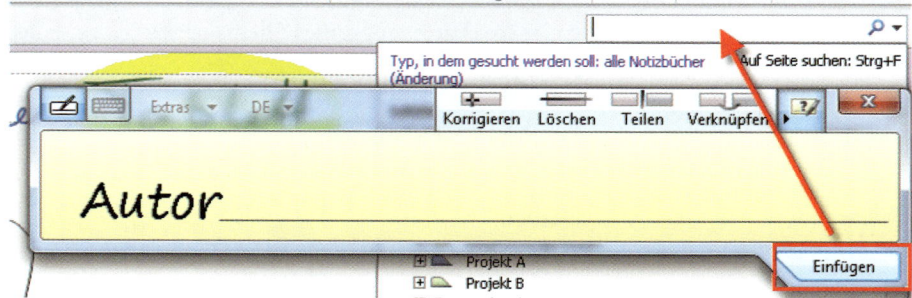

Handschrift in Text umwandeln

OneNote ist in der Lage, Text in Ihrer Handschrift auch ohne Umwandlung zu erkennen. Das bedeutet, eine Umwandlung ist etwa für die Suche nicht erforderlich. Wenn Sie aber von Zeit zu Zeit unter der eigenen Handschrift leiden, handschriftliche Aufzeichnungen in Textform etwa als Meeting-Notizen benötigen oder die Handschrift anderer Benutzer besser lesen können möchten, dann kann die Funktion *Handschrift in Text umwandeln* für Sie sehr nützlich sein.

Sie können entweder nur bestimmte handschriftliche Teile oder Handschriftliches auf der gesamten Seite umwandeln lassen.

Wenn Sie lediglich bestimmte Passagen umwandeln möchten, gehen Sie wie folgt vor:

1. Wählen Sie den umzuwandelnden handschriftlichen Text aus.

2. Klicken Sie auf der Registerkarte *Zeichnen* in der Gruppe *Konvertieren* auf *Freihand in Text*.

Gehen Sie wie folgt vor, um alles auf einer Seite in Text umzuwandeln:

1. Heben Sie zunächst eine gegebenenfalls bestehende Auswahl auf, indem Sie auf eine leere Stelle der Seite klicken.

2. Klicken Sie auf der Registerkarte *Zeichnen* in der Gruppe *Konvertieren* auf *Freihand in Text*.

    Wie Sie sehen, wird der komplette Text auf der Seite umgewandelt. OneNote unterscheidet bei diesem Vorgang zwischen Freihandeingaben, die als Schrift, und solchen, die als Skizze eingestuft werden.

Bei der Umwandlung kann es sein, dass beispielsweise eine Skizze vollständig oder in Teilen als Handschrift erkannt wird. Bedenken Sie dabei, dass OneNote weit weniger Informationen als Sie besitzt, um eine Unterscheidung zwischen beiden Dingen treffen zu können.

Aus diesem Grund kann es gelegentlich zu Verwechslungen kommen. Daher sollten Sie nach Verwendung der Funktion zum Umwandeln ganzer Seiten in Text kurz prüfen, ob alles wie gewünscht konvertiert wurde. Sie können die Änderungen dann gegebenenfalls rückgängig machen.

Text eingeben

In manchen Fällen kann es sein, dass Sie mit dem Tablet-PC statt handschriftlicher Eingaben Text erfassen möchten. Das ist beispielsweise für das Umbenennen von Abschnitten sowieso erforderlich, da hier eine handschriftliche Eingabe nicht möglich ist.

Die Eingabe von Text kann aber auch beispielsweise dann Sinn machen, wenn es um sehr spezielle Zeichenfolgen geht, die für die in OneNote integrierte Handschrifterkennung nur schwer umzuwandeln sind und bei denen bereits kleine Abweichungen von großer Bedeutung sein können.

Für diesen Zweck verwenden Sie die Funktion, die Sie auch für die Objektauswahl benutzen, sowie den Tablet-PC-Eingabebereich.

Gehen Sie wie folgt vor, um Text in OneNote einzugeben:

1. Klicken Sie auf die Schaltfläche für die Objektauswahl bzw. die Eingabe von Text.

2. Klicken Sie mit dem Stift an eine beliebige Stelle auf Ihrer aktuellen OneNote-Seite.

 3. Klicken Sie auf die eingeblendete Schaltfläche für den Tablet-PC-Eingabebereich.

4. Geben Sie den gewünschten Text im Tablet-PC-Eingabebereich ein.

Konfigurationsmöglichkeiten

Für die Stifteingabe steht Ihnen eine Reihe von Einstellungen zur Verfügung, über die Sie OneNote besser an die eigenen Bedürfnisse anpassen können. Diese Einstellungen sind alle an einer Stelle zusammengefasst.

Gehen Sie wie folgt vor, um zu den Einstellungen für die Stifteingabe in OneNote zu gelangen und Änderungen zu speichern:

1. Wählen Sie auf der Registerkarte *Datei* den Befehl *Optionen*.

2. Klicken Sie auf die Kategorie *Erweitert*.

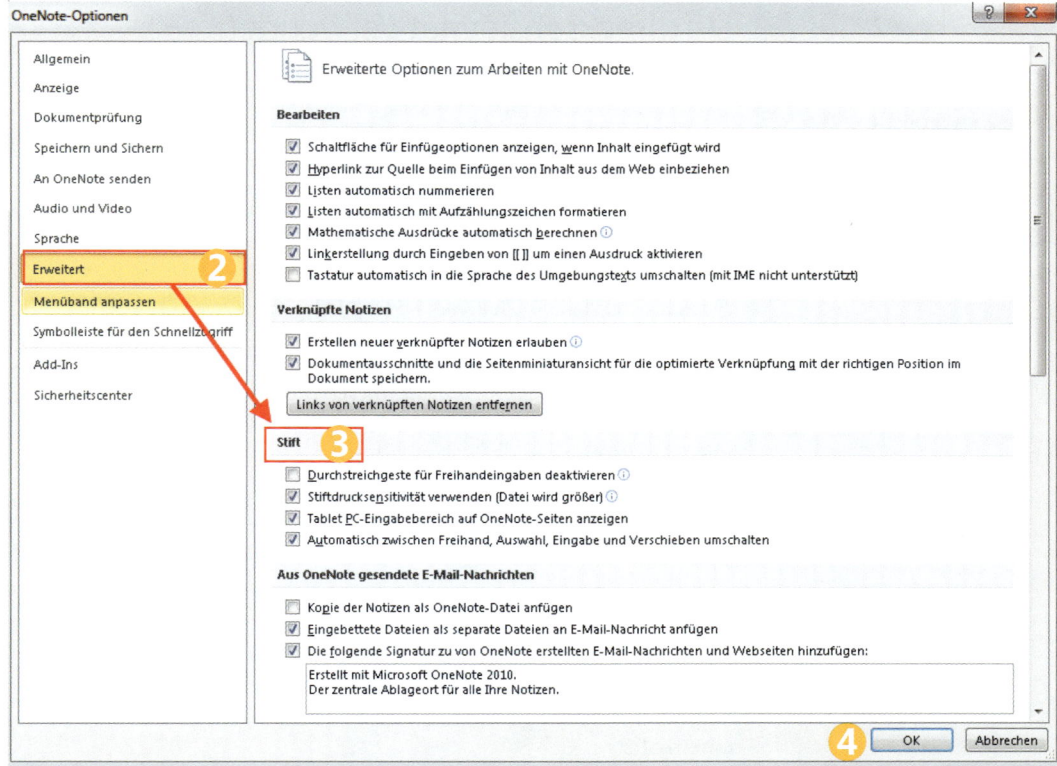

3. Aktivieren Sie unter *Stift* die gewünschten Optionen über die Kontrollkästchen.

   Folgende Einstellungen können Sie hier verändern:

   - *Durchstreichgeste für Freihandeingaben deaktivieren*
   - *Stiftdrucksensitivität verwenden*
   - *Tablet PC-Eingabebereich auf OneNote-Seiten anzeigen*
   - *Automatisch zwischen Freihand, Auswahl, Eingabe und Verschieben umschalten*

4. Klicken Sie auf *OK*.

Durchstreichgeste für Freihandeingaben deaktivieren

Die Durchstreichgeste ermöglicht das Löschen von Freihandeingaben mithilfe einer Geste, die dem Durchstreichen von Wörtern auf Papier ähnelt. Dabei wird der Stift schnell auf kurzer Distanz über der Stelle, die gelöscht werden soll, hin und her bewegt.

Das Aktivieren dieser Option – also das Deaktivieren der Erkennung dieser Geste – kann dann Sinn machen, wenn Sie feststellen, dass diese Geste häufiger erkannt wird, obwohl Sie gar nichts durchstreichen wollten.

Stiftdrucksensitivität verwenden

Viele Tablet-PCs unterstützen die Erkennung von Druckstärken. In OneNote bedeutet es, dass die Linie umso breiter wird, je stärker Sie aufdrücken. Das kann insbesondere bei Skizzen nützlich sein, wenn Sie beispielsweise bestimmte Bereiche betonen möchten.

Beachten Sie, dass die Erkennung der Druckstärke die Größe der OneNote-Dateien erhöht.

Benutzen Sie zum Testen dieser Option einen etwas dickeren Stift. Bei den sehr dünnen Stiften ist der Unterschied mitunter nur schwer zu erkennen.

Automatisch zwischen Freihand, Auswahl, Eingabe und Verschieben umschalten

In diesem Kapitel haben wir häufig davon Gebrauch gemacht, dass der Stift bei der Annäherung an den Bildschirm als solcher erkannt wird. Dadurch wird das Umschalten in den Stifteingabemodus automatisch ausgelöst.

Wenn Sie diese Option deaktivieren, müssen Sie manuell zwischen Texteingabe und Stifteingabe umschalten.

Tablet-PC-Eingabebereich auf OneNote-Seiten anzeigen

Der Tablet-PC-Eingabebereich dient dem Eingeben von Text mit einem Stift.

Wenn Sie die Funktion für das Eingeben von Text aktivieren und dann den Stift über die Seite bewegen, wird das Symbol für das Aufrufen des Eingabebereichs eingeblendet.

Ein Klick darauf lässt Sie Text eingeben und auf der Seite hinzufügen.

Wenn Sie die Option deaktivieren, wird dieses Symbol auf OneNote-Seiten nicht mehr eingeblendet. Es wird jedoch weiterhin an den Stellen angezeigt, an denen keine handschriftliche Eingabe von Text möglich ist, z.B. beim Ändern des Namens eines Abschnitts.

Das beste Training
liegt immer noch
im selbständigen Machen.

C. N. Parki

Mehrwert durch intelligente Add-ins!

OneNote-Erweiterungen
und mehr

In diesem Kapitel widmen wir uns dem Thema Erweiterungen, Add-Ins, interessante Apps und zeigen Ihnen weitere Wege und Möglichkeiten in Ihrer Arbeit mit Microsoft OneNote 2010 auf.

Was sind Erweiterungen oder sogenannte Add-Ins? Worin liegt der Nutzen, noch mehr als das Programm an sich zu installieren? Ist das Programm möglicherweise nicht komplett?

Bei Add-Ins handelt es sich keinesfalls um fehlende Komponenten, sondern um Programmergänzungen, die man entsprechend den situativen und individuellen Anforderungen an das eigene Arbeiten einsetzen kann.

OneNote ist standardmäßig bereits ein mächtiges Werkzeug mit vielen Funktionalitäten. Die nahtlose Windows- und Office-Integration ermöglicht ein schnelles und reibungsloses Arbeiten. Aus diesem Grund haben wir uns entschieden, Ihnen an dieser Stelle Add-Ins vorzustellen, die helfen, größere Workflows mit OneNote zu erstellen, bzw. zusätzliche effiziente Möglichkeiten bieten.

Denn je nach Anforderung können Sie mit dem funktionalen Tuning sehr spezielle Ergebnisse erzielen.

Diese drei Add-Ins und deren Funktionalität werden wir im Folgenden erläutern:

- OneNote Web App
- OneNote auf iPhone und iPad
- Die kleine Notfallapotheke

OneNote Web App – eine tolle Nummer

Sie erstellen ein Notizbuch in OneNote und möchten es auf einer Website bereitstellen, damit andere Benutzer es lesen oder sogar Notizen hinzufügen können? Was machen Sie, wenn Sie mit jemandem zusammenarbeiten möchten, der eine andere OneNote-Version verwendet oder noch kein OneNote im Einsatz hat? Wäre es nicht traumhaft, wenn Sie trotzdem das Notizbuch direkt auf der Website gemeinsam bearbeiten könnten? Mit OneNote Web App wird dieses Szenario möglich.

OneNote Web App ist Teil der Office Web Apps, die in Windows Live und bei Organisationen zur Verfügung stehen, die Office Web Apps auf SharePoint 2010 konfiguriert haben.

Sie können jetzt Notizbücher direkt auf der Website bearbeiten, auf der das Notizbuch gespeichert ist.

OneNote Web App auf einen Blick

Sie haben die Möglichkeit, das Notizbuch in der Leseansicht seitenweise anzuzeigen, Abschnitte zu erweitern und zu reduzieren sowie frühere Versionen einer Seite anzuzeigen (**1**).

*OneNote Web App
auf einen Blick*

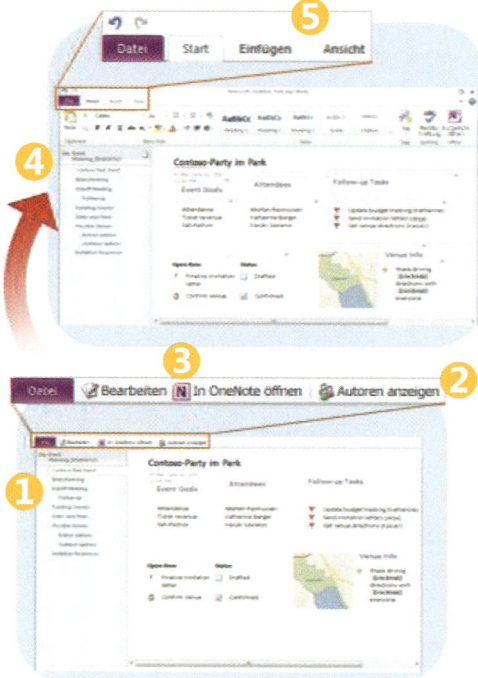

■ Um die für die Änderungen auf der aktuellen Seite verantwortliche Person anzuzeigen, klicken Sie auf *Autoren anzeigen* (**2**). Dies ist auch im Bearbeitungsmodus möglich (Registerkarte *Ansicht*).

■ Um das Notizbuch im Browser zu bearbeiten, klicken Sie auf *Bearbeiten* (**3**). Klicken Sie auf *In OneNote öffnen*, um das Notizbuch in der OneNote-Desktopanwendung zu ändern.

Das erfordert die Installation von Microsoft OneNote 2010.

■ Notizen hinzufügen und Kategorien zuweisen, um an wichtige Elemente erinnert zu werden, können Sie in der Bearbeitungsansicht (**4**).

■ Sie haben auch jederzeit die Möglichkeit, Notizen hinzuzufügen, während ein anderer Benutzer das Notizbuch bearbeitet.

OneNote Web App bietet das vertraute Aussehen und Verhalten von OneNote (**5**).

- Die Registerkarte *Start* enthält Befehle zum Formatieren von Text und zum Überprüfen der Rechtschreibung. Notizen können Sie wie formatierte Dokumente gestalten, indem Sie Formatierungen auf den Text anwenden.

- Verwenden Sie wie gewohnt die Registerkarte *Einfügen*, um Tabellen, Bilder oder ClipArt hinzuzufügen.

- Über die Registerkarte *Ansicht* können Sie erneut in den Ansichtsmodus wechseln, um die für die Änderungen an der aktuellen Seite verantwortlichen Personen (Befehl *Autoren anzeigen*) und vorherige Versionen der aktuellen Seite anzuzeigen. Sie haben auch die Möglichkeit, Änderungen zu verwerfen, indem Sie eine frühere Version der Seite wiederherstellen.

Ihre Arbeit wird wie in OneNote auch automatisch gespeichert. Mit dem Befehl *Rückgängig* können Sie Änderungen, die nicht beibehalten werden sollen, wieder verwerfen.

Nahtlose Integration von OneNote

In OneNote 2010 können Sie OneNote Web App verwenden, indem Sie das Notizbuch auf Windows Live SkyDrive oder in der SharePoint-Bibliothek speichern.

1. Klicken Sie auf der Registerkarte *Datei* auf *Freigeben*

2. Wählen Sie dann unter *Freigeben in* die Option *Web*.

Der Weg für eine gemeinsame Nutzung im Web

> Auf Ihrem Computer muss OneNote 2010 ausgeführt werden, damit Sie die Funktion *In OneNote öffnen* in OneNote Web App verwenden können. Darüber hinaus ist auch Internet Explorer oder Firefox erforderlich.

Nun kann das Notizbuch im Browser angezeigt und bearbeitet oder erneut in OneNote geöffnet werden.

Zusammenarbeiten mit anderen leicht gemacht

Speichern Sie das Notizbuch auf einer Website, auf die Ihre Kollegen zugreifen können, wie:

- die SharePoint-Bibliothek des Teams oder

- in einem Ordner in SkyDrive, auf den Ihre Kollegen Zugriff haben.

Laden Sie nun andere Benutzer ein, an demselben Notizbuch zu arbeiten.

1. Kopieren Sie wie gewohnt in SharePoint die Webadresse des Notizbuchs, das im Browser angezeigt wird, und fügen Sie die Webadresse in eine Nachricht ein.

2. Klicken Sie in Windows Live in OneNote Web App auf die Registerkarte *Datei*.

3. Klicken Sie anschließend auf *Freigeben* und fügen Sie die Benutzer hinzu, für die Sie das Notizbuch freigeben möchten.

4. Klicken Sie dann auf *Speichern* und verfassen Sie die gewünschte Nachricht.

5. Öffnen Sie in OneNote 2010 die Registerkarte *Datei*.

6. Klicken Sie im Fenster *Informationen* unter dem Namen des Notizbuchs auf *Personen zu diesem Notizbuch einladen*.

Bearbeiten Sie nun das Notizbuch. Sie können die Änderungen Ihrer Kollegen anzeigen, indem Sie in der Leseansicht auf *Autoren anzeigen* oder in der Bearbeitungsansicht auf die Registerkarte *Ansicht* klicken.

Wenn Sie die an einer Seite vorgenommenen Änderungen anzeigen möchten, klicken Sie auf der Registerkarte *Ansicht* auf *Seitenversionen*. Sie können natürlich auch in der Bearbeitungsansicht zum Navigationsbereich wechseln und mit der rechten Maustaste auf den Seitennamen klicken und dann *Versionen anzeigen* wählen.

Tastenkombinationen in OneNote Web App

Sie arbeiten gerne mit Tastenkombinationen? Kein Problem! Die Tastenkombinationen in OneNote Web App sind den Tastenkombinationen in OneNote sehr ähnlich. Wir haben hier die Kombinationen für die am häufigsten ausgeführten Aufgaben in OneNote Web App zusammengestellt.

> Die beschriebenen Tastenkombinationen beziehen sich auf das deutsche Tastaturlayout. Die Tasten anderer Tastaturlayouts stimmen möglicherweise nicht mit dem deutschen Tastaturlayout überein.

■ Im Falle von Tastenkombinationen, bei denen Sie mindestens zwei Tasten gleichzeitig drücken, werden die zu drückenden Tasten mit einem Pluszeichen (+) miteinander verbunden.

■ Im Falle von Tastenkombinationen, bei denen Sie eine Taste unmittelbar gefolgt von einer anderen Taste drücken müssen, werden die entsprechenden Tasten durch ein Komma (,) voneinander getrennt.

Tastenkombinationen in der Leseansicht

Navigieren im Menüband und in Bereichen

Aktion	Taste(nkombination)
Wechseln aus der Notizbuchnavigation in Browserfelder	F6
Aktivieren einer anderen Registerkarte im Menüband	Tab , ↵
Wechseln zwischen Menübandbefehlen	Tab
Ausführen des aktuell ausgewählten Menübandbefehls	↵
Verschieben des Fensterinhalts nach oben oder unten	Bild↑ Bild↓

Navigationsbereich

Aktion	Taste(nkombination)
Durchlaufen des Notizbuchs in Vorwärtsrichtung	Strg + Bild↓
Durchlaufen des Notizbuchs in Rückwärtsrichtung	Strg + Bild↑
Wechseln zur ersten Seite in einem Abschnitt	Alt + Bild↑
Wechseln zur letzten Seite in einem Abschnitt	Alt + Bild↓
Reduzieren oder Erweitern eines Abschnitts	↵ im ausgewählten Abschnitt

Tastenkombinationen in der Bearbeitungsansicht

Aktionen im Menüband und in Bereichen	Taste(nkombination)
Navigieren im Menüband und in Bereichen

Aktionen im Menüband und in Bereichen	Taste(nkombination)
Aktivieren einer anderen Registerkarte des Menübands	`Tab`, `↵`
Wechseln zwischen Menübandbefehlen	`Tab`
Ausführen des aktuell ausgewählten Menübandbefehls	`↵`
Wechseln vom Notizbuchinhalt zum Menüband und anschließendes Wechseln zwischen Befehlen im aktuellen Menüband	`Strg`+`F6`, `↵`, `Tab`

Navigationsbereich

Aktionen im Navigationsbereich	Tastenkombination
Durchlaufen des Notizbuchs in Vorwärtsrichtung	`Strg`+`Bild ↓`
Durchlaufen des Notizbuchs in Rückwärtsrichtung	`Strg`+`Bild ↑`
Wechseln zur ersten Seite in einem Abschnitt	`Alt`+`Bild ↑`
Wechseln zur letzten Seite in einem Abschnitt	`Alt`+`Bild ↓`
Neuer Abschnitt	`Tab` zu einem Abschnitt, `⇧`+`F10`, `↵`
Verschieben der aktuellen Seite nach oben oder unten	`Alt`+`⇧`+`↑` `Alt`+`⇧`+`↓`
Löschen einer Seite	`Tab` zur Seite, `⇧`+`F10`, `↵`

Verschieben der Einfügemarke

Aktionen zum Verschieben der Einfügemarke	Taste(nkombination)
Aus dem Titelbereich auf die Seite	`Tab` oder `↵`
Ein Zeichen nach rechts bzw. links	`→` bzw. `←`
Ein Wort nach rechts bzw. links	`Strg`+`→` bzw. `←`
Eine Zeile nach oben	`↑` bzw. `↓`
Ein Absatz nach oben bzw. unten	`Strg`+`↑` bzw. `↓`
Zeilenanfang bzw. Zeilenende	`Pos1` bzw. `Ende`
Seitenanfang (ausgenommen Titelbereich)	`Strg`+`Pos1`
Seitenende	`Strg`+`Ende`
Titelbereich	`Bild↑` oder `Strg`+`A`

Auswählen von Inhalt: Auswahl erweitern

Aktionen zum Auswählen von Inhalten	Tastenkombination
Ein Zeichen nach rechts	⇧ + →
Ein Zeichen nach links	⇧ + ←
Ein Wort nach rechts	⇧ + Strg + →
Ein Wort nach links	⇧ + Strg + ←
Eine Zeile nach oben	⇧ + ↑
Eine Zeile nach unten	⇧ + ↓
Ein Absatz nach oben	⇧ + Strg + ↑
Ein Absatz nach unten	⇧ + Strg + ↓
Beginn eines Absatzes	⇧ + Pos1
Ende eines Absatzes	⇧ + Ende
Beginn einer Gliederung	⇧ + Strg + Pos1
Ende einer Gliederung	⇧ + Strg + Ende
Gesamter Absatz, dann Gliederung, dann Seite	Strg + A für jede Erweiterungsebene

Bearbeiten von Inhalt

Aktionen zum Bearbeiten von Inhalten	Tastenkombination
Ausschneiden	Strg + X
Kopieren	Strg + C
Einfügen	Strg + V
Einfügen eines Hyperlinks	Strg + K
Rückgängig	Strg + Z
Wiederholen	Alt + F7
Neue Gliederung	Strg + ⇧ + Q
Wechseln von einer Gliederung zur nächsten	Strg + A, Strg + A, Tab
Speichern von Änderungen	Strg + S

> Während der Ausführung von OneNote Web App werden Ihre Notizen bei jeder Änderung automatisch gespeichert. Es ist nicht erforderlich, Notizen manuell zu speichern.

Tabellenbearbeitung

Aktionen für die Tabellenbearbeitung	Taste(nkombination)
Erstellen einer neuen Zelle mit Position in der letzten Zelle der Tabelle	Tab
Einfügen einer Zeile unterhalb	Strg + ↵
Einfügen einer Spalte vor der aktuellen Spalte	Strg + Alt + E
Einfügen einer Spalte hinter der aktuellen Spalte	Strg + Alt + R

Formatieren von Text

Aktionen zum Formatieren von Text	Tastenkombination
Fett	Strg + B
Unterstrichen	Strg + U
Linksbündig	Strg + L
Rechtsbündig	Strg + R
Zentriert	Strg + E
Vergrößern des Einzugs	Alt + ⇧ + →
Verkleinern des Einzugs	Strg + ⇧ + ←

Anwenden von Format-
vorlagen

Aktionen für das Anwenden von Formatvorlagen	Tastenkombination
Löschen der Formatierung (Zuweisen der Standardformatvorlage)	Strg + Alt + 0
Überschrift 1	Strg + Alt + 1
Überschrift 2	Strg + Alt + 2
Überschrift 3	Strg + Alt + 3
Überschrift 4	Strg + Alt + 4
Überschrift 5	Strg + Alt + 5
Überschrift 6	Strg + Alt + 6

Kennzeichnen von Notizen

Aktionen zum Kennzeichnen von Notizen	Tastenkombination
Kategorie 1	Strg + 1
Kategorie 2	Strg + 2
Kategorie 3	Strg + 3
Kategorie 4	Strg + 4
Kategorie 5	

Angepasste Kategorien und
die Tastenkombinationen

Kategorien
- Gilt für alle Exposès (Strg+1)
- Aufgaben (Strg+2)
- DH (Strg+3)
- NK (Strg+4)
- Projektmanagement (Strg+5)
- BK (Strg+6)
- ? Frage (Strg+7)
- ☆ Wichtig (Strg+8)
- Website (Strg+9)
- 💡 Idee

Die Aktionen und Tastenkombinationen beziehen sich auf die Reihenfolge der Kategorien. Haben Sie die Kategorien individuell angepasst, ist die Wahrscheinlichkeit groß, dass die Tastenkombinationen bei Kollegen nicht die gleichen Kategorien anzeigen lassen.

OneNote auf iPhone und iPad

Immer mehr Menschen auf der Welt benutzen ein iPhone und/oder ein iPad und sind/werden begeisterte OneNote-Anwender. Für all diejenigen ist MobileNoter eine tolle Ergänzung, um beide Arbeitswelten zusammenzubringen

Der Reihe nach: MobileNoter ist eine Notizenanwendung, die Ihnen erlaubt, Notizen von Ihrem OneNote-Notizbuch auf Ihr iPhone/iPad zu übertragen. Sie können Ihre Notizen dort bearbeiten und mit Ihrem OneNote-Notizbuch synchronisieren.

Ein typisches Szenario

Sie sind Supervisor einer IT-Abteilung. Sie verfolgen Ihre Projekte, Verkaufstransaktionen und Fehlerbehebungen stehen ganz oben auf der Tagesordnung. Sie nutzen dafür verstärkt OneNote. Sie sind viel auf Reisen und brauchen schnellen Zugriff auf Ihre Notizen.

MobileNoter bietet Arbeitsflexibilität auf der Reise. Sie können Informationen einfach nachschlagen, die erforderlich sind, um Ihre Arbeit fortzusetzen, ohne Ihren Laptop herauszuziehen zu müssen. Werfen wir einen Blick auf dieses Zusatztool.

Sie können alle Ihre Notizbücher aus OneNote laden und im iPhone/iPad in der gleichen Art und Weise betrachten.

OneNote und die Anbindung ans iPhone

Ausgehend von der MobileNoter Version 2.0 können Sie

■ Textblöcke auf Ihren Seiten bearbeiten,

■ Bilder verschieben,

■ kurze Notizen mithilfe der Quick Notes-Funktion an OneNote senden.

Das Notizbuch in OneNote und auf dem iPhone

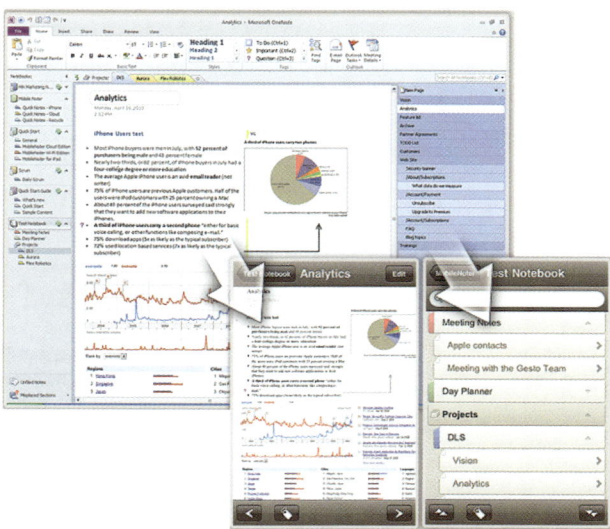

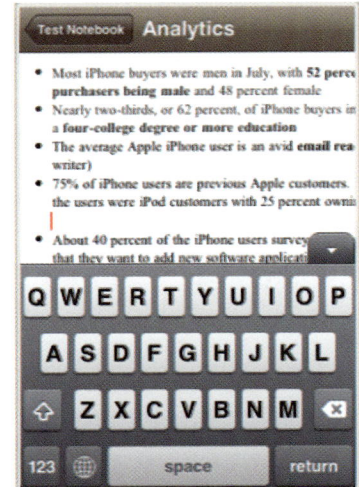

Editieren – leicht und schnell machbar

Außerdem haben Sie die Möglichkeit,

■ auf ausgewählten Seiten Kategorien (Tags) hinzuzufügen und danach zu filtern,

■ mithilfe der Suchfunktion Informationen schnell zu finden sowie Notizen nach Keywords zu durchsuchen.

Ob Microsoft Office-Dokumente, PDF- oder Videodateien – Seiten können schnell von Ihnen angefügt und mit Ihrem OneNote-Notizbuch synchronisiert werden.

Die Applikation auf einen Blick

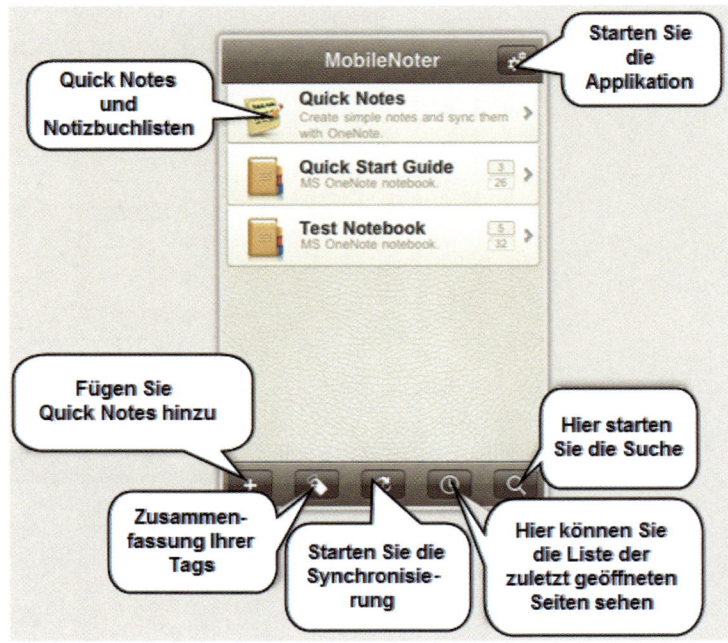

Auch an die Datenverschlüsselung ist gedacht worden. Ein Passwort, das bei jedem Start abgefragt wird, ist leicht einzurichten. Alle Benutzerdaten werden über die sichere SSL-Verbindung übertragen.

Jeder Benutzer hat eine Option, um seine Daten mit einem benutzerdefinierten Schlüssel (AES-256-Algorithmus) zu verschlüsseln. Dieser Schlüssel wird nicht über das Netzwerk übertragen. Nur Sie können die Daten entschlüsseln.

Somit haben Sie auf Reisen, im Außendienst etc. Ihre OneNote-Notizbücher schnell und flexibel greifbar.

Die Applikation fürs iPad

Mithilfe von MobileNoter können Sie Ihre Notizbücher auch auf dem iPad anzeigen und bearbeiten. Werfen wir einen genaueren Blick auf die Anwendung:

Die iPad-Applikation

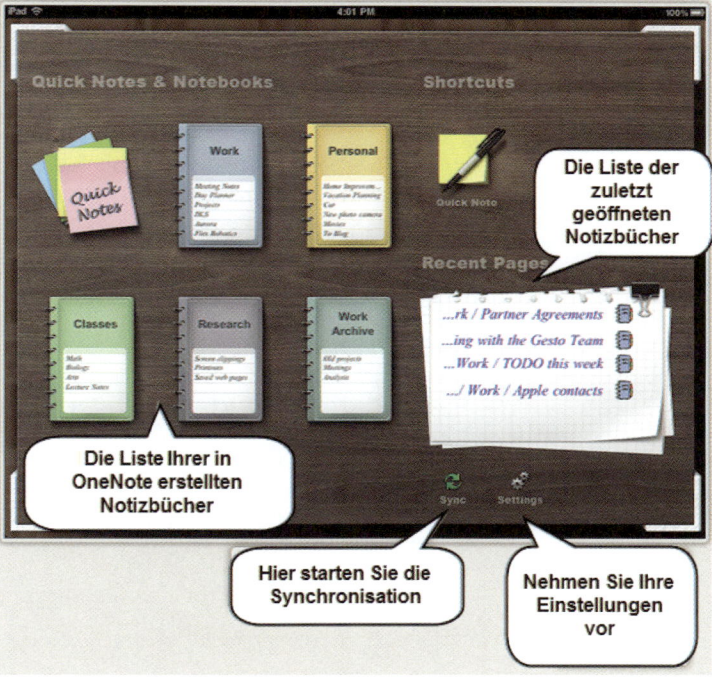

Sie können wie gewohnt auf dem Touchscreen mit den Fingern blättern, größer oder kleiner zoomen etc. Sie haben am oberen Bildschirm ein Suchfeld, mit dessen Hilfe Sie nach erforderlichen Schlüsselwörtern suchen können.

Die *Quick Notes*-Funktion dient wie beim iPhone dazu, kurze Notizen zu erfassen und an OneNote zu senden.

Sie können neue Notizen erstellen, anzeigen, bearbeiten und löschen. Alle Quick Notes werden synchronisiert. Bilder aus einer Bibliothek können jederzeit hinzugefügt werden.

Ihr OneNote-Notizbuch auf dem iPad

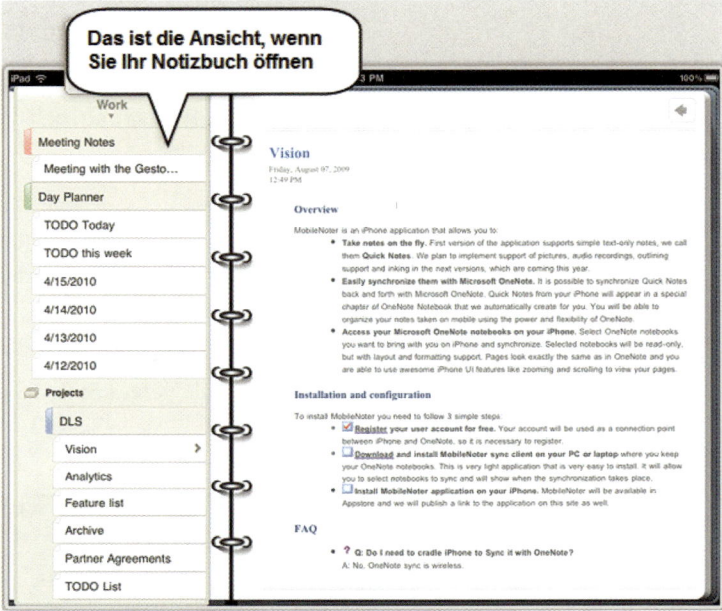

Ich persönlich nutze MobileNoter sehr gerne und finde die Anwendung einfach zu bedienen. Probieren Sie es aus und machen Sie sich selbst ein Bild.

Die Anwendung finden Sie unter *http://www.mobilenoter.com.*

Die kleine Notfallapotheke

Falls OneNote nicht mehr will

Falls es tatsächlich einmal vorkommen sollte, dass OneNote partout nicht mehr will, hilft es häufig, den Zwischenspeicher zu löschen. Den findet man ganz versteckt bei den Applikationsdaten des jeweiligen Benutzers.

In meinem Fall mit dem Benutzernamen *berndke* hier:

- *C:\Users\berndke\AppData\Local\Microsoft\OneNote\14.0*

In dem Verzeichnis ist es dann die folgende Datei:

- *OneNoteOfflineCache.onecache*

OneNote hält die Daten immer in einem im Fachjargon Cache (sprich: Käsch) genannten Zwischenspeicher vor, egal wo sich die Notizbücher (**.one*-Dateien) befinden. Wenn OneNote den Dienst versagen sollte, ist in den meisten Fällen der Cache beschädigt.

Die Lösung

Den Cache löschen und OneNote wieder starten. Der Cache wird dann neu aufgebaut und man kann weiterarbeiten. Je nach Datenmenge kann dies ein paar Augenblicke dauern. Als Trost kann man beobachten, wie sich die Inhalte wieder aufbauen. Vom Löschen des Caches bleiben die OneNote-Dateien unberührt.

Ein Blick unter die Motorhaube

Noch etwas sollte an dieser Stelle zum Verständnis erwähnt werden: Wir wundern und freuen uns, dass OneNote unsere Daten immer automatisch speichert – hierfür ist auch der Cache verantwortlich. Dort wird jede Eingabe von uns gespeichert und dann mit den OneNote-Dateien synchronisiert.

Sollte die betreffende Datei nicht erreichbar sein, weil sie beispielsweise auf einem SharePoint-Server liegt, auf den Sie gerade keinen Zugriff haben, merken Sie davon oberflächlich betrachtet erst einmal nichts.

Das Kontextmenü gibt den Blick frei

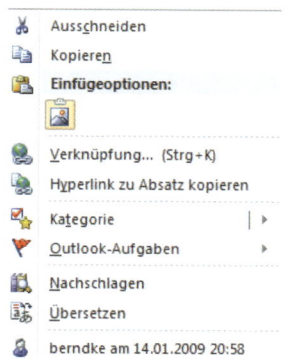

Im Cache merkt sich OneNote die letzten Änderungen an jedem einzelnen Wort und zwar mit Datum, Uhrzeit und Benutzer. Wir sehen das, indem wir ein Wort markieren und dann mit der rechten Maustaste klicken.

Diese innovative Speichertechnologie erst erlaubt es uns, auch mit mehreren Teilnehmern gleichzeitig an einer Seite zu arbeiten. Zudem werden immer nur die Änderungen der Inhalte synchronisiert, nicht das ganze Dokument, wie wir es in der Vergangenheit kannten. Dies geschieht bei bestehender Netzwerkverbindung zum Server permanent im Hintergrund, ohne dass die Benutzer irgendetwas tun müssen.

Neuer Computer

Ein neuer Computer ist zugegebenermaßen kein Notfall im klassischen Sinne, kann den Anwender jedoch hin und wieder bezüglich des »Umziehens« der Dateien vor eine Herausforderung stellen. Schließlich sollte nach dem Umzug alles so sein wie vorher – nur besser.

Wenn wir nun alle unsere Daten von Rechner A auf den Rechner B überspielt haben, fehlen uns die Notizbücher vom SharePoint-Server noch immer. Warum? Die Informationen, die vom Server zu holen sind, sind in den Systemeinstellungen von OneNote gespeichert und werden demnach auch nicht auf den neuen Rechner übernommen, wenn man das Verzeichnis *Dokumente\OneNote Notebooks* aus seinem Benutzerverzeichnis kopiert.

Die Lösung

Abhilfe schafft hier seit Windows Vista ein »Umzugsprogramm«
namens Easy Transfer. Um es zu starten, geben Sie den Namen
einfach im Suchfeld im Windows-Startmenü (gleich oberhalb der
Startschaltfläche) ein. Danach werden Sie weiter durch die erforderlichen Schritte geführt.

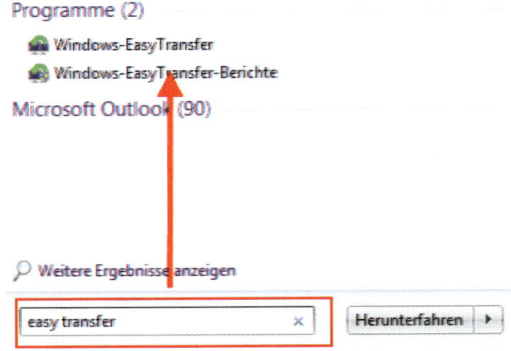

*Erfolgreiche Suche
nach Easy Transfer*

Easy Transfer ist das Werkzeug, mit dem Sie alle relevanten Informationen aus Ihrem Benutzerverzeichnis, einschließlich der
Einstellungen der Office-Programme, von Rechner A auf Rechner B
übertragen können. Somit werden nicht nur die Informationen der
zentralen Notizbücher für OneNote übernommen, sondern auch
die teilweise umfangreichen individuellen Einstellungen in Outlook
und anderen Office-Anwendungen.

Eine manuelle Methode gibt es natürlich auch. Sie können sich
von Ihren freundlichen Kolleginnen oder Kollegen, den oder die
Links zu den Notizbüchern zumailen lassen. Ein Klick auf die Links
genügt, um die OneNote-Notizbücher vor Ihnen wiederentstehen
zu lassen.

OneNote-Erweiterungen und mehr

Stichwortverzeichnis